国家出版基金项目
NATIONAL PUBLICATION FOUNDATION

“十四五”时期国家重点
出版物出版专项规划项目

“中国近代经济地理研究”丛书
吴松弟 主编

从城市发展到区域变迁：近代中国通商口岸体系对经济地理格局影响的研究

武强 刘芹 著

山東畫報出版社
济南

图书在版编目（CIP）数据

从城市发展到区域变迁：近代中国通商口岸体系对经济地理格局影响的研究/武强，刘芹著.—济南：山东画报出版社，2023.1

（“中国近代经济地理研究”丛书/吴松弟主编）

ISBN 978-7-5474-4092-6

Ⅰ. ①从… Ⅱ. ①武… ②刘… Ⅲ. ①通商口岸—贸易史—影响—经济地理—研究—中国—近代 Ⅳ.①F752.9②F129.9

中国版本图书馆CIP数据核字(2021)第231068号

CONG CHENGSHI FAZHAN DAO QUYU BIANQIAN：
JINDAI ZHONGGUO TONGSHANG KOUAN TIXI DUI JINGJIDILI GEJU
YINGXIANG DE YANJIU

从城市发展到区域变迁：
近代中国通商口岸体系对经济地理格局影响的研究

武强 刘芹 著

项目策划 赵发国
责任编辑 郭珊珊 阚 焱
装帧设计 王 芳 公冶繁省

主管单位 山东出版传媒股份有限公司
出版发行 山东画报出版社
社 址 济南市市中区舜耕路517号 邮编 250003
电 话 总编室（0531）82098472
市场部（0531）82098479
网 址 http://www.hbcbs.com.cn
电子信箱 hbcb@sdpress.com.cn
印 刷 青岛国彩印刷股份有限公司
规 格 160毫米×230毫米 32开
9.5印张 285千字
版 次 2023年1月第1版
印 次 2023年1月第1次印刷
书 号 ISBN 978-7-5474-4092-6
定 价 78.00元

序：中国近代经济地理研究的新进展

吴松弟

在正式开展中国近代经济地理研究之前，我们从2000年左右开始，用约十年的时间，大体上完成了东北、华北、华东、华中、西南、华南等区域的二十余个口岸城市及其腹地的研究，形成了一系列论著，其中广被引用的《中国百年经济拼图：港口城市及其腹地与中国现代化》一书，即由山东画报出版社于2006年出版。

在近代"港口—腹地"研究的基础上，2008年，我们联合二十五位学者开始撰写九卷本的《中国近代经济地理》，由华东师范大学出版社于2014年至2017年陆续出版。该丛书共分为九卷，第一卷《绪论和全国概况》为总论卷，从全国层面分别讨论了近代中国贸易和商业、人口、农业、工矿业、交通、金融业、城市的发展及其空间分布；第二卷至第九卷为大区域卷，较为详细地探究了全国八大区域的近代经济地理状况，各卷关注近代经济变迁的空间过程，三次产业、人口、城市等部门的经济地理及其变迁。《中国近代经济地理》出版之后，在学术界和社会上产生了重要的影响，并获得多种奖项。2018年5月，荣获第十五届上海图书奖一等奖；2018年10月，荣获上海市第十四届哲学社会科学优秀成果奖学科学术奖著作类一等奖；2020年获教育部第八届高等学校科学研究优秀成果奖（人文社会科学）著作类一等奖。

中国经济地理研究的历史时段，尤其是最为重要的近代时期，具有非常重要的理论与学术意义，已成为学界的共识。在九卷本《中国近代经济地理》写作的后期，我们对哈佛大学图书馆、中国海关总署档案馆中收藏的旧海关内部出版物进行了整理、出版工作，进入了收官阶段。我们发现，中国近代经济地理在很多方面仍有待研究，大量的旧海关史料尚未得到充分利用。因此，我们决定拓宽或深化近代经济地理的研究范围，在港口—腹地、区域经济转型、城市空间演化、经济区形成、自由港和边疆贸易、贸易网络、进口替代等问题上进一步研究，这些成果被收入"港口—腹地与近代中国经济转型研究"丛书，被列入"十三五"国家重点图书出版规划项目并获得国家出版基金资助，由齐鲁书社于2020年出版。

本次出版的"中国近代经济地理研究"丛书七种，从不同的角度进一步深化了中国近代经济地理研究，具有重要的学术价值，获得了学术界的认可，获得国家出版基金资助，并被列入"十四五"时期国家重点出版物出版专项规划项目。本七卷本丛书是华东师范大学出版社九卷本的新推进，囊括了中国近代经济地理研究理论与实证方面的新进展。如果说2014—2017年完成的九卷本是一项结构严谨的近代经济地理研究尝试，是一项弥补空白的学术研究，那么，本七卷本丛书则着力于推进近代经济地理研究的新拓展，深化近代经济地理领域一些重要的理论与学术问题，遵循由浅及深、由表及里的学术思路，这是中国近代经济地理研究的新推进。

本七卷本丛书富有理论与实证的新意，深化了中国近代经济地理研究，相关内容囊括了中国近代经济地理格局、近代典型城市与区域（上海、长三角）、近代中国口岸与城市、近代中国常关贸易、近代上海外贸埠际转运、近代中国地域经济（温州及东南地区）、抗战时期边疆经济等方面最新的探索。这些研究成果，或对已有的相关研究作了进一步的探索与归纳，或弥补了之前相关议题研究的不足，或对近代中国区域经济地理与地域经济进行了跨学科的新解析和新探索。

1993年，我和邹逸麟先生撰文呼吁历史地理工作者"尤其要注重研究与经济建设有关的重大课题”，建议“历史地理学研究的历史时代应尽量后移，尤其要加强对明清乃至民国时期历史地理的研究”时，并没有想到近代经济地理会成为中国历史地理学新的学科生长点，经过近三十年的发展，取得今日之成绩，在学术界和社会上产生了广泛的影响。值此丛书出版之际，谨对山东画报出版社的大力支持表示衷心的感谢！对协助我出版“港口—腹地与近代中国经济转型研究”丛书九种的樊如森教授、对协助我出版“中国近代经济地理研究”丛书七种的方书生副教授，以及参与两套书写作的同学们（他们几乎都成长为教授、副教授)，表示我本人的感谢和祝贺。值得一提的是，2012年，我申报的国家社科基金重大项目“中国旧海关内部出版物的整理与研究”开题，樊如森教授的“大阪产业部近代中国及‘海上丝路’沿线调查资料整理与研究”和王列辉教授的“21世纪海上丝绸之路的港口供需演化与均衡状态研究”，分别在2018年、2020年获批国家社科基金重大项目。这两个重大项目以及山东画报出版社等出版的两套书，不仅对历史研究，而且对国际贸易、海上航线和经济建设，都具有重大意义，作为导师，我自然为学生的成功和进步而高兴。

2021年10月

目 录

第一章

近代中国经济地理区划的演变与历史时期经济地理格局的形成

当代中国经济在不同区域间的差异是如何形成的？中国经济地理的格局有哪些历史因素需要考虑？这都是与历史经济地理密切相关的。在当代地理学的研究内容中，区域和空间是两个重要的基本概念，在历史地理学的研究中，也必然要考虑到这些概念对历史时期经济现象的影响。当代中国的经济地理格局，形成于使现代化因素进入中国的鸦片战争之后，虽然近代中国的各种战乱带来了种种阻滞，但西方文明因素对中国经济发展仍产生了客观的影响。

在整个中国近代史上，通商口岸体系是需要特别加以关注的历史现象，它几乎是所有现代西方经济、政治、文化、社会现象得以在中国生存与延续的物质基础，也是奠定近代中国经济地理格局的核心要素。正是在通商口岸体系的作用之下，中国延续千年的南北差异逐步让位于东西差异，并形成"沿海—内地"的经济发展模式，成为当代中国经济地理现象中必须要面对的问题。

本书即在历史经济地理学的视野下，选取通商口岸体系为研究对象，利用《中国旧海关史料（1859—1948）》（中国第二历史档案馆、中国海关总署办公厅，京华出版社2001年版）等资料的第一手统计数据，从经济区域的形成、中国对外贸易的发展、现代化因素的引入、内地特定区域的产业变迁等角度，来论述近代中国是如何一步步从相对落后的传统社会，逐步形成现代经济模式和经济地理区域的。

第一节　本书的主要研究内容

经济地理格局应该是根源于区域之间的差异，而区域差异的研究，来源于经济学的主题之一，即“经济发展”。“二战”之后数十年的研究，基本上达成了一项共同的认知：出口是经济增长的引擎，贸易对新兴国家的成长尤其重要。①这在“二战”后的日本、“亚洲四小龙”等经济体以对外贸易促进经济腾飞的实例中，已经部分得到了验证。改革开放以来，中国对外贸易的急剧增长已经成为推动中国经济发展的重要因素之一。在对外贸易促进经济发展的同时，中国地区间经济发展水平的差距也在不断增大，并以对外贸易额的变化为表现，东西部之间在各个经济指标方面的差异最为明显。当代经济学、经济地理学的研究多关注的是1978年以来的四十余年间影响这一现象产生的各类因素的作用程度。

区域经济差异的来源，按照古典区位论的观点，是由于地表地理环境的差异造成的。杜能在19世纪上叶所发表的农业区位论，比较详细地说明了即使在地表地理环境相对均匀的条件下，不同区域的经济发展也会有一定差异。但新古典经济学增长理论研究认为，区域的长期增长决定于资本、劳动和技术进步三要素，否定了区域经济发展过程中区域差异的存在。②1957年，缪尔达尔提出“循环积累因果关系”理论，详尽地解释了区域差距越来越大的原因。20世纪80年代中期，以罗默为代表的经济学家掀起了一股“新增长理论或内生增长理论”研究潮流，竭力从技术进步方面来解释区域经济的发散现象。这种关注技术进步趋势的研

① 赖建诚：《西洋经济史的趣味》，浙江大学出版社2009年版，第101页。

② 张碧星、庄立会等：《区域差异研究方法评价与探讨》，载《云南地理环境研究》2006年第6期。

究取向，一直被主流经济学家、经济地理学家所坚持。

国内对区域差异的研究在20世纪90年代以后最为集中，在不同尺度的地域单元间均有研究出现，例如东、中、西三大区差异，南北差异，省区间、区内差异和以县域为单位的研究[①]；按指标选择来说，有采用单一测度指标，也有采用综合指标的；从时间段上来说，有连续研究，也有间断的研究。但从这些研究来看，对当代中国区域经济差异的分析，一般都将历史原因排除在外，仅关注当代的经济制度、技术进步等因素，可谓是一种缺憾。当代中国的经济格局与区域差异，当然主要是形成于改革开放之后，但必须要看到它在近代及之前的影子，某些主线性的因素一直影响着中国从古至今区域间的经济变迁。

近代中国不同的通商口岸在对外贸易史上的地位，直接影响到各自所在区域的经济发展程度。因此，对通商口岸的研究便成为考察区域间经济差异的重要途径。国内外的学者多有对此进行探讨者，美国人费正清（John King Fairbank）是第一个对中国近代通商口岸进行研究的学者，之后，施坚雅（G.William Skinner）、罗兹·墨菲（Rhoads Murphey）和罗威廉（William T.Rowe）等学者均有相关著作问世，相对深入地探讨了通商口岸对区域经济的影响。

但真正将通商口岸的对外贸易与区域发展从理论高度结合后进行分析的，是复旦大学一批研究经济史、经济地理的学者。对近代中国区域差异的分析，戴鞍钢等学者的研究着重以中国东、中、西部的经济发展程度为研究对象，其切入点仍然是近代中国的对外贸易。[②]吴松弟等从事的“港口—腹地和中国现代化空间进程”的研究[③]，目的就是抓住“港

① 高志刚：《中国区域经济发展及区域经济差异研究评述》，载《当代财经》2002年第5期。

② 戴鞍钢：《发展与落差——近代中国东西部经济发展进程比较研究（1840—1949）》，复旦大学出版社2006年版。

③ 吴松弟：《港口—腹地与中国现代化的空间进程》，载《河北学刊》2004年第3期；复旦大学历史地理研究中心主编：《港口—腹地和中国现代化进程》，齐鲁书社2005年版。

口—腹地”这一中国现代化空间进程的特殊途径，把历史学、历史地理学和区域经济学的研究结合在一起，进行一个全方位的研究，形成“港口—腹地—经济地理格局”为线索的研究脉络，探讨各区域经济差距形成的历史背景和主要原因。同时，也为中国近代经济的巨大变化和经济地理格局的形成，提供了一个全面而又详细的解释，并为今天的区域发展提供借鉴意见。

在此基础上，本书准备讨论如下几个问题：

1. 近代港口城市腹地范围划分及影响区域分析

通过对《中国旧海关史料（1859—1948）》数据的整理统计，并选取近代历史阶段中有代表性的1911年、1931年等年份，以近代中国四十余个比较重要的通商口岸为研究对象，利用进出口贸易数据、城市人口数据等，运用GIS分析软件，对各个港口腹地进行划分与分析。在综合分析各通商口岸腹地范围的基础上，得出其不同时间阶段的影响区域，从中可以看出非常明显的经济集聚效应。上海成为中国影响力最大的经济中心城市，而不同区域也逐步形成以中心城市为首的东北、华北、华中、华南等经济地理区域，奠定了当代中国经济区域与经济区划的基础。

2. 近代中国通商口岸间对外贸易差异的研究

近代中国通商口岸进出口贸易的差异，现有的研究往往仅从史实考据的角度对其进行探讨，缺乏相关的数学方法去进行精确的计算和探讨，未能很好地反映通商口岸进出口贸易值代表的区域差异性变化。我们不仅能利用泰尔指数全面地表述近代中国通商口岸整体贸易值的差异，还能通过对泰尔指数的分解来对不同区域进行区域内、区域间的贸易值的差异比较，便于更详尽地了解近代中国通商口岸进出口贸易值的差异情况。通过泰尔指数对近代中国对外贸易的分析可知，中国近代通商口岸进出口贸易值的差异是越来越小，中国近代的进出口贸易在不同区域间、区域内是趋于均衡的；由对外贸易所代表的区域间差异也在不断缩小，但区域内的差异因首位城市、中心城市的存在而有所扩大。

3. 基于SSM模型的近代中国进出口贸易结构分析

此部分选取《中国旧海关史料（1859—1948）》中1910—1931年海关进出口史料作为数据基础，以《商品名称及编码协调制度》作为进出口贸易货品的分类标准，采用传统的SSM模型，以对外贸易额最大的七个港口城市——大连、天津、青岛、汉口、上海、厦门和广州为代表，从城市—区域空间作用的角度，结合史实，对近代中国进出口贸易结构的演变情况和港口城市与其经济腹地之间的互动关系进行研究和分析。上海和大连是近代中国进出口贸易额最大的两个港口，也是竞争力最大的港口；其他各个港口均有自己的特色，承担着各自腹地出海口的责任，并反映着腹地的经济发展差异，形成近代中国进出口贸易独特的通商口岸贸易引导的“港口—腹地”体系。当代中国在建设各类航运、贸易中心时，必须同时考虑到其历史与未来，才能保证其得到可持续的长远发展。

4. 近代中国机器进出口贸易与区域工业差异的分析

此部分以《中国旧海关史料（1859—1948）》中1906—1931年进出口贸易（尤其是机器工业进出口数据）为基础，以机器工业与机器进出口贸易的相关性为切入点，分析了以上海为代表的主要港口城市机器进出口贸易额与工业发展规模的地域分异，揭示了近代中国工业分布格局。对机器工业进口额的时序变化和竞争力进行分析，反映近代工业发展的区域时空演变过程及其趋势。在此基础上，考察通商口岸影响下的近代中国主要经济板块、港口—腹地关系、点轴交通网络格局，结合史实，观察近代工业区位选择的条件与口岸城市的位序优势，揭示近代中国工业以沿海沿江为主轴分布的经济地理网络，从而为当代中国区域发展战略提供支持。

5. 近代河南进出口贸易与工业格局的研究

此部分在以往文献资料的基础上，对河南近代工业企业的发展情况以及数量进行了梳理，运用地理信息系统工具展现河南近代工业的分布格局，并运用区位理论对影响其布局的因素进行分析。

通过对1900—1937年河南轻工业和重工业发展状况的简单梳理，运用ArcGIS软件清晰直观地呈现河南不同时间段内工业企业的布局状况，最终探索出河南近代工业布局的时空演变特征，并对工业布局的影响因素进行分析。整体来看，各类轻工业企业呈现出先向交通便利、经济比较发达的县域内集聚，后沿交通线向外扩散的趋势；从区域来看，轻工业企业在地区上的分布越来越不平衡；不同的轻工业类型在分布上呈现出不同的分布特征；煤炭工业的分布与煤矿资源的分布基本一致，但各地区煤炭企业的数量和规模差异较大；最后，影响河南近代工业的布局的因素复杂多样，是自然、社会经济、政治等多种因素综合作用的结果。

第二节　1949年以来中国的历次经济区划

经济区划的出现，乃是基于经济地理格局，同时又引导经济发展。中华人民共和国成立以后，我国经济区域划分历经“均衡发展”—“非均衡发展”—“协调发展”的过程。[①]在当时的国际环境和国内经济背景下，以毛泽东为代表的中央第一代领导人主张重点发展内地工业，通过均衡布局，共同走向富裕；以邓小平为代表的第二代中央领导人提出优先发展东部沿海地区，开放特区和港口城市，通过非均衡发展，实现共同富裕；以江泽民为代表的第三代中央领导人提出区域经济协调发展，促成沿海、沿边和内陆城市相结合发展，通过协调发展，迈入共同富裕。

一、中国经济区域划分的演变

从中华人民共和国成立至今，中国经济区域的划分演变历程可以从

① 刘忠颖：《中国经济区域划分——基于各省（自治区，直辖市）人均GDP曲线的划分》，东北师范大学2007年硕士学位论文。

几个方面加以概括。

1. 沿海与内地的划分

中华人民共和国成立初期，毛泽东提出沿海和内地区域的划分，这种划分方法成为“一五”至“五五”计划时期中央处理区域经济关系时采用的主要方法。目前我国部分学者在探讨区域经济关系时，仍采用这种划分。

2. 六大经济协作区的划分

20世纪60年代初期，我国沿海和内地工业布局严重不均，地区经济发展极不平衡，为缩小沿海与内地经济发展的差距，加快我国区域经济目标的实现，中央将全国划分为华北、东北、华东、中南、西南和西北六大经济区域。

在该六大经济协作区的划分中，华北区包括北京市、天津市、河北省、山西省及内蒙古自治区中西部地区，东北区包括黑龙江省、吉林省、辽宁省及内蒙古自治区东部地区，华东区包括山东省、江苏省、上海市、安徽省、浙江省、江西省、福建省，中南区包括河南省、湖北省、湖南省、广西壮族自治区、广东省，西南区包括四川省、贵州省、云南省、西藏自治区，西北区包括陕西省、甘肃省、青海省、宁夏回族自治区、新疆维吾尔自治区。

1986年，陈栋生从横向经济联合角度，把全国划分为东北区、黄河流域区、长江流域区、南方区、新疆区和西藏区六大经济区，这种划分标志着对经济地带的划分进入了区域经济研究的时代。

在该六大经济区方案中，东北区包括黑龙江省、吉林省、辽宁省及内蒙古自治区东部地区，黄河流域区包括北京市、天津市、河北省、内蒙古自治区中西部地区、山东省、山西省、秦岭—淮河以北的河南省和陕西省部分、宁夏回族自治区、甘肃省、青海省，长江流域区包括江苏省、上海市、浙江省、安徽省、湖北省、秦岭—淮河以南的河南省和陕西省部分、赣湘黔三省的北部地区、四川省，南方区包括福建省、台湾省、赣湘黔三省的南部地区、广东省、广西壮族自治区、云南省，新疆区包括新疆维吾尔自治区，西藏区包括西藏自治区。

此外，还有刘氏六分法。20世纪80年代末到90年代初，著名经济学家刘再兴根据全国生产力总体布局态势，也提出了一种划分方法，把全国划分为六个一级经济区：东北区（东北三省及内蒙古自治区东部），黄河中下游区（京、津、鲁、冀、晋、豫及内蒙古自治区中西部），长江中下游区（沪、苏、浙、皖、赣、湘、鄂），东南沿海区（闽、桂、粤、琼），西南区（川、贵、云、藏），西北区（陕、甘、宁、青、新）。

3. 三线地区的划分

20世纪60年代中期到70年代中期，我国与苏联关系恶化，加之西方国家加强对我国的经济封锁，国家为了备战和加强国防建设，按照各省、市、区的战略位置，把全国划分为一、二、三线地区。

一线地区包括新、蒙、黑、辽、吉、津、鲁、苏、沪、浙、闽、粤等省（自治区、直辖市），三线地区包括川、黔、陕、甘、青、宁、桂、鄂、晋等省（自治区），其余地区为二线地区。

4. 东中西三大经济地带或地区的划分

1987年，国家“七五”计划首次提出我国经济区域按东、中、西三大经济地带或地区划分，东部包括辽、京、冀、津、鲁、苏、沪、闽、浙、粤、桂等省（自治区、直辖市），中部包括蒙、晋、吉、黑、皖、赣、豫、鄂、湘等省（自治区），西部包括川、黔、滇、藏、陕、甘、青、宁、新等省（自治区）。“七五”以来，国家基本上是依照这种划分来制定相关政策措施的。在之后的全国“九五”计划和2010年远景目标纲要中，国家仍采用这种划分方法。

5. 十大经济协作区的划分

1970年，全国计划会议将全国划分为西南、西北、中原、华北、华东、东北、华南、闽赣、山东和新疆十大经济协作区。

1992年，杨吾扬从动态的角度把我国划分为十大经济区，分别是：东北区（辽、吉、黑、内蒙古的东四盟），京津区（京、津、冀），晋陕区，山东区（鲁），上海区（沪、苏、浙、徽、赣），中南区（豫、鄂、湘)，四川区(川)，东南区(闽、粤、台、琼)，西南区(桂、云、贵)，大西区(甘、宁、青、新、藏)。

6.九大都市圈划分

1996年，王建以我国经济力量较强的大城市为中心，把全国划分为九大都市圈，包括沈大都市圈、京津冀都市圈、济青都市圈、大上海都市圈、珠江三角洲、吉黑都市圈、湘鄂赣都市圈、长江中下游都市圈和成渝都市圈。

7.“十一五”四个层级区域的划分

国家“十一五”规划中，从国土空间角度出发，将我国大陆区域划分为四个层级：第一个层级为全中国范围；第二个层级将我国大陆区域划分为四大板块；第三个层级将这四大板块划分为若干跨省区的经济综合区，即八大综合区：东北综合经济区、北部沿海综合经济区、东部沿海综合经济区、南部沿海综合经济区、黄河中游综合经济区、长江中游综合经济区、大西南综合经济区、大西北综合经济区；第四个层级将跨省(自治区、直辖市)的经济综合区划分，八大综合区分别包括的省(自治区、直辖市)为：东北综合经济区包括黑龙江省、吉林省、辽宁省，北部沿海综合经济区包括北京市、天津市、河北省、山东省，东部沿海综合经济区包括江苏省、上海市、浙江省，南部沿海综合区包括福建省、台湾省、广东省、海南省，黄河中游综合经济区包括河南省、山西省、陕西省、内蒙古自治区，长江中游综合经济区包括安徽省、江西省、湖北省、湖南省，大西南综合经济区包括重庆市、四川省、贵州省、广西壮族自治区、云南省，大西北综合经济区包括宁夏回族自治区、甘肃省、青海省、新疆维吾尔自治区、西藏自治区。

8.七大经济区的划分

1992年，邹家华考虑到区域协调发展，提出了七个跨省(自治区、直辖市)的经济区的战略构想，并在国家“九五”计划和2010年远景纲要中得到系统阐述。七大经济区分别为：长江三角洲及沿江地区、环渤海地区、东南沿海地区、西南和华南部分省区、东北地区、中部五省地区、西北地区。

该七大经济区方案中，各个地区分别包括的省（自治区、直辖市）为：长江三角洲及沿江地区包括江苏省、上海市、浙江省，环渤海地区包括北京市、天津市、辽宁省、河北省、山东省、山西省、内蒙古自治区中部地区，东南沿海地区包括福建省、台湾省、广东省、海南省，西南和华南部分省区包括广西壮族自治区、贵州省、云南省、四川省、西藏自治区，东北地区包括黑龙江省、吉林省、内蒙古自治区东部地区，中部五省地区包括河南省、安徽省、湖北省、湖南省、江西省，西北地区包括陕西省、甘肃省、宁夏回族自治区、青海省、新疆维吾尔自治区。

二、当代国内外经济区划的方法

根据相关研究，国内外经济区划的几个比较常用的方法大体如下①：

1.经济问题区划的方法

对经济问题区进行区划，主要是根据经济问题的特征选取相应的指标，然后按照不同地区在这些指标上的得分进行归类，把特征相似且空间上相连的地区划分为一个经济区。经济问题区的边界划定之后，需要进一步深入分析它们的经济特征或经济问题产生的原因，以及对区域经济发展的影响，进而提出解决问题的对策。

2.流域区划的方法

流域区划是以河流为中心，大致以分水岭为界线划分区域，其目的是结合河流整治进行全流域的经济开发。根据流域经济区进行综合开发的成功例子有美国的田纳西河流域和法国的罗讷河里昂—地中海段综合开发。

3.中心城市法

美国经济学家埃德加·胡佛（Edgar M.Hoover）指出："每一个地区必须包含至少有一个中心城市组成的核心。"改革开放以来，我国参照

① 王鹤：《金融视角下中国经济区域划分方案探讨》，武汉理工大学2006年硕士学位论文。

西方发达国家以城市为中心的理论划分综合经济区。顾朝林提出九大城市经济区[①]，他认为区域经济是以中心城市为轴心进行辐射发展的，并根据全国城市综合实力和地区特点，提出了以沈阳、京津、西安、上海、武汉、重庆、广州、乌鲁木齐、拉萨等中心城市为轴心，带动其周围地区发展，形成九大城市经济区。

4.综合经济区划的方法

一是地域分工分析法。这是一种根据劳动地域分工规律及各地区经济发展的基础和特征，采用自上而下、逐层划区的方法来划分经济区的方法。具体步骤如下：（1）划出全国部门专业化地区。（2）把专业化地区组合成若干个重要的综合生产基地。（3）把产业基地以外的地区划归各个基地，共同组合成综合经济区。组合时必须考虑三个条件：一是各基地经济联系的密切程度，二是在地域上有连接成片的可能性，三是尽可能保持行政区特别是民族自治区的完整性。划分出一级经济区后，在每个一级经济区内划分二级经济区，再在每个二级经济区内划分三级经济区，以此类推。其具体步骤同一级经济区的划分。二是聚类分析法。这是一种常用的统计方法。在进行经济区划时，经常把系统聚类法与动态聚类法相结合，将影响经济区划的各因素分成不同的层次，以最低的层次因素聚类分析开始，把这一层次因素相同或相近的地区分为一类；然后逐次分析更上一层次、更加综合的因素，根据其异同的区域进行再聚类，直至因素系统的最上层次；最后一次的分类结果便得出一级经济区，再根据对经济区的详略程度的要求往下截取，得出若干层次的经济区划系统。

以上这些经济区划的方法，在我国经济区划演变的历程中都有比较清晰的脉络可寻，每一种经济区划都是从不同角度、适应不同需要、使用不同标准、在不同的层次上进行的。1949年以来中国经济区划的变迁，其实质反映的是我国由计划经济向市场经济的转变，反映的是政府

① 顾朝林：《中国城市经济区划分的初步研究》，载《地理学报》1991年第2期。

经济管理指导方针的变化。①

1985年以前，我国经济区域的划分是在计划经济体制下提出的，目的是中央对地方的集中控制与计划指导，以服从计划的需要或国防备战的需要。1985—1992年，我国经济区域的划分是在市场机制的作用下提出的，这个阶段国家已经意识到我国经济和社会条件差异很大，实现均衡发展是不现实的，只能采取优先发展一部分地区，最终实现共同富裕的发展策略。1992年至今，地区差距问题引起了各界的关注，以区域间的互补合作为主要内容的经济区划受到了许多学者的重视，这一时期经济区划的研究成果可以分为两大类：第一类是在全国大分工区域布局模式基础上的经济区划；第二类是经济区划改变了以往一统天下的全国大分工的区划模式，重在依据胡佛关于经济区域的划分标准，即运用同质性和集聚性（异质性）划分标准，为经济区划注入新的思想。

从经济地理发展的连续性来说，以上的这些经济区划结果，如果往前追溯，则与近代中国的经济变迁密切相关，尤其可以归结到近代的通商口岸体系，也即由通商口岸作为中心城市，在“港口—腹地”“点—轴—面”等动力机制之下塑造的经济区域。

第三节　通商口岸制度与近代中国经济区域的形成

近代以来，随着列强不断与中国政府签订大量不平等条约，许多通商口岸先后设立，遍布于沿海、沿江、沿边及内地。19世纪末以来，中国政府又主动开放了不少的通商口岸。这两类通商口岸，一般以所谓约

① 张永丽、田松美：《中国经济区划与区域经济关系演化》，载《华东经济管理》2011年第11期；张子珍：《中国经济区域划分演变及评价》，载《山西财经大学学报（高等教育版）》2010年第2期。

开口岸、自开口岸称呼。截至今日，对通商口岸体系的研究成果众多，这也是近代政治史、经济史研究的一个重要组成部分。[①]

对于开放通商口岸的看法，中华人民共和国成立以前，曾经就有人对海关贸易数据进行统计，并选取某些方面进行研究分析，不过大多数都是对近代海关贸易历史方面的探究。[②]这一类的研究主体主要是通商口岸，这只是对口岸贸易研究最浅显、最基础的方面。中华人民共和国成立以后，关于通商口岸贸易的探究，我国大部分学者都不能冷静、客观地对近代通商口岸贸易的发展状况进行全面认识，只是一味地对西方列强强迫开埠通商口岸进行谴责。20世纪50年代以来，外国的一些研究人士对中国近代通商口岸做了一些比较细致的研究，并取得了不错的成果，如费正清的代表作《中国沿海的贸易与外交：通商口岸的开埠（1842—1854年）》（牛贯杰译，山西人民出版社2021年版）、罗兹·墨菲的《上海——现代中国的钥匙》（上海社会科学院历史研究所编译，上海人民出版社1986年版）等著作，都是从整个国家层次进行分析的。当然，还有一些比较细致的研究。20世纪七八十年代以来，一些学者通过对现代区域经济与港口贸易联合分析探究，从而对近代的一些通商口岸，以及通商口岸对所在区域经济的影响进行了一些探索，并得出了一批研究成果。主要是以通商口岸为中心，探究通商口岸对周边的作用，分析近代经济历史变迁。[③]

近代中国的通商口岸，是非常独特的历史现象，也是奠定了当代中国经济地理格局的史实。这一系列的研究之中，还有一些问题需要解决，如对开放口岸的数目的不同判断，对开放口岸的具体时间的确定等。本书试图首先对这一问题加以整理，并进行相关的分析。

---

① 最早进行通商口岸研究的，应该是关注上海发展的外国人，如：Francis Lister Hawks Pott. *A Short History of Shanghai*: *Being an Account of the Growth and Development of the International Settlement*, Shanghai: Kelly and Walsh, 1928.而在现当代，这方面的研究综述，可参见杜语：《近代中国通商口岸研究——历史与现状》，载《中国社会科学院研究生院学报》1996年第6期；梁耕溥：《近代口岸城市开放研究述评》，载《江苏工业学院学报（社会科学版）》2007年第3期。

② 汤象龙编著：《中国近代海关税收和分配统计（1861—1910）》，中华书局1992年版。

③ 吴松弟：《港口—腹地与中国现代化的空间进程》，载《河北学刊》2004年第3期。

一、通商口岸相关的几个概念辨析

作为近代史上一个非常重要的名词，通商口岸在有关近代史研究的论著中频频出现。但究竟什么是通商口岸，它的概念范围到底有多大，并没有一个确定的回答。

1.通商口岸的定义

对通商口岸这个词本身来说，已经存在着比较大的不同，尤其体现在不同时段、不同研究者的使用中，常见的有：通商口岸、商埠、口岸、口岸城市、开放口岸、条约口岸、开放城市等。从比较宽泛的角度而言，这些名词是可以通用的，但若仔细分析，却又可以发现它们之间的不同。本书为免相互矛盾，一律以“通商口岸”称呼。

不过，尽管这一概念应用极广，但直到今天为止，研究者们对通商口岸的界定并不统一，笔者总结约有以下几种：

第一种观点，认为通商口岸是某个城市。

这一看法，在民国初年就有学者提出，如“凡依条约开放为外人居住贸易之地，曰通商口岸（treaty ports），或曰开放口岸（open ports），此等口岸，或为海港，或在内地。最初之条约口岸，为南京条约之通商五口：广州、厦门、福州、宁波、上海是也”①。按：port有港口（码头）、港口城市两种意思，这里应是指后者。但由于通商口岸在开放之初均主要集中于沿海、沿江，港口与码头是必不可少的，故以port称呼并不为错。不过，由于俄国等在西北内陆也有大批通商口岸开放，这一英文说法，自然不能覆盖所有。

据当代学者的看法，商埠是指“一个国家向外国人开放的通商城市。中国古代称‘关市’；近代又称‘通商口岸’，或‘口岸’，其在水路的亦称‘港口’”②。不过，也有研究者对这一概念的应用稍有不同，

---

① 刁敏谦：《中国国际条约义务论》，商务印书馆1919年版，第二编第一章。

② 陈旭麓、方诗铭、魏建猷主编：《中国近代史词典》，上海辞书出版社1982年版，第656页。

"商埠是指一个国家向外国人开放的通商城市，中国古代称其为关市，近代历史上称通商口岸或口岸城市"①。这一看法就更是主要从通商口岸的城市性质出发了。

可见，这一定义主要是从经济角度，即对外通商而言的，它把通商口岸与城市等同起来。但是，它忽略了之后的自开商埠，尤其东北地区，"如果依照商埠所在城市的行政级别来区划，则可分为省会级、府厅州县级和乡镇级三类"②。很显然，对于不少属于乡村级别的商埠而言，第一种定义显然不合适。

第二种观点，认为通商口岸是指某个港口。

"通商口岸，从字面上讲，是指国家或地区间为贸易往来而设立的港口。但在近代中国，通商口岸是具有特定的内涵的。一般地说，通商口岸就是条约口岸，这是因为，近代中国的通商口岸，大都是通过被迫签订的不平等条约有关条款的规定开辟的。但到清末，租借地、自开口岸的出现使通商口岸和条约口岸的概念逐渐有了新的发展。"③

这一定义是从通商口岸与条约的关系而言的。蔡乃煌总纂的《约章分类辑要》卷首《通商水陆口岸停泊租借处所表》中，将通商口岸分为沿海、沿江和内河的"口岸"，与沿边陆地的"通商场"两种，区分了两者的不同。

可见，这种看法是从比较狭义的角度来看待通商口岸的，近代以来的不少学者，由于其研究通商口岸时主要着眼于沿海通商口岸，对于沿边的通商口岸，因其与海关的特殊关系，往往考虑得比较少，以至于会以沿江、沿海的通商口岸即港口来代指全国各通商口岸。

第三种观点，认为通商口岸是某个可以征税的地点。

---

① 梁耕溥：《近代口岸城市开放研究述评》，载《江苏工业学院学报（社会科学版）》2007年第3期。

② 杨天宏：《口岸开放与社会变革——近代中国自开商埠研究》，中华书局2002年版，第113页。

③ 杜语：《近代中国通商口岸研究——历史与现状》，载《中国社会科学院研究生院学报》1996年第6期。

《中国大百科全书》中曾对通商口岸作如下定义："商埠，指一个国家和外国通商的地点，又称通商口岸。政府在商埠设置税务机关，对合法贸易征税。"①这一概念则主要从海关也即国家政权的存在而言的，并不将其与城市或港口联系起来。但正如下文所说的，通商口岸的征税机关的性质不同，即海关与常关并处，也决定了该口岸性质的不同。因此，这一定义似乎也不能概括全部通商口岸的特征。

另外，还有其他的相关说法，但大都不超过这几种情况。因此，商埠的最基本特点有如下几个方面：贸易通商的地点，因为某些特定的原因而开放，作为征税机关而存在。一般来说，最初的通商口岸，往往是通商口岸所在城市或城市附近的一部分，既而随着对外贸易或埠际贸易的不断扩大，通商口岸也随之和所在的城市融为一体，故而通商口岸的意义外延已经扩展至整个城市。在清末民初以后，所指的通商口岸已经是与通商口岸所在的城市融为一体了。

但是，即使是城市，它的范围有多大，仍然是一个未知的问题。其实这个问题也关系到通商口岸范围的大小，在这一方面，学术界也存在争论。

2.通商口岸范围的划定

通商口岸的范围究竟有多大，这其实是与第一个问题息息相关的，这方面已经有了相关的研究。②笔者想要讨论的是，通商口岸是否等同于某个城市呢？

在清末民初，时人就已经发现这一问题。1919年，有研究者称："直至今日，通商口岸界限，犹未确定。海关为船政起见，虽定有界限，然对于通商之界限，尚未定也。"③可见，通商口岸是需要划定界限的，并不是整个城市完全成为一个通商口岸。

---

①中国大百科全书总编辑委员会《中国历史》编辑委员会、中国大百科全书出版社编辑部编：《中国大百科全书·中国历史Ⅱ》，中国大百科全书出版社1992年版，第896页。

②王国平：《论中国近代通商口岸的范围及列强的侵权》，载《江海学刊》2001年第4期。

③刁敏谦：《中国国际条约义务论》，商务印书馆1919年版，第二编第一章。

也有学者认为，商埠要把外人居住地与原中国人居住地分开而论。[①]但是这种分法其实是很难做到的，在大多数通商口岸中，“华洋杂居”是非常普遍的现象。还有民国时期的学者甚至认为：“中国的商埠制度，开世界有史以来未曾有的一种特殊制度，因为商埠须划租界。”[②]这当然并不是一种全面的论述，但在近代的历史背景之下，出于反对外国侵略的需要，这种说法是可以理解的。

近代以来的研究者，一般把通商口岸看作是城市的一部分，或是靠近城市的一部分。而在历次开埠相关的条约中，也确实是这样说的。在最早的中英《南京条约》中，即有规定：“大皇帝允许英国人……择地通商贸易……携家眷居住……”[③]这即已说明，所谓通商口岸，只是城市附近或城市中的一个部分，而且绝大多数都是在城市附近的。就英文名字来说，条约口岸，即treaty ports，也同样表示了通商口岸的范围，即处于港口附近的区域，未必就是整个城市。

因此，近代以来的学者，对通商口岸范围的划定，一般会有三个方面的问题：第一是通商口岸与所在城市的区分，第二是通商口岸与租界、租借地的关系，第三是通商口岸范围的划定标准。

第一，通商口岸与所在城市的区分。

这在近代史上，曾有过一段颇为激烈的“城、口”之争，便充分反映了通商口岸划定的困难。

对于“城、口”之争的历史发展过程，已有学者进行了相关研究。[④]具体到近代时期，当时的统治阶层及社会精英，对“城、口”二者是分得很清楚的，口是在城外或城中某个部分，与原有的城并不是一回事。城口之争是否激烈，主要取决于中国地方行政机构层级的高低，因此，

① 漆树芬：《经济侵略下之中国》，光华书局1931年版，第107~123页。

② 邹鲁：《日本对华经济侵略》，国立中山大学出版部1935年版，第53页。

③ 王铁崖编：《中外旧约章汇编》，生活·读书·新知三联书店1957年版，第31页。

④ 杨天宏：《口岸开放与社会变革——近代中国自开商埠研究》，中华书局2002年版，第15页。

这种争论发生的地点，并不存在于所有的通商口岸。曾经发生这一争执的通商口岸，如广州、福州、杭州等，无一不是省会城市这种行政级别很高的开埠口岸。《南京条约》中规定的通商五口，以上海行政等级为低，城口之争也基本上没有发生，甚至于后来英租界的设立，也是由于英国领事主动脱离内城，宁愿选择于黄浦江泥滩上建立领事馆。

可能后来城与口会逐渐合并，但不可以今日之目光来理解当时的二者关系，否则便有一些通商口岸现今属于同一个城市，这就难以理解了。但在事实上，最初通商口岸的发展，是必须以原有的城市作为基础的。只是由于商埠的经济能力之强大，很快便会掩盖原有城市的范围，直到把通商口岸的范围扩展至整个城市，从而形成新的更大的城市。①

第二，通商口岸与租界、租借地的关系。

通商口岸与租界、租借地的关系，也是在研究通商口岸时必须要同时注意到的。近代以来的不少学者，认为租界与通商口岸其实是可以连在一起互称的，因为“中国的商埠制度，开世界有史以来未曾有的一种特殊制度，因为商埠须划租界”②。按现在的研究来看，这一说法是有问题的，因为它把租界的行政权力模糊化了。

究竟在通商口岸内部，什么样的地方才可称为“租界”？这又需要界定租界的概念。一般认为，租界是指“帝国主义列强根据和清政府缔结的不平等条约，以居住和经商为名，在中国一些通商口岸和城市永久或长期占用的地段”。租界的特征是：领土主权仍属中国，外国人享有永租或三十年为限的租地权，领事裁判权的存在，等等。③因此，租界只可能是通商口岸的一部分，而通商口岸又属于城市的一部分。像上海这种租界即几乎等同于通商口岸的情况是比较少的。大多数的情况是：有租界的通商口岸，租界区往往是贸易兴盛的；没有租界的通商口岸，相

① 王列辉：《近代“双岸城市”的形成及机制分析》，载《城市史研究》2006年第24辑。

② 邹鲁：《日本对华经济侵略》，国立中山大学出版部1935年版，第53页。

③ 中国大百科全书总编辑委员会《中国历史》编辑委员会、中国大百科全书出版社编辑部编：《中国大百科全书·中国历史Ⅲ》，中国大百科全书出版社1992年版，第1632页。

比于原有城市有着更大的经济能量。不过，也有一些情况，租界未必比原有城市经济更为发达，这当然会有更深层次的原因，但确实不能说租界一定比华界繁荣。[①]

因此，从某种程度上来说，作为一部分城市意义上的通商口岸就可以称之为租界，因为中国政府对它的行政权没有控制能力。有学者认为，“中国近代史上的三十多处租界分布在十多个大中城市，每个租界都有其具体情况，都值得研究……同样，旧中国曾开放过的一百多个商埠（包括所谓自开商埠和约开商埠，租界一般都设在商埠内）和外国租借地的情况，也可以分门别类地研究”[②]。可见商埠不能与租借地混同，但租界一定在通商口岸之中，通商口岸则未必就等同于租界；又由于租界一般位于较为发达的通商口岸内部，近代以来国人将二者在某种程度上加以等同，也是可以理解的。

同时，还有一个问题，即租借地在经济性质上，是否也可算作是通商口岸呢？若从其政治性质而言，与通商口岸不同；但从其对中国经济发展影响的实际效果而言，与通商口岸又有极大的相似性。吴松弟教授在研究中将其一并计算在内，这一研究方法有其合理性。如山东的威海卫，在20世纪20年代由英国归还管辖权后不久，即作为通商口岸对外开放；但被法国租借的广州湾，并未作为通商口岸对外开放，可是其政治与经济地位，也同样可以按照通商口岸来理解。

因此，从这一角度而言，也可以将租借地当作是对外通商的一个地点，则近代的通商口岸又需要加上五个租借地，其开放规模不可谓不大，但是这种开放不同于今日之开放，而是直接伴随着政治权利的丧失，这也是众所周知的历史事实了。

第三，通商口岸范围的划定标准。

---

① 如在《新体中国地理》一书中，作者对杭州作为一个通商口岸的分析，即指出，与省城相比，租界甚为“寂寥”。

② 中国史学会《中国历史学年鉴》编辑部编：《中国历史学年鉴　1983》，人民出版社1983年版，第159页。

商埠是对外通商的地点，还需要注意的是，是否有外国人活动，是否与外国人贸易，也成为衡量一个通商口岸是否真实存在的手段。在这种情况下，似乎只要有外国商人活动的地区都是通商口岸，其实不然。那么究竟该如何确定通商口岸的区域呢？最终的结果必然要归结到海关、常关二者的关系上，即凡是洋关所能控制的区域，即可视为通商口岸；而在常关控制之下的地区，也有可能成为通商口岸。这要视通商口岸的约开或自开而定。

内地沿边的许多通商口岸由于不存在“洋关”，其区域便相对难以确定，只能含糊地说明某个城市或某个地区为通商口岸了。19世纪后半期，沙俄与清政府约开的天山南北各地、蒙古各盟的通商口岸，就是这种情况。这一情况也使得之后对通商口岸数量的认识，出现较大的偏差。故而，能够证明一个城市属于通商口岸的最明显的标志，便是最能代表国家行政力量的机构，即设置于通商口岸的海关。本书中使用最多的《中国旧海关史料（1859—1948）》统计数据，也主要来自“洋关”的工作积累。

总之，对通商口岸的理解，有两个方面：一是时间上的，即在不同历史时期有着不同的看法。最初开埠之时，通商口岸只是城市或城市附近的某个部分，因此通商口岸与“口岸城市”之间不会发生误解；而随着内外贸易的不断扩大，通商口岸和商埠的经济能量逐渐扩展至城市中，使得整个城市也与商埠联为一体。而这二者的融合，从一开始就已经注定了，虽然中国政府不断申明二者的区别，但已经无法阻挡通商口岸乃至整个中国对外开放的大势。

另一个方面，是地理上的，即在不同的地区，对通商口岸有着不同的看法。在东南沿海一带，由于通商口岸开埠较早，它们几乎都在十多年后与原有城市融为一体，因此，对这一类通商口岸而言，就可以等同于城市。但是在内地，这一问题会有不同的理解，直到20世纪20年代，地方政府当局对通商口岸的理解，仍然局限于城市或城市之外的一个小区域。①

---

① 如孔庆泰在《1921年前中国已开商埠》（载《历史档案》1984年第2期）中所列举的许多自开商埠，都明显划定四至，且大都不属于原有城市的城区，而是几乎在城外。

因此，用比较全面的眼光来看，在不同的历史时期、不同的地区范围内，通商口岸或商埠的含义有着相应的不同。但总的趋势是，通商口岸在逐渐地、或快或慢地与原有的城市融为一体；或者在通商口岸的基础上，形成新的城市，甚至成为某一地区新的经济中心。当代学者的研究之中，一般就以口岸所在的城市代指通商口岸，最主要的原因，就在于口岸与城市的最终合而为一。不过这种合而为一的过程，往往要经历复杂的变迁，并付出相应的代价才可以完成。

二、通商口岸数目及开埠时间的判定

对通商口岸数目的研究，与通商口岸性质的判断，二者是互为表里的，这类研究在20世纪初已经开始，尤其是清政府灭亡之后，在民国统治之下，更多的学者们开始关注这一方面的问题，当然最主要的还是出于对国家命运和时局的忧虑。

较早讨论通商口岸数目的，是光绪二十九年（1903）十一月，清政府批准的《商部奏定商会简明章程》。在商部的奏折中提出：

> 商会者，所以通商情、保商利，有联络而无倾轧，有信义而无诈虞。各国之能孜孜讲求者，其商务之兴，如操左券。中国历来商务，素未讲求。不特官与商隔阂，即商与商亦不相闻问；不特彼业与此业隔阂，即同业之商，亦不相闻问。计近数十年间，开辟商埠至三十余处，各国群趋争利，而华商势涣力微，相形见绌，坐使利权旁落，浸成绝大漏卮。故论商务于今日，实与海禁未弛以前情事迥异。①

尽管现代以来，对通商口岸的研究非常多，但大多数研究者在稍微大致提及口岸数目之后，便转向分析与口岸相关的其他方面，而对这一数目的内在含义并不多加探讨。例如，有学者认为在清代灭亡之前，通商口岸的数量和分布如下：

---

① 彭泽益主编：《中国工商行会史料集》（下册），中华书局1995年版，第970页。

> 从1843年五口通商开始，到1911年清王朝灭亡时止，中国在东西方列强的武力胁迫下，先后对外开放40多个口岸（不包括对外开放的内陆城市），其中东部沿海地区开放的口岸就有22个，长江流域开放的口岸也有12个。可以说沿海沿江的一些重要城市几乎都成了对外通商的口岸。①

也有不少的研究者只是摘取通商口岸的一部分来作为自己研究问题的说明："两次鸦片战争后，中国被迫开辟的商埠，沿海沿江计有广州、汕头、琼州、福州、厦门、台湾、宁波、上海、烟台、天津、营口、淡水、南京、镇江、九江、汉口等16埠；陆路上为俄国开辟的有伊犁、塔尔巴哈台、喀什噶尔、库伦、张家口等5埠。"②

这些研究中，所列举的通商口岸有一定的代表性，当然可以说明一定的问题，但并不能说明全部的问题。因此笔者认为，这一判断数目的工作还是有澄清的必要。

在20世纪20年代后期，随着中国民族主义的全面复苏，国民爱国激情的不断升温，对通商口岸的研究也逐渐多了起来。但有不少的研究并没有太多创新，相互模仿的居多，甚至有相互照抄的。如刘彦、邹鲁等人的研究（参见附录）。中华人民共和国成立初期，严中平等学者对通商口岸数目做了一次仔细的梳理，并在《中国近代经济史统计资料选辑》中列表分析，是近代以来这方面的集大成者（参见附录）。之后的研究者，在对通商口岸数量的认识上，基本没有超出这一研究的范畴，只有少数的补充而已。

通商口岸又包括了约开口岸与自开口岸两种不同类型，这也是应该注意的问题。陈旭麓等人通过研究认为，"鸦片战争到甲午战争之间的半个世纪里，中国因条约而陆续开放的商埠积久渐多……总数在三十以

① 乐正：《开埠通商与近代中国的城市化问题（1840—1911）》，载《中山大学学报（社会科学版）》1991年第1期。

② 刘佛丁、王玉茹：《中国近代的市场发育与经济增长》，高等教育出版社1996年版，第84页。

上”。“这些商埠因条约而开放，是谓‘约开’。后来还有‘自开’，即当局在权衡比较、审时度势之后自动宣布开放。两者之外，又有所谓‘特别开放’。例如，《辛丑条约》规定外国军队驻扎在北京到山海关沿线的12个地区。这一规定并没有同时包含开埠的意思，但开埠却成为驻兵的自然结果。”[①]所谓“特别开放”的通商口岸，其实可以视为与租借地相似的区域，作为通商口岸进行研究也有其合理性。不过，在当代学者的研究中，一般只将条约体系的通商口岸分为两种，即约开和自开的两类。笔者在此也主要依照这两类来进行讨论。

因此，本书所论及通商口岸，即以此为对照标准。不同的研究者，对通商口岸数目的判断，从40多个到120多个不等，分歧相当大（具体可参见下文）。对各种不同的统计，下文将逐一提及，并加以分析。对公认的通商口岸，仅以一通表列举，对有争议的，再另做分析。

1.条约体系的通商口岸（约开口岸）数量的判定

从1842年的中英《南京条约》开始，中国与世界上的主要国家开始建立现代意义上的国家关系，当然其代价是一系列的不平等条约的签订。这一系列的平等或不平等的条约，组成所谓“条约体系”，在这些条约中，往往会伴随开放通商口岸的条款。由于签订这些条约而产生了中国近代史上的通商口岸体系，这一体系的通商口岸几乎可以包含近代所有的通商口岸种类，因此也是研究者应用最多的。

在条约体系下，通商口岸如何分类，仍然是一个问题，一般可以分为约开商埠与自开商埠。但也有学者用到别的分法，这在民国时期表现最为明显，如“由允许的之形式有不同，而商埠之种类遂得而分。大别为三，一根据于条约的。二根据协定的。三由我国单独意思所表现的”[②]。也有学者将通商口岸分为另外三种，即所谓“约开商埠、自开商埠”，以及“除约开、自开之两种商埠外，尚有一种特别商埠，既非约开，亦

① 陈旭麓：《近代中国社会的新陈代谢》，上海社会科学院出版社2006年版，第139页。
② 漆树芬：《经济侵略下之中国》，光华书局1931年版，第122页。

非自开，而外人居于斯贸易于斯，毫不受何等拘束……此等特别商埠，亦数十处之多”[①]。这些学者们都认为，商埠要把外人居住地与原中国人居住地分开而论。但是这种分法其实是很难做到的，因为大多数通商口岸中，租界与华界是息息相关的。近代中国的通商口岸，如果要从政治方面讨论，可分三种，一为一般商埠，二为专管租界，三为公共租界。

约开口岸的概念是有比较久的历史的，与所谓“条约口岸”（treaty ports）意义基本相同，即中国通过与相关国家签约而开放的通商口岸，其最明显的特征，就是在条约中的明文规定。

一般论者认为，条约口岸还可以进一步划分为以下几类：第一类是所谓标准条约口岸，“在那里，有完全通商的权利；在那里，可以设立领事馆；在那里，有一个海关衙门”。第二类，“在那些城市里，一般是没有海关衙门的，没有领事馆，外国人是不应该在那里永久居住的”。这一类虽说亦属标准条约口岸，但大多数不沿海、沿江、沿河。第三类，“沿着长江和西江的某些地方，有所谓访问口岸，在这些商埠，外国公司的轮船可以为着装货和载客而在那里停泊，在另外一些这样的商埠，该轮船只能为载客而停泊”[②]。而第三类，也是中国学者称之为所谓“特别商埠”的一部分。另一些论著则并不认为这些所谓“访问口岸具有完全意义上的条约口岸性质，他们仅仅承认这些口岸具有变相条约口岸的性质”[③]。而另外一些论著，则根本不承认其所具有的条约口岸性质。[④]

之所以造成以上的认识差异，大概主要是对条约口岸的标准有不同的看法。后两种观点将条约口岸的标准严格限制在条约明确规定的与《南京条约》等条约所开列的通商口岸权利相等的口岸，而前一种观点

① 刘彦：《被侵害之中国》，上海太平洋书店1928年版，第116页。邹鲁书中亦有此种看法，未知二者是何种关系。

②［美］C.F.里默著，卿汝楫译：《中国对外贸易》，生活·读书·新知三联书店1958年版，第9页。

③ 许涤新、吴承明主编：《中国资本主义发展史·旧民主主义革命时期的中国资本主义》，第二卷，人民出版社1990年版，第52页。

④ 张洪祥：《近代中国通商口岸与租界》，天津人民出版社1993年版。

则把条约规定的各类口岸都划入条约口岸之列。尽管在认识上有差异，但学者们对各类口岸的基本特征不易发生争论，因为这些口岸基本特征都早已为条约明确规定，它们都是条约口岸。①

以上是条约系统的通商口岸分析，它们都有一个明显的特征，即与条约有着密切的联系，是以条约的存在为前提的。这个体系的通商口岸数目是最多为研究者所运用的，除了由于它具有广泛的代表性之外，更是近代以来影响中国命运的条约体系自身所带来的深远影响所致。

多数的研究者并没有在意通商口岸的数量，而只是选取其中比较有代表性的、适合自己研究方向的通商口岸加以研究，这也是造成通商口岸数量不同的一个重要原因。一般来说，对约开商埠的数量判断，不同研究者之间不会有太大的差距，因为这些都已经在条约中载明。研究过程中，争论较多的几个问题主要包括：未开商埠的处理，东北对日开放的商埠，近代以前开放的商埠，蒙古地区及天山南北各城等究竟应如何处理。

首先，约定开埠但实际并未开埠的通商口岸，如何分类？一般而言，只是名义上未对外通商，但实际上已经在执行着通商口岸的职能，甚至已经设立了海关，向对外贸易进行征税工作，如安庆、万县等，当然要把它们看成通商口岸。

其次，东北对日本开放的商埠，是不是自开？虽然名义上是属于自开，却是在日本获得东北政治经济特权之后，通过与清政府签订条约而开放的，因此仍然可以认为它们属于约开口岸。

再次，近代以前开放的商埠，如在雍正皇帝时期即已经向俄国开放的恰克图等贸易场所，也应该算在通商口岸体系之内。因为自近代以前，这一通商口岸的任务，基本没有太大变化。与此相关的，是近代初期通过与沙俄的一系列条约而开放蒙古地区及天山南北各城作为通商口岸。由于它们的存在，约开商埠的数量大大超出现今所有研究者所认为的数量。

---

① 杜语：《近代中国通商口岸研究——历史与现状》，载《中国社会科学院研究生院学报》1996年第6期。

对约开商埠数量的讨论，是有关通商口岸研究中最多的。至于这些数量中，究竟包括哪些通商口岸，不少作者并没有注明，因此，也就不能对它们进行细致区分了。当然，还是有不少学者不厌其烦地列举了通商口岸的数量，因此，可以分析是什么原因导致不同研究者笔下的通商口岸数量有如此的不同。

2. 自开口岸（商埠）数量的判定

和约开口岸（商埠）相对应的是自开口岸（volunteer ports），顾名思义，即不是通过条约，而是由中国根据具体情况自行开放的通商口岸。对自开商埠的研究，现在已经有了不少的成果，但对它的准确数量，并没有一致的认识。

按照杨天宏等学者的观点，自开商埠也分为数个类型，甚至也仍然与通商条约无法完全脱离开来：

> 清季“自开商埠”星散各地，地域分布颇为宽广。我们可以依地域分布状况，将这些商埠粗略划分为沿海型、沿江（湖）型、内陆型和“关外”型四类。如果依照商埠所在城市的行政级别来区划，则可分为省会级、府厅州县级和乡镇级三类。依据自开商埠自身的特征，又可以区分为普通自开商埠、免税自开商埠和临时起下货物的“招呼口岸”三类。若从主权的角度审视，则又可以分为完全由中国筹议自开和条约载明由中国“自开”两类。[①]

最常见的说法是，至1930年，中国政府停止了自开商埠的步伐，中国的通商口岸格局基本确定。而在清末至20世纪30年代初的这段时间，共开放约30个自开商埠。杨天宏对此则有不同的看法：

> 在意识到“兵战”尚力有未逮、难奏肤功的情况下，受方兴未艾的民族主义驱使，由郑观应等思想家于70年代提出的“商战”主张在19世纪即将落下帷幕的1898年开始诉诸实践，由是导致了

① 杨天宏：《口岸开放与社会变革——近代中国自开商埠研究》，中华书局2002年版，第113页。

"自开商埠"的出现。……截至清末，已有36个自开商埠分布中国南北东西；到1924年，更增至52处，其数量几与条约口岸相埒。[①]

很显然，这必然会存在一个对自开商埠性质如何判断的问题。因此，对于杨天宏的这一论述，已经有研究者提出疑义，认为自开商埠不至于如此之多。[②]杨天宏似乎认为，在甲午战争失败后，清政府便开始了自开商埠的过程，之后的商埠都属于自开了。但笔者认为，积弱的王朝不可能在一夜之间突然变强，它随后再与列强签订条约，产生一大批约开商埠，并不是没有可能的。思想上的开化与现实上的实践并不是重合的。

对东北地区的一批"自开"口岸，也值得深入探讨：

……亦有依条约以为开放而统治权未受限制者，此则出于缔约二国之一种特别规定，在我国条约史上，不能不算一种例外，如吉林、长春、哈尔滨、宁古塔、珲春、三姓、凤凰城、辽阳、新民府、铁岭、齐齐哈尔、呼伦、爱珲、满洲里以下十四处是的。而向各国之开放商埠以英国为最多，共二十八处。日本次之，共二十四处。[③]

此处需要澄清的几个问题是：

首先，东北的商埠，自开的有哪些？其次，内地自开商埠的开放与否。有许多自开商埠，虽然名义上开放了，但实际上并未通商，算不算自开商埠？应该算。再次，它必须是不签订条约而开放的，所谓"自行"开放。否则，如东三省大部分口岸，则不能称为自开商埠。按照上文所论述的，东北地区的这些商埠，其实可认为是约开商埠。

民国元年（1912）的《新体中国地理》中，曾列举了几处自开商埠，从中可观察时人对商埠的一些观念。[④]

---

① 杨天宏：《近代中国自开商埠研究述论》，载《四川师范大学学报（社会科学版）》2001年第6期。

② 王中茂：《1905年所开东北16处商埠是自开商埠吗？——与徐柳凡、杨天宏先生商榷》，载《洛阳工学院学报（社会科学版）》2001年第2期。

③ 漆树芬：《经济侵略下之中国》，光华书局1931年版，第117页。

④ 臧励龢编纂：《新体中国地理》第三编第二章第十一节"商业"，商务印书馆1912年版，第73~86页。

表1.1 《新体中国地理》中列举的自开商埠

商埠名	地　点	附属海关	开埠日期	备　注
吴淞	江苏太仓州宝山县之吴淞镇	江海分关	清光绪二十二年	光绪六年德国续约允准停泊，至二十二年奏明改为江海分关
三都澳	福建福宁府三沙湾内	福海	清光绪二十四年	奏开
福宁	福建福宁府治		清光绪十六年	奏开
新宁	广东广州府新宁县		清光绪三十四年九月	光绪三十四年地方绅商禀请开办
南宁	广西广宁府治	南宁	清光绪三十二年	光绪二十四年奏定，至三十二年始勘界开放
彰德	河南彰德府治		清光绪三十四年	奏开
洛阳	河南河南府洛阳县		清光绪三十四年	奏开

关于自开商埠的背景及相关情况，民国时期有学者曾进行过研究：

此等约开商埠中，有两项应注意之事，一为停泊场，二为两国约开之埠。前者为候补之商埠，盖始初虽称停泊场，然以后即相机要挟改为商埠，如安庆、沙市、吴淞江门，业由停泊场变为商埠，是其例也。故其他各停泊场，皆为将来之候补商埠也；后者如潮州、琼州、天津业经英约开埠，然法国必再约开。又如长沙业经英约开埠，奉天业经美约开埠，而日本必再约开，所以如此者，即争夺市场之表现也。盖约开商埠之国，常可要求设专管租界（此为各国在中国设专管租界之通例，间有未设者则另有问题之故），及其他权利，此所以愈为露骨之争夺也。

自开商埠之主要原因，为外力压迫。苟非自动的开放，又将变成为约开，而为外国殖民地，故不得已自行开放，而令埠内之行政权与其土地权，悉为自国所有也。除此主要原因之外，尚有三种附因：一为因铁路交通之故，如武昌为粤汉铁路之终点，浦口为津浦铁路之终点，云南府为滇越铁路之终点，郑州为京汉铁路之中区，以及济南、潍县、周村，因胶济铁路而开放之类是也；一为水路交通之故，如岳州、湘潭、常德、鼓浪屿、秦皇岛、葫芦岛之类是也；一为因设海关之便，如拱北、吴淞、三都澳之类是也。要之中日战争以前，尚未定自开商埠之局，中日战争之后，各国争夺中国之势力范围，并垄断其势力范围内之一切权利利益，清廷计无从出，乃决定自开商埠，一以阻止各国之垄断，一以保持自国之主权。[①]

除了约开口岸与自开口岸之外，还有一些比较特殊的商埠，是当今的研究者所没有太过于注意的，即所谓“特殊商埠”。这些“特殊商埠”不同于通商口岸，亦不同于列强的势力范围，但确实起着通商口岸的作用。正是由于它的性质难以确定，近代以来的不少学者就将其单独提出，归为一类。

这里就会出现一个问题，即所谓的特殊商埠到底算不算是通商口岸？如1890年，《烟台条约续增专条》允准安徽之大通、安庆，江西之湖口，湖北之武穴、陆溪口、沙市等处为外轮揽载客货的码头[②]，此即所谓“过路口岸”。再如三水，在1897年据中英《续议缅甸条约附款》附件“专条”开埠。其中，《续议缅甸条约专条》规定，将广西梧州、广东三水县城根圩开为通商口岸，并将“江门、甘竹滩、肇庆府及德庆州城外4处同日开为停泊上下客商货物之口”[③]。

按照条约口岸的特征来看，这些特殊商埠不能称为通商口岸，因为没有明确规定它可以通商；中国政府也并不承认它们作为通商口岸的职能。但实际上，它们从一开始就具有通商口岸的职能[④]，因此，它已经成为通商口岸的一个组成部分。只是在当下的研究中，极少提及这类口

① 刘彦：《被侵害之中国》，上海太平洋书店1928年版，第124~125页。
② 傅国民主编：《中国近代港口图录》，人民交通出版社1998年版，第25页。
③ 傅国民主编：《中国近代港口图录》，人民交通出版社1998年版，第39页。
④ 近代的不少研究者都有这种看法，但当今的研究者并未提及它们，不知是何原因。

岸，或者直接把它们作为军事占领区域而加以研究。

3.海关统计体系下的通商口岸数量

近代以来，由于各项权利的不断丧失，关系到国家财政命脉的海关权利也逐渐为外人所夺。自19世纪50年代中期以后，列强通过各种手段，建立起中国最早的现代化行政机构——海关总税务司，以及下属的各口岸海关税务司。在海关总税务司的指导下，中国政府建立起不同于以往海关系统的新的对外贸易管理体制，与清政府原有的海关体系相对应，隶属于海关税务司的各个海关，被称作“新关”或是“洋关”，而原有的中国海关则被称作“常关”。①

从1859年起，海关开始编制各项统计数据，这些数据以科学的方法加以进行，成为研究中国近代史的一份重要史料。在这些统计资料中，海关统计体系下的通商口岸，与条约体系下的通商口岸有着明显区别，并成为另一种新的数量体系。

最早进行这方面研究的，是海关税务司班思德。在《最近百年中国对外贸易史》中，他认为“迄今（中华民国二十年十二月三十一日，1931年）全国通商口岸，及其他中外贸易地方，共计五十余处，咸由海关管理，航商称便，贸易日隆”②。此为海关系统之一种数目统计，完全没有考虑到条约体系的内容，而是直接以有无设立海关为标准。

随后的学者如汤象龙在研究中认为，“从1842年《南京条约》开辟五口通商，到《天津条约》《北京条约》《烟台条约》《马关条约》和《辛丑条约》以及以后各种商务条款，中国被迫先后开辟的通商口岸有三十五处，加上由中国自己开辟的七处，通商口岸共计42处。《辛丑条约》还规定由海关兼管通商口岸五十里内的常关”③。可见，这一数量比

① 至于中国近代海关的建立发展过程，可参见陈诗启《中国近代海关史》，人民出版社2002年版。此处仅简略叙及。

② 中国第二历史档案馆、中国海关总署办公厅：《中国旧海关史料（1859—1948）》第157卷“民国十一年至二十年，最近十年各埠海关报告”。

③ 汤象龙编著：《中国近代海关税收和分配统计（1861—1910）》，中华书局1992年版，第20页。

上述五十余处更少，尚且不到条约体系通商口岸数量的一半，差距是相当明显的。

海关统计体系下的通商口岸数量，明显少于条约体系下的通商口岸数量，但是它为近代以来不少学者利用，并支持自己的研究，而且总体来看，并不影响其研究的意义。主要原因在于，海关统计系统的通商口岸对外贸易数量，占据了整个中国对外贸易的绝大部分。①故而不少研究者忽视其他的通商口岸也是在情理之中。它们对全国的影响或许不大，但对当地的影响，仍然是存在的。因此，这些沿边口岸，其数量仍然是不能忽视的。

还有另外一层次的原因，即海关对通商事务的把持，也导致了海关统计体系中的通商口岸数量少于条约体系。这种分类相对来说，是出于比较纯粹的经济意义上的。在1937年，胡曲园、傅于琛合译了苏联学者密努斯金、坡利斯主编的《世界经济地理教程》，其中的一段论述可以为这两者的区别作一分别。此书认为，中国主要的商埠有“上海、南京、汉口、长沙、北平、天津、辽宁、青岛、广州、福州、宁波、厦门等，共约一百一十八处。现有关税机关的商埠为四十五处”②。可见有没有海关机构，是判断一个通商口岸性质的一个重要根据，但它并不能作为判定通商口岸的必要条件。

至1901年，据《辛丑条约》规定，赔款以海关税、常关税、盐课为承担保票的财源，而“在通商口岸之常关，均归新关管辖”。由于这一条款，其实海关的贸易统计已经包括了原有的大量中国通商口岸。因此，除了之后开放的部分自开商埠外，海关统计的通商口岸数量已经是对条约体系通商口岸的另一种表达方式而已。

虽然海关统计体系的商埠数量远较条约体系为少，但有着很大的代

① 戴鞍钢：《近代中国西部内陆边疆通商口岸论析》，载《复旦学报（社会科学版）》2005年第4期。

②［苏联］密努斯金、坡利斯主编，胡曲园、傅于琛译：《世界经济地理教程》，昆仑书店1937年版，第372页。

表性。故而在进行与海关相近的研究时，不少学者宁愿采取这一统计体系，以更好地利用统计资料，也相对更方便。通过以上各个研究者的不同分类可以看出，20世纪20年代以来，随着中国民族主义的不断扩展，对通商口岸的研究不断扩大，随之而来出现在研究者文中的通商口岸数量也在不断增长。

综上所述，一般可以说，至1930年，在中国大地上，共出现了104个开放商埠，4个租借地，加上香港、澳门，开放口岸共达110个[①]。不过，实际上的开放口岸，很显然是要超过这一数字的，而且有些口岸的开放时间、开放过程等方面，在近代史研究上还是比较有争论的。在中华人民共和国成立之后，这一统计数量的研究再次达到一个新的高度；而在改革开放之后，对通商口岸数量的分析开始趋于实用主义，不同的研究者会根据自己的研究方向作不同的数量判断。如方书生即在研究中说明，“本文根据实际是否客观存在为准，共得约开、自开商埠84处”[②]。从研究的便利角度来说，这样做也是无可厚非的，但最根本的判定标准仍然比较缺乏，需要在之后的研究中深入探讨。

4. 通商口岸的开埠时间判定

通商口岸的开埠时间，又是另外一个众说纷纭的问题。与此直接相关的仍然是有关条约体系、海关体系两个方面，但其中又有实际通商情形的影响。有几个方面需要考虑：是以条约签订为准，还是以开始通商为准？抑或是以既成事实为准？与海关的设立有没有关系？

如果是以条约签订为准，则某一个通商口岸可能会同时与数个国家签订通商章程，按道理而言则必然要以最早签订的条约时间而定。如重庆曾在1876年中英《烟台条约续增专条》中声明开埠：“四川重庆府可由英国派员驻寓，查看川省英商事宜。”但直到1895年4月17日（光

① 吴松弟主编：《中国百年经济拼图：港口城市及其腹地与中国现代化》，山东画报出版社2006年版，第2~6页。

② 方书生：《口岸开放与晚清经济区的形成——岭南经验以及全国尺度》，载《云南大学学报（社会科学版）》2006年第4期。

绪二十一年三月二十三日）中日《马关条约》规定："开放沙市、重庆、苏州、杭州为商埠；日本轮船可驶入以上各口。"由此才真正开埠，之后重庆海关设立，对外通商全面开始。但若要论及开埠日期，不少研究者仍然是以中英《烟台条约续增专条》的签订日期为准。

但是，这又会存在一个问题，即许多通商口岸在签约开放或自开之前，已经卷入对外贸易之中，这又如何判断？或者可以说，条约的签订仅仅是一个代表而已，至于海关的设立，更是在通商口岸的通商已经在进行中，或者通商要求极大时会有必要。因此，对不同的通商口岸，判断其是否开埠，以及开埠时间的标准是不统一的。这就会分成以下几种情况：

一是开埠之前对外贸易已经存在，甚至相当发达的。如蒙古地区与俄罗斯交界处的恰克图，雍正五年开放，属于近代以前开放的，也应该算作近代的通商口岸之一。

二是开埠之前并不存在对外贸易，但自条约签订后对外贸易开始发展。这是最常见的一类通商口岸，一般应以通商条约签订为准。

三是自海关设立之后，对外贸易才开始发展起来的。如福州虽然在《南京条约》中规定为通商口岸，但开埠后一直未能在中外贸易中有起色，使得英国一度准备放弃该口岸，改为舟山。

四是划定一定的区域作为交易场，然后才可称作开埠。如早期的广州、清末的杭州等行政等级较高的通商口岸，一般不会在开埠时将全城都作为通商口岸。

当然，如何去区分这几种情况是比较困难的，但有一点是确定的，即开埠时间都是在对外贸易合法化之后。所以，一般判断开埠的时间，应当以条约签订为开埠的标准时间，部分口岸的开埠时间可参见附录中所开列的内容。

三、小结

根据上文的相关论述可知，近代中国的通商口岸，大约可分为三种类型：约开口岸、自开口岸、其他类型口岸，或者也可以根据其他判断，分为标准条约口岸、非标准条约口岸等。但所有这些分类，都必然要归结到对通商口岸体系概念的认定，以及同样重要的通商口岸数量的判定。不同的研究者对该问题众说纷纭，上文及本书的附录已经在众多观点中列举了相应的例子。通商口岸数目的判断标准也可以由此区分为：条约系统、海关系统、其他系统等。但研究者普遍认为，近代中国的通商口岸数量在100个以上，包括近代之前已开放的贸易口岸，以及被列强分别占据的租借地等特殊区域。

为何通商口岸的数量无法得到确切的认识？异质的西方文明在进入中国后，逐步被接受，以至于最后已经无法完全分清楚哪些是西方文明，哪些是中国的传统，通商口岸的划分已经逐渐失去原本的"华夷之辨"的意义。因此，一部通商口岸史，就是一部近代中国现代化的演变史。通商口岸对所在区域造成的影响，也可以认为就是中国经济地理格局逐渐重构的历史。

对于不同通商口岸的开放时间，研究者们亦有不同判断标准：条约签订、实际通商、海关建立等，均被视为口岸开放的标志。这些研究对口岸体系的历史溯源，很大程度上还原了历史的一部分真实，但就通商口岸体系的影响而言，口岸开放后才显示出其价值所在。这些通商口岸往往与近代西方帝国主义列强的势力范围存在着相互影响的关系，甚至是直接的关系。但就其开埠的客观结果而言，是直接或间接地促进了中国区域经济的发展及整体经济的整合。

在这些通商口岸体系中，对现代中国影响最大的，是那些设立了海关（洋关）的口岸，如江海关所在地的上海、胶海关所在地的青岛、津海关所在地的天津、江汉关所在地的汉口、厦门关所在地的厦门，均发展成现代中国的区域中心城市。因此，下文所进行的各类GIS及计量分析，一般都是以海关统计所载的通商口岸为主体的。

第二章

基于空间相互作用模型的近代中国经济区域划分：以通商口岸腹地为案例的研究

经济区域的确定和划分，是经济地理学的一项重要任务。当代中国经济区域的形成，是以近代通商口岸的影响范围为基础的，若要全面理解当代中国经济格局的机理及发展趋向，对其形成的历史根源加以分析便有了充分的合理性。

通商口岸对于近代中国的意义，在于沟通中西之间的经济、政治、文化等多个方面。虽然在整个中国的大背景下，影响中国经济地理格局演变的因素有很多，但就经济发展的大趋势而言，现代化经济因素的影响是最为明显的，这些因素则更多地通过通商口岸进入中国，再以各种途径向内地传播，进而形成“港口—腹地”这种由点到面的格局，在这一意义上可以充分建构起近代中国经济地理格局形成的机理。

通商口岸影响范围的研究，上文曾提及以吴松弟等为代表的一批学者已有论述，戴鞍钢、樊如森等均做了专题研究。这些研究以史料的梳理为基础，详细描述了各个通商口岸的大致腹地（影响范围）。

第一节　近代港口城市腹地范围划分和分析

总体来说，虽然近代通商口岸的开放都不是中国主动，而是迫于外界压力的结果，但是它的影响并不都是负面的、消极的。在近代中国，通商口岸是一个比较落后的国家对外开放的媒介。就经济方面而言，国内、国外的经济要素，腹地内、腹地外的经济要素通过港口贸易的过程实现了双向交流。在这种交流中，腹地经济伴随着港口贸易的波动而发展变化，而港口贸易又在相当程度上依赖于腹地经济。腹地是港口贸易商品的销售市场和原料产地，港口是腹地市场对外交流的窗口，港口贸易与腹地经济两者直接相关、互相影响，进而组成了中国经济近代化的重要部分。

国内外学者开展了大量港口与腹地的关系与划分方法方面的研究。20世纪30年代在中心地理论中首次提出了“腹地”这一说法。随着社会的进步，城市化进程的加快，腹地理论体系不断被完善，中心地理论、核心—边缘理论等奠定了港口腹地理论基础。①我国从20世纪90年代开始，对腹地的研究侧重点主要是腹地影响地域的划分。研究腹地划分的模型方法主要有引力模型、Huff模型、断裂点模型、烟雨模型等。②

21世纪以来，计算机技术和地理信息技术飞速发展，它们也被应用于城市腹地划分之中。在进行全国范围通商口岸体系分析之前，下文将运用GIS技术，选取近代中国几个主要通商口岸如上海、汉口、镇江、天津等，以《中国旧海关史料（1859—1948）》中1875—1919年海关贸

① 王晓斌：《GIS实现下的港口腹地划分方法研究》，大连海事大学2015年硕士学位论文。

② 郭蕾：《以中心城市为核心推动区域经济发展——以郑州市为例》，载《经济经纬》2007年第2期。

易数据中的子口税贸易数据（通商口岸每年进口洋货发往各地的货物价值）为基础，分别对不同阶段求取平均值，作为该阶段的洋货价值，对其腹地范围划分与变迁进行探究。

在时间段的划分方面，下文将其界定为三个阶段：

第一个阶段：1875—1905年。中国在西方列强的压迫下，签订了一系列不平等条约，通商口岸体系逐渐成形，中国海关关税自主权也随之削弱。在协定关税的压力之下，清政府无法自主控制进出口贸易商品的税率，导致国外大量商品在中国各地出现倾销的情况，各个港口城市进口货物也迅速增多。

第二个阶段：1905—1911年。清末新政是清朝为挽救其统治而实施的一场政治改革，伴随着一系列经济方面的革新，出台了一批经济政策，从某些方面来说也方便了西方列强向中国输出资本。[①]1904年日俄战争后，西方列强加大了对中国的经济侵略，扩大各式各样的对中国贸易的特权。各国对中国的贸易方式，由商品的输出逐步转变为资本的输出，掠夺中国的廉价原材料，通商口岸的贸易结构也开始发生明显的转变。

第三个阶段：1912—1919年。辛亥革命推翻清朝的腐朽统治，在北京国民政府时期，中国的经济发展处于一种相对平和的状态下，辛亥革命为国内工商业的发展创造了相对有利的条件，各个通商口岸进出口的商品数量和结构也有了明显的增长和改善。

一、近代主要港口城市影响区域的初步分析

近代中国通商口岸的影响范围，因受到自然地理、历史传统等多重作用，其影响范围在近代的变化特征、影响的机制，都还有待进一步考察。子口税贸易是近代初期海关统计资料中比较系统的一类数据，相对

① 忻平：《清末新政与中国现代化进程》，载《社会科学战线》1997年第2期。

明确地标示了各主要通商口岸通过对外贸易建构自身腹地范围的过程。近代中国通商口岸的经济意义，不仅仅表现在对外贸易层面，也深入到中国区域经济发展的整体层面，成为据此对中国经济地理格局进行研究的基础。因此，下文即以此类数据为分析对象，以上海、汉口、天津等通商口岸为例，通过计量方式确定以这些通商口岸为中心的经济区域。

近代中国旧海关的子口税，“是进口洋货输入中国内地以及土货运至通商口岸寻求出口过程中，所缴纳的抵代通过税的一种，这种抵代税相当于进出口税的一半，故称子口税”。外国商人又提出以子口税代替厘金的方法，以增加商品销量；子口税的性质是“对国内贸易的一个管窥式的抽样调查，但并未在全国范围广泛推行，主要施行范围是在上海沿线，而在北方诸港或广州等地则较少被当地商人所接受”。①因此，本章首先根据子口税统计中比较有代表性的数据，选取长江流域的汉口、南京、镇江、上海，以及北方的天津等几个较大的通商口岸为分析对象，根据这些通商口岸对腹地范围内各省以及下属各府州的进出口商品数量，对其影响范围进行初步分析。选取的这些通商口岸的基本历史经济地理情形如下：

1.天津

明清时期，天津由于漕运而兴起，区位条件非常优越，处于进京的咽喉要道。1860年英法联军攻占天津，天津被迫对外开放,是中国开发最早的通商口岸之一。②来自外国的商品不断运往天津，因此天津也成为洋货进口的主要港口，华北、西北广大腹地的各类土货也经由此地运往海外。

2.汉口

汉口是长江沿线的口岸，自明清以来就是重要的贸易集散地，1861年开埠通商后，成为长江黄金水道上和上海并列的两大口岸之一。上海是

---

①王哲：《源—汇数据在近代经济史中的使用初探——以19世纪末长江中下游诸港的子口税贸易数据为例》，载《中国经济史研究》2013年第2期。

②吴松弟、樊如森：《天津开埠对腹地经济变迁的影响》，载《史学月刊》2004年第1期。

全国外贸中心，汉口则被视为内地贸易的中心。[①]汉口作为较早开放的通商口岸，因其有利的区位优势，以广阔的内地作为其原料输出基地和商品市场，对外贸易迅速发展。其作为“黄金水道”之上的港口城市，繁华程度不在上海之下。

3.镇江

镇江作为东部沿江城市，地处江苏省东南部，1858年第二次鸦片战争后开放通商。镇江处于有黄金水道之称的长江和京杭大运河的交汇点，贯穿东西，通达南北，优越的地理位置就成为西方列强进行中西贸易的落脚点。[②]镇江开埠后，源源不断的洋货通过长江运往广大腹地，通过镇江洋货转运价值量，可看出镇江在中国近代港口贸易中所占的地位。

4.上海

上海地处中国海岸线中点及长江入海口的交汇点，拥有极为优越的地理位置，与全国主要港口来往便利。[③]1843年上海开埠之后，其以优越的区位优势,很快将广州取而代之，成为当时中国第一对外通商贸易口岸。[④]上海不仅成为全国外贸中心，同时也成为全国外贸转运核心。从不同的历史时期观察，上海港口所影响的腹地范围也不一样，在不断地变化。

二、基于子口税贸易的代表性通商口岸腹地的初步分析

在上文对几个有代表性的通商口岸城市进行初步分析的基础上，根据子口税贸易额的统计，笔者整理出各口岸城市1896—1919年与内地的进出口贸易数量如下：

---

① 张珊珊：《近代汉口港与其腹地经济关系变迁（1862—1936）——以主要出口商品为中心》，复旦大学2007年博士学位论文。

② 马红霞、蔡舸：《论第二次鸦片战争对镇江港的影响》，载《江苏社会科学》1999年第5期。

③ 唐巧天：《上海与汉口的外贸埠际转运》，载《社会科学》2008年第9期。

④ 张仲礼、潘君祥：《上海城市经济的近代化及对长江流域经济的影响》，载《上海社会科学院学术季刊》1992年第3期。

表2.1　1896—1919年各主要通商口岸子口税贸易对比表（洋货进口）

进口目的地	天津	汉口	南京	镇江	上海
直隶	16 849 711.17	4 661.57	9 152.25	314.38	31 488.24
江苏	3 099.61	5.35	30 592.38	4 590 667.52	1 049 126.71
浙江			96.88	1,741.24	1 024 752.90
山东	1 225 815.11	34.83	79 930.25	1 297 508.86	73 770.52
山西	5 074 962.33	56 573.61		851.86	727.24
河南	1 602 072.94	579 500.13	240 172.38	2 104 036.90	197 377.76
陕西	256 723.83	794 444.91		219.62	312.71
甘肃	2 530 311.06	552 736.13		295.81	10 976.19
新疆	537 381.78	2 518.00			84.67
奉天	279 456.78				82.14
吉林	588 446.67	1 823.48			
黑龙江	76 853.83				
湖北	80.00	759 166.57		626.38	16 612.57
安徽	217.00	2 169.17	305 899.75	606 222.05	714 765.24
江西		38 902.17	592.75	1 747.81	31 942.95
湖南		1 798 505.70			42.00
福建		1.26			21 731.38
云南		471.48			1.90
贵州		599 064.65			
四川	38.89	424 256.39			
广西		68 256.39			
恰克图	15 354.22				
蒙古	19 309.39				
其他省份				50 922.10	

数据说明：上表各通商口岸子口税贸易进口数额，为相关年份的算术平均值。数据的起止年份略有不同，其中天津为1902—1919年，汉口为1896—1919年，南京为1912—1919年，镇江和上海均为1899—1919年。

通商口岸对各自所在省份的影响力是最为强大的，随着距离的扩大，该口岸城市对更远的省份影响力也会随之下降。从上表的数据可以充分看到这一历史现象，这也是地理学上的“地理邻接”原理最有力的证明。但也会有例外情况发生，如汉口在子口税单的洋货进口方面，出现了湖南远大于湖北的状况，就1896—1919年的平均值来看，前者竟然是后者的两倍还要多。

在通过子口税实施的土货出口方面，除南京没有统计数据，其他4个口岸城市在各个省份数据的基本格局，与进口洋货的集散情况相似，如下表所示：

表2.2　1899—1919年各主要通商口岸子口税贸易对比表（土货出口）

出口来源地	天津	汉口	镇江	上海
直隶	7 762 172.13	707.39		2 128.71
江苏	28.36	8 682.50	930 132.86	4 620 015.81
浙江				2 539 106.48
山东	749 765.86		473 114.81	252 237.29
山西	3 364 632.57			492.76
河南	324 877.79	168 484.33	755 112.81	763 649.19
陕西	163 964.57			337.48
甘肃	838 049.64	6 209.67		5 490.48
新疆	933.71			
奉天	573 304.86			

续表

出口来源地	天津	汉口	镇江	上海
吉林	10 353.79			
黑龙江	18 019.43			
湖北	2.29	34 322.06	631.67	
安徽			751 714.10	809 595.38
江西			393.71	59.05
福建				211.43
贵州		199.83		
蒙古	23 106.36			
四川		70 541.11		
张家口	2 318 913.29			

数据说明：以上各通商口岸子口税贸易出口数额，为相关年份的算术平均值，单位为海关两。数据的起止年份略有不同，其中天津的土货出口来源地中，直隶为1905—1919年，其他省份为1906—1919年；汉口为1912—1919年；镇江和上海均为1899—1919年。

与洋货进口的状况相似，一般来说，各通商口岸对各自所在省份的影响是最大的。汉口再一次出现了例外，通过该口岸子口税贸易出口的土货，以河南为最多，四川次之，湖北省仅排在第三位；另一个特别值得注意的是，镇江关子口税贸易中洋货进口的数量，甚至远远超出了上海，虽然这有子口税制度方面的原因[①]，但依然反映了通商口岸在商品集散方面的巨大潜力；而河南省在洋货进口、土货出口两个方面，在镇江关子口税贸易数据中都排第二位，仅次于江苏省，是一个颇为奇异的历史现象。河南省位于全国经济地理的中心区位，长期以国内区域市场为

①王哲：《源—汇数据在近代经济史中的使用初探——以19世纪末长江中下游诸港的子口税贸易数据为例》，载《中国经济史研究》2013年第2期。

主要贸易范围，在近代也成为天津、汉口、镇江、上海等各个通商口岸进口洋货、出口土货的终端市场与来源产地，形成近代河南以外向化商品集散市场为形式的新型城镇[①]，也展示着近代河南省可以成为诸多通商口岸重叠腹地的典型地位——这一情形将会在下文的分析中表现得特别明显。

在进行省级区域的探讨之后，还可以利用子口税贸易在清末府州级政区中的数据进行更深入的分析。这里以选取的汉口、上海两个规模较大的通商口岸子口税贸易中的洋货进口数额为例，来观察它们在腹地构建过程之中，受到的各方面因素的影响程度。经过整理之后，汉口、上海两通商口岸子口税单下洋货进口的终端市场分布，大体如下表所示：

表2.3　汉口子口税单下洋货进口

运往省份	府州名称	数额（海关两）	运往省份	府州名称	数额（海关两）
湖北	武昌	30 139.2	河南	河南	75 241.5
	襄阳	791 457.7		许州	1 823.5
	汉阳	4 568.5		南阳	401 323.3
	安陆	11 339.7		开封	16 345.9
	郧阳	3 829.8		淅川厅	116.7
	荆州	29 493.5	四川	重庆	798 935.5
	荆门州	1 258.7		酉阳	33 947.1
	德安	5 339.9		夔州	51 391.1
	宜昌	289.6		成都	3 674.6

①吴俊范：《近代中原外向型经济的发展及其影响》，载《中国历史地理论丛》2006年第1期。

续表

运往省份	府州名称	数额（海关两）	运往省份	府州名称	数额（海关两）
湖南	长沙	680 618.3	贵州	同仁	54 143.7
	道州	8 718.5		遵义	11 492.3
	岳州	39 829.2		贵阳	88 454.3
	靖州	80 278.1		思南	30 688.0
	澧州	84 189.7		镇远	13 554.9
	常德	77 008.8	陕西	兴安	189 330.7
	辰州	46 366.9		西安	70 281.5
	永州	275 878.2		汉中	59 179.4
	宝庆	58 734.5		乾州	95.5
	郴州	21 737.3	广西	桂林	56 666.2
	衡州	368 736.4	山西	蒲州	1 893.5

数据说明：本表中的数据为1886—1895年的平均值。

表2.4　上海子口税单下洋货进口

运往省份	府州名称	数额（海关两）	运往省份	府州名称	数额（海关两）
江苏	苏州	186 365.8	安徽	安庆	5 800.0
	海州	346.9		徽州	155 075.0
	江宁	46 476.6		泗州	479.9
	滁州	186.3		宁国	24 427.2
	淮安	44 678.7		池州	2 827.5
	泰州	1 409.8		六安	14 903.5
	松江	43 876.0		太平	4 887.8

续表

运往省份	府州名称	数额（海关两）	运往省份	府州名称	数额（海关两）
江苏	太仓	6 084.2	安徽	滁州	964.4
	常州	120 352.2		休宁	30.3
	太兴	155.5		庐州	1 541.8
	扬州	55 391.6		颍州	1 232.0
	徐州	13 206.9		凤阳	158.3
	镇江	35 110.1		广德	854.6
	通州	49 450.7	江西		11 541.1
浙江	绍兴	58 814.8	河南		21 255.5
	杭州	229 652.6	湖南		389.6
	湖州	89 708.4	福建		14 859.7
	衢州	58 909.1	山东		25 528.1
	嘉兴	80 919.5			
	金华	6 693.8			
	处州	2 340.7			
	海宁	1 127.7			
	台州	213.5			
	严州	762.7			
	温州	130.0			

数据说明：本表中的数据为1886—1895年的平均值。

通过以上两表可知，按照地理学中“地理邻接”原理的规律，不同通商口岸的影响范围，其实是按照距离呈递减态势的。就子口税贸易能够深入的内地省份来说，汉口、上海两城市并没有什么大的差别；但相较而言，上海对于距离较远的河南、湖南、福建等省，贸易额甚至远比距离较近的周边城市如苏州、常州、杭州要少，以至于不再分府州进行统计。汉口的影响范围与此相似，距离较远的省份如广西、山西等省，贸易额甚至远远低于汉口附近的襄阳、南阳、长沙等地。重庆作为一个在1890年开埠的通商口岸，之前已经是西部地区商品的重要集散地，这些早已形成的商品集散系统，对通商口岸的腹地形成是极为重要的，表征着现代经济活动与传统交易网络的整合。这也可以解释，重庆在开埠之后，迅速成为西部地区商品在长江上的集散地，清末时已经是仅次于汉口的重要港口，并发展成为近代中国的重要城市。[①]因此，现代经济向中国内地的推进，也是一种逐步扩大影响力的过程。通过子口税贸易进入中国内地的洋货，虽然很难确定其最终的消费地，但根据这些内地府州传统上的商品和交通网络，西方现代物质文明已经越来越深地嵌入到中国的经济结构之中。

利用子口税数据分析中心城市对周边城市和区域的影响，可以初步明晰通商口岸城市的腹地范围，但也出现了几个需要注意的问题：

首先，子口税贸易的分析，其结果更多为点对点的分析，即所谓的“源—汇”数据，一旦扩展到区域层面，就显现出一定的局限性。非常明显的是，近代上海扼守长江入海口的位置，使得汉口的更多进出口物资都由上海中转。依靠长江的航运条件，上海成功地将长江流域整合到了自己的影响区域，成为中国最大的中心城市。这两大城市的腹地关系应如何看待，就需要认真思考。

其次，子口税贸易更多地集中于长江流域的通商口岸中，海关统计中会出现天津等较大的口岸城市的少量数据，因此无法实现全国层面的大范围对比。在子口税单的省级政区贸易层面，上海直接影响到的区域范围，甚至有减少的趋势，这与近代上海逐渐成为中国经济中心的历史

①徐蕴：《近代长江上游港口与腹地经济关系的比较研究——以宜昌、重庆、万县为中心（1877—1936）》，载《中华文化论坛》2018年第9期。

事实是非常不相符的。此外，还有一些口岸如广州的子口税贸易，存在着因商人避税而在统计表上无法体现，或因交通的原因也造成不正常的现象。

最后，子口税贸易在近代中国地理区域上的表现，仍然是以传统的行政区划为衡量标准的，但经济区域与行政区域并不完全重合。以上文中的河南省为例，该省同时受到了天津、上海、镇江、汉口等城市的影响，在行政边界的影响下，这些通商口岸究竟能够影响到河南省内的哪些区域，是行政区划无法直观表现出来的。因此，行政区划与经济区域的关系，反映于通商口岸的影响范围层面，应该如何来正确认识，需要进一步明确。

根据以上分析可知，通商口岸体系对国内经济区域的影响，绝非完全脱离传统，而是在传统经济联系的基础上，更加入了新兴现代经济的因素。这种内因与外因的相互作用，才是全面理解近代中国通商口岸体系对当代中国经济区划影响的一个切入点。上海与长江三角洲的关系，内地的北方地区、湖广地区、运河沿线与长三角的联系，都是上海之所以能依靠现代西方经济因素深入影响这些区域的历史背景；只不过需要特别指出的是，近代经济因素的压倒性优势，使得传统的区域经济联系无法完全彰显。在判断经济区域的边界时，无法完全以行政区划作为标准，但在现有数据史料的点数据为主的情况下，似乎也难以完全确定。根据正常的情况，某个中心城市对区域的影响力，往往是随着距离的扩大而逐渐缩小，如果还有其他中心城市的存在，往往会有影响区的叠加，至于某个中心城市的影响力在何处消失，并不能完全肯定。这种“中心清晰，边缘模糊”的特征[①]，不仅仅体现在政治、社会影响力等各个方面，在经济影响区上也同样如此。因此，如何划定经济区域的边界，以提供相对比较有参考价值的研究结果，是需要思考的问题。

---

①葛兆光：《宅兹中国：重建有关“中国”的历史论述》，中华书局2011年版，第27页。

三、小结

通过上文对同一港口城市和不同港口城市腹地范围的划分,可以得出，在子口税贸易的格局之下，各代表性通商口岸的腹地范围的基本分布格局。

汉口洋货进口的终端市场，在1896—1919年，主要分布于湖北、湖南、陕西、河南、贵州、四川、云南、甘肃、江西、广西、山西等省份，其中以汉口所在的湖北省和邻近的湖南省、陕西省、河南省为最大市场；在土货的出口方面，通过汉口转运出口的中国商品，主要来自湖北省、河南省、甘肃省等地，并可以看出湖南省的土货出口基本上与汉口无关，应该与其通过长沙、岳阳出口有关。

与汉口的地位相比，上海洋货进口的终端市场相对较少，主要集中在邻近的浙江省、江苏省，以及稍远一些的安徽省、河南省、山东省等处。相较之下，通过上海转运出口的中国商品，也基本上来自这些省份。其中又以江苏省、浙江省为最，安徽省、河南省、山东省紧跟其后，呈现出根据距离增大而逐渐减少的格局。

天津作为北方地区的最重要港口城市，开埠较早，地处进京咽喉要道，是通往广大内陆的门户,是洋货进入中国北方的桥梁，其洋货进口的终端市场主要为直隶（即河北省），其次为邻近的山西省、山东省、河南省，以及更遥远的甘肃省、陕西省。东北地区也受到天津的直接影响。通过天津转运出口的中国商品，也基本上来自这些省区，以直隶（即河北省）为首，山西省、山东省、河南省、甘肃省、奉天（即辽宁省）、蒙古等地紧随其后，与地理上的距离也呈现正相关的关系。

镇江作为近代前期以转运为主要功能的通商口岸，其洋货进口的终端市场，主要集中在江苏省、山东省、安徽省、河南省，其他省份的数量基本可以忽略不计，呈现出转口贸易的鲜明特征；在通过镇江转运出口的中国商品方面，主要来源地也集中于江苏省、河南省、安徽省、山东省等几个省，其他省份的数量极少，转口贸易的特征也极为明显。

根据地理学第一定理（即空间距离衰减的原理），不同通商口岸的影响范围也是在按照距离呈递减态势的，上海周边与影响区边缘的河南、山东等地，影响的幅度当然不同，至于如何进行衡量，此处通过子口税单贸易额，初步考察了其递减的特征。以上文中的河南省为例，其同时受到了天津、上海、镇江、汉口等城市的影响，其实也要受行政边界的影响，省内当然会更加顺畅一些——反映于通商口岸的意义，需要加以正确认识，而非一概抹杀或捧杀。

综上，为了消除以子口税为主要分析对象的局限性，并将经济区域的划分从纷繁的史料中脱离出来，还需要借助于其他的地理学或经济学工具，下文即根据Voronoi图等地理信息系统的工具，以各通商口岸的整体贸易额为分析对象，来探讨各通商口岸的经济影响范围。

第二节　Voronoi图技术下的通商口岸影响区域分析

上文的研究，是利用子口税贸易这一特定的数据，在省级政区给定的情况下所得出的结论，这一工作将通商口岸研究中描述性的研究，以更加定量的方式表现出来。但是，其最明显的不足之处是，不同的通商口岸承担的子口税贸易数额差别很大。镇江作为全国最大的子口税商品中转地，在上文的研究中便有了范围极其广大的腹地；相比之下，上海作为中国最大的通商口岸，却在子口税贸易的地理覆盖范围上要稍逊一筹。因此，本节即使用Voronoi图为代表的空间相互作用理论模型等地理信息系统工具，尝试解决子口税贸易数据在划分经济影响区域中无法解决的问题。

吴松弟等研究者在近代中国经济地理研究中提出的“港口—腹地”模式，是利用港口作为中心城市，考察其与受其影响的经济区域之间的关系。如果深入探讨这一方法，可以看出它与中心地理论、“核心—边缘”理论，以及具体操作时的圈层结构理论、增长极理论等的联系。[①]施坚雅（W. Skinner）把中心地理论引入中国市场区域研究的著作中，已经在很大程度上证明理论在具体史实研究中的重要性。[②]至于如何划分受港口影响下的腹地范围，一系列的地理信息系统（GIS）模型和方法随之涌现出来，主要包括了引力模型、Huff模型、断裂点模型、烟雨模型等。[③]与此相对应，在历史地理学的研究中，更多的学者关注的还是利用历史学的考据方法，以史料的排比整理来印证通商口岸对整个中国经济区域的影响。

以上各个学科的方法，各有自己的优劣长短，具体到近代中国经济地理格局形成这一重要研究主题，不同学科方法的结合就有了必要性，深入细致考察近代中国的现代经济因素在地理空间上的展开，如何影响到当代的经济发展方向，并体现在以未来为导向的经济区划方面，成为本书研究的意义所在。

本小节的研究是在清末民国时期的历史背景下，探究港口城市对内陆区域的影响，使用的方法工具主要是Voronoi图。对于这一GIS方法的现有研究，除了理论的分析之外，往往都是对当代省级区域内各城市影响范围的研究。例如，王新生等通过普通Voronoi图划分了湖北省内各城市的影响范围，闫卫阳等人运用加权Voronoi图探究了河南省城市各自的辐射范围[④]；至于将这一方法应用于近代经济地理研究的成果，则非常罕见。因此本节立足于近代的通商口岸城市体系，通过图论方法和空间相互影响，并结合理论的方法进行探究，依据《中国旧海关史料（1859—

① 陈玉兰：《海峡西岸经济区中心城市对区域经济发展的拉动作用研究》，福建农林大学2011年硕士学位论文。

②［美］施坚雅著，史建云、徐秀丽译：《中国农村的市场和社会结构》，中国社会科学出版社1998年版。

③ 郭蕾：《以中心城市为核心推动区域经济发展——以郑州市为例》，载《经济经纬》2007年第2期。

④ 闫卫阳、秦耀辰、郭庆胜、李圣权：《城市断裂点理论的验证、扩展及应用》，载《人文地理》2004年第2期。

1948）》中的统计数据，分别选取1911年和1931年以通商口岸城市为代表的近代区域中心城市在全国背景下的影响范围，试图得出令人信服的较为定量化的结论，并通过可视化的形式呈现出来。

一、研究方法及数据来源

1.影响区划分的理论基础

参考相关研究，可以得到如下实现影响区域划分的几种方法：

（1）断裂点理论

1949年，康弗斯（P.D.Converse）在赖利（W.J.Reily）“零售引力理论”的大环境下提出断裂点理论[①]，其计算模型为：

$$d_A = \frac{D_{AB}}{1+\sqrt{\frac{P_A}{P_B}}} \qquad d_B = \frac{D_{BA}}{1+\sqrt{\frac{P_A}{P_B}}}$$

其中，d_A和d_B分别为A、B两座城市到断裂点的间隔，D_{AB}为两城市间的间隔，P_A和P_B分别为这两座城市的人口规模。

断裂点公式在实践中应用较多，但也有着较大的局限。第一，城市的规模并不完全局限于人口，应体现为其综合实力，这里以城市综合实力替代人口。第二，公式计算的结果是断裂点的位置，而城市间的影响范围则是一条虚拟的界线。

分析断裂点公式，我们还能够推导出以下论断。

推论一：断裂点到两城市的间隔和等于两城市之间的间隔，公式

① 李圣权、胡鹏、闫卫阳：《基于加权Voronoi图的城市影响范围划分》，载《武汉大学学报（工学版）》2004年第1期；程飞、梁勤欧：《基于断裂点理论和网络加权Voronoi图分析的北京市商业中心辐射域研究》，载《浙江师范大学学报（自然科学版）》2015年第2期；王洁玉：《基于断裂点理论的中心城市空间影响范围变化研究》，载《河北省科学院学报》2010年第1期。

为：

$$d_A + d_B = D_{AB}$$

推论二：断裂点到两城市的欧氏距离与两城市的综合实力的平方根成正比，公式为：

$$\frac{D_A}{D_B} = \sqrt{\frac{P_A}{P_B}}$$

（2）常规Voronoi图的定义

设平面上的一个控制点集P={p_1，p_2，… p_n}，其中任意两点都不共位，即$p_i \neq p_j$（$i \neq j$，$1 \leq i$，$j \leq n$），且任意四点都不共圆。则任意点p_i的Voronoi图定义为：

$$T_i=\{x:d(x, p_i) < d(x, p_j) / p_i, p_i \neq p_j\} \quad (1)$$

在此d为欧氏距离。

由以上定义可知，T_i是一个凸多边形，而且在特殊情况下是一个具有无限边界的凸多边形。平面上的V-图可以看作是以点集P中的每个点作为生长核，以相同的速率向外扩张，直到彼此相遇为止而在平面上形成的图形。除最外层的点形成开放的区域外，其余每个点都形成一个凸多边形。在任一个凸V-多边形中，任一个内点到该凸多边形的发生点p_i的距离，都小于该点到其他任何发生点p_j的距离。

（3）加权Voronoi图

随着应用与研究的深入，Voronoi图又逐渐发展出了更多的扩展形式，加权Voronoi图就是其中的一种，其定义如下：

设P_i（i=1，2，…n）为二维欧氏空间上的n个点，λ_i（i=1,2,…n）是给定的n个正实数。

$$V_n(P_i, \lambda_i) = \bigcap_{(j \neq i)} \left\{ P \;\middle|\; \frac{d(P, P_i)}{\lambda_i} < \frac{d(P, P_j)}{\lambda_i} \right\}, (i=1, 2, \cdots, n) \quad (2)$$

将平面分成n部分，由$V_n(P_i, \lambda_i)$（i=1，2，…，n）确定的对平面的

分割称为点上加权的Voronoi图，称λ_i为权重。当$\lambda_1=\lambda_2=\cdots=\lambda_n$时，式（2）等价于式（1），即常规Voronoi图是点上加权的Voronoi图在所有权重相等时的特例。加权Voronoi图可用于各中心点权重有较明显差别情况下的空间分割。在加权Voronoi图所划分出的每个区域内的所有点，受该区域中心点的影响最大。

2.数据来源

本章使用的数据，主要来自《中国旧海关史料（1859—1948）》等系统的大规模统计数据，选取1911年、1931年两个标志性的年份，指标为贸易额与通商口岸人口数量。按照几何平均进行计算，并经过标准化处理，标准化数值为0—1，并将最后的标准化数值视为每个通商口岸的中心强度值。

得出的数据如下表所示：

表2.5　1911、1931年各通商口岸贸易额及人口数对比表

口岸	1911年			1931年		
	贸易额	人口数	标准化数值	贸易额	人口数	标准化数值
爱珲	752 709	2 000	0.002 6	88 720	38 112	0.001
三姓	1 073 078	13 000	0.007 8			
满洲里	8 432 736	5 000	0.013 6			
哈尔滨	3 564 686	35 000	0.023 4	72 354 902	330 436	0.085 6
绥芬河	18 261 541	1 200	0.009 8			
珲春	357 328	4 500	0.002 7	3 640 690	39 000	0.006 6
龙井村	139 095	500	0.000 6	6 437 953	4 059	0.002 8
安东	3 797 468	161 000	0.051 7	70 713 502	91 015	0.044 4
大东沟	298 896	3 000	0.002			

续表

口岸	1911年			1931年		
	贸易额	人口数	标准化数值	贸易额	人口数	标准化数值
大连	36 541 932	20 000	0.056 5	334 047 281	282 665	0.170 1
牛庄	19 308 615	61 000	0.071 8	29 606 589	106 040	0.031
秦王岛	2 820 335	5 000	0.007 9	11 783 351	20 020	0.008 5
天津	33 795 180	800 000	0.343 8	193 005 067	1 387 462	0.286 5
龙口				2 791 034	10 676	0.003
烟台	10 065 233	54 000	0.048 8	10 748 381	131 659	0.020 8
威海卫				2 396 895	190 000	0.011 8
青岛	17 649 230	34 000	0.051 2	82 477 454	390 337	0.099 4
重庆	342 906	598 000	0.029 9	1 916 992	635 000	0.019 3
万县				345 209	210 837	0.004 7
宜昌	184 525	45 000	0.006	545 309	107 940	0.004 2
沙市	33 639	90 000	0.003 6	122 633	113 526	0.002 1
岳州	3 811	20 000	0.000 6	1 030 703	48 000	0.003 9
长沙	192 575	250 000	0.145	739 666	606 972	0.011 7
汉口	36 492 563	826 000	0.363	60 976 429	777 993	0.120 6
九江	827 425	36 000	0.011 4	3 428 494	80 166	0.009 2
芜湖	592 060	122 000	0.017 8	3 635 662	135 385	0.012 3
南京	1 364 813	267 000	0.039 9	9 061 494	633 452	0.042
镇江	6 104 048	184 000	0.070 1	6 712 376	199 776	0.020 3
上海	351 302 124	651 000	1	1 000 742 036	3 259 114	1
苏州	50 242	500 000	0.010 5	185 273	260 000	0.003 8

续表

口岸	1911年			1931年		
	贸易额	人口数	标准化数值	贸易额	人口数	标准化数值
杭州	181 839	350 000	0.016 7	1 399 715	506 930	0.147
宁波	2 739 925	350 000	0.064 8	7 948 991	218 774	0.023 1
温州	115 842	100 000	0.007 1	948 138	631 276	0.013 5
三都澳	10 171	8 000	0.000 6	178 704	9 000	0.000 7
福州	12 727 583	624 000	0.186 4	18 434 532	322 725	0.042 7
厦门	14 023 300	114 000	0.083 6	23 847 625	234 159	0.041 4
汕头	23 629 790	66 000	0.082 5	47 762 396	178 636	0.051 1
广州	78 379 365	900 000	0.555 4	114 957 431	861 024	0.174 2
江门	5 044 976	62 000	0.037	10 693 965	32 200	0.010 3
三水	4 840 922	6 000	0.011 3	5 370 964	9 160	0.003 9
梧州	12 257 970	59 000	0.056 2	14 797 054	90 000	0.020 2
南宁	303 336	37 000	0.007	1 121 417	68 110	0.004 8
琼州	5 855 221	43 000	0.033 2	7 362 626	45 757	0.010 2
北海	2 735 665	20 000	0.015 5	3 663 856	36 000	0.006 4
龙州	421 080	13 000	0.004 9	149 893	13 600	0.000 8
蒙自	10 975 398	11 000	0.023	21 499 281	193 004	0.035 7
思茅	205 634	15 000	0.003 7	165 208	20 000	0.001
腾越	1 754 182	10 000	0.008 8	3 690 134	19 000	0.004 6

通过上表数据，可大致明晰近代中国通商口岸经济实力的变化趋势。如果保持上海在中国经济地理中的相对地位不变（1911、1931两年的标准化数值均为1），则可以明显看到一些经济地理现象如下：

上海周边乃至整个长江流域各通商口岸城市的标准化数值，除极少数城市（南京从0.039 9缓慢上升至0.042，温州从0.007 1上升至0.013 5）之外，都出现不同程度的下降，如汉口从0.363下降至0.120 6，重庆从0.029 9下降至0.019 3，镇江从0.070 1下降至0.020 3，宁波从0.064 8下降至0.023 1。这一区域的通商口岸城市在整体上相对于上海，经济实力都呈下降趋势。相较之下，沿边的蒙自口岸表现抢眼，标准化数值从1911年的0.023上升了50%，达到了0.035 7，在所有西南沿边口岸中最为突出。

北方地区情况稍有不同，天津有一定程度的下降，从0.343 8下降至0.286 5，青岛则从0.051 2上升至0.099 4，各有不同的表现。东北地区则呈现比较明显的整体上升趋势（除牛庄从0.071 8下降至0.031之外），最重要的城市如大连从0.056 5上升至0.170 1，哈尔滨从0.023 4上升至0.085 6，增长的幅度都达到了三至四倍，其他较小的通商口岸的标准化数值也有不同程度的增长。南方地区则整体呈现下降趋势，尤其是作为省会城市的通商口岸，如福州从0.186 4下降至0.042 7，广州从0.555 4下降至0.174 2，下降幅度之大，往往能达到50%以上，非常令人惊讶。

总体而言，相对于近代中国经济最发达的城市上海而言，全国不同区域的通商口岸城市，在1911至1931年，经济发展水平的变化各有起伏，虽然在经济的绝对总量上有明显的提升（对外贸易额、人口数量都在增长），但在相对数值上，总的趋势是除了一些特定区域和城市之外，大部分都是相对下降的。同时也应注意的是，边疆区域一些城市缺乏相对可靠的人口数据，会造成标准化数据相对反常的下降或增长。

二、分析结果

下文再结合GIS技术，对以上的数据进行相应的分析，结果更为直观。1911年、1931的数据分析结果（即腹地影响区域图）可参见相关研究成果（武强、和一楠：《基于空间相互作用模型的近代中国经济区域划分研究》，载《历史地理研究》2020年第4期）。

可以非常明显地看出，在清末的1911年，除了沿海与内地的一些较小的通商口岸外，对整个中国范围影响最为明显的几个通商口岸主要有上海、天津、汉口、广州等；对区域影响较大的通商口岸有哈尔滨、营口、安东、厦门、重庆、长沙等。如果没有疆域的限制，仅仅从数学模型来看，上海的中心强度是所有通商口岸中最大的，因此可以将其他通商口岸包括在内，把西部地区也纳入其影响范围。

根据纯粹的数据可视化结果，几个新兴的现代化城市，如上海、汉口等与传统的行政中心如广州、天津等，分别成为区域的中心并反映在其影响区域的相对变化方面。在开埠之前，广州和天津已经分别是各自所在地区的省会城市，挟带传统时期的行政力量，这些通商口岸在清末开埠初期，仍然能够对腹地产生巨大影响，并维持区域中心城市的地位。与此相对应，上海、汉口等新兴的口岸城市，则几乎完全依赖西方经济的发展，超越传统的政治中心，成为影响全国的中心城市：汉口虽然与湖北省省会武昌仅一江之隔，但并没有行政中心的职能，而是能够以尽可能多的资源发挥其经济功能，成为代替武昌的新的经济中心；上海的极化效应非常明显，使紧邻的苏州、杭州等传统政治经济中心与之相比的影响力在逐渐缩小。

因此，在清末民初二十年的经济发展中，各通商口岸之间的影响力存在着不断消长的过程，总体来看是极化效应大于扩散效应，以上海为代表的大型通商口岸在中国经济地理格局中的地位更加凸显，其相对影响力的增加远远大于一般的通商口岸。以上这些区域经济的演变特征，在民国时期表现得非常明显。

清末各通商口岸影响区域的格局形成之后，经过民国时期二十年的发展，1931年各通商口岸的影响区域，与1911年已经有了非常大的不同。上海的变化最为明显，成为对整个中国范围影响最大的通商口岸；对比1911年，除了天津的影响区域基本没有较大变化，汉口、广州的影响区域均被压缩，原本可以影响中国南部的广州，已经被压缩至两广一带，汉口也仅能扩展影响区域到湖北省以及豫南、湘赣北部一带。但需要注意的是，1931年汉口、广州的影响区域的地理空间范围，都远比其本身1911年要广泛。但是会出现这样的情况：某地在1911年可能受广州的影响最大，到了1931年，受上海影响最大，广州退居次位。在1931年，则显示此地成为上海的影响区域。这并不代表广州对此地在1931年彻底失去了影响，有可能其与广州的联系强度绝对值要大于1911年。

在对以上两个标准年份的可视化分析中，特别要注意的是西北地区的新疆、甘肃、青海、西藏等地，因为在海关体系中没有通商口岸各项数据的记录，这片广大的区域遂在数据分析中成为上海的影响区域。但根据历史地理的真实情况，西北地区受天津的影响要更大一些。其实，在近代百余年的发展史上，遥远的西部地区已经受到东部沿海和沿江口岸如天津、上海、汉口、广州等城市的影响，这一历史事实所显示出的，只不过是上海城市影响力过于强大的一种表现，并不是完全不可想象的结果。不过，这一现象因为受到本书使用到的具体历史数据的影响，特在此处予以说明。

综合以上地理信息化的处理结果，可以分析出近代中国经济地理格局变化中的一些重要方面：

1.近代中国各中心城市的形成

近代中国通商口岸体系中，不同口岸城市的发展模式与速度都存在着差别，在近百年的历史中就出现了日趋明显的极化现象，并形成了几种不同类型的口岸城市，在区域的经济发展中有着自己的特殊地位。[①]这就使得以通商口岸为代表的中心城市在对外贸易与对内整合方面的影响力日益强大。这些中心城市中，比较有代表性的包括岭南地区的广州、香港，北方地区的天津、大连、青岛，以及长江流域的上海、汉口等。

上海是近代中国最大的城市，也是长江流域乃至整个中国的经济、

①方书生：《近代中国经济空间秩序的形式与内容》，载《中国经济史研究》2020年第2期。

金融、航运等中心，在1842年通过《南京条约》开埠之后，仅仅十年间，对外贸易额已经超越广州，成为中国对外贸易额最大的通商口岸。[①]之后经过太平天国战争时期，长三角地区大量人口移民上海，初步奠定了近代上海城市发展的经济与人口基础。在这样的发展趋势之下，1895年《马关条约》之后，帝国主义在中国大量投资，各类新型工厂纷纷在上海建立，民族资本工业也首先选择上海为发展基地。在20世纪初的二十多年间，上海的城市规模迅速扩张，其经济地位是其他各大城市无法比拟的。

岭南地区的广州，是历史悠久的一座口岸城市，并一度在"一口通商"时代成为全国唯一对外贸易的口岸。在近代的对外贸易格局之下，虽然其在1911—1931年的影响区域有所缩小，却将岭南的两广地区统合为一个更为稳定的经济区域，形成了所谓的"地域化经济"。

中心城市的地位，还在于对现代经济因素的集散，可以从机器产品进出口的数据体现这一点。截至全面抗战爆发前的1936年，上海等主要的通商口岸城市已经成为中国机器产品进口的主要来源地，以此为基础，上海等中心城市的机器工业也迅速发展，并可以向海外出口一些机器产品。[②]至于国内其他区域需要的机器，国产部分也逐渐增加，1931年前后国产的上海货已取代洋货，通过埠际贸易的形式成为中国机器产品的主要供应地，实现了从外贸中心向工业中心的转化，最终形成了上海多功能经济中心的地位。[③]这种从单纯的对外贸易向经济网络演变的发展模式，使中心城市在中国区域经济发展中的枢纽地位更加明确，对近代中国经济地理格局的影响极为深远。

---

①黄苇：《上海开埠初期对外贸易研究》，上海人民出版社1961年版。

②武强、王权坤：《近代中国机器进出口贸易与区域工业差异的分析》，载《云南大学学报（社会科学版）》2017年第1期。

③唐巧天：《从埠际贸易看近代上海多功能经济中心性质——以外贸中心与工业中心发展为主》，载《中国的前沿　文化复兴与秩序重构——上海市社会科学界第四届学术年会（2006年度）青年文集》，上海人民出版社2006年版，第40~52页。

2.近代各经济区域的基本定型

在上述通商口岸城市为代表的中心城市体系逐渐明确时，受这些中心城市经济辐射的影响，近代中国的经济区域开始经历了新的变革。正如上文所述，在20世纪30年代由于抗战爆发而中止，当时因通商口岸体系而定型的经济地理格局也就是本书所要分析的对象。

随着上海成为中国的经济中心，并将自己的经济影响区域扩展至长江流域和整个中国，再加上其地形、流域等地理条件，上海对整个长江流域的影响，无疑已经是非常巨大的，在这条连接中国经济最发达区域的黄金水道的作用下，区域经济的集聚也已经是顺理成章的历史趋势，长江流域的一体化趋势日益显著。其他一些区域中心城市的经济影响区域也逐渐明朗起来，如天津成为华北、西北地区的中心城市，大连对东北地区的意义，青岛对山东半岛的辐射能力，重庆对长江上游的经济影响，蒙自对云贵地区经济的主导，等等。

特别值得关注的是东北、西南边疆地区经济区域的变迁。东北地区中心城市的极化趋势非常明显，随着大连成为东北地区最大的通商口岸城市，其他较小的通商口岸影响下的经济区域，呈现出不断缩小的趋势，从1911—1931年，东北地区已经基本处于大连、天津等少数大型通商口岸的经济势力笼罩之下，但在整体的发展趋势上要远远好于内地其他区域。西南地区内的云南蒙自经过清末开放通商之后，截至1931年，其经济影响区域的范围已经足以与来自广州、上海等重要通商口岸城市的影响相抗衡，并在云南形成了自己相对完整的腹地区域。吴松弟等学者根据通商口岸体系影响范围，也提出了各口岸的腹地范围示意图，着重关注了近代贸易额最大的一些通商口岸，如上海、天津、大连、青岛、厦门、广州等城市的腹地影响范围。[①]这一类别的研究通过对历史资料尤其近代通商口岸对外贸易数据的梳理，进而得出的近代后期各沿海、沿江等口岸的经济影响区域（腹地）格局，也可以看成是对当代经

①吴松弟主编：《中国近代经济地理》，华东师范大学出版社2015年版，第453页。

济区划的历史追溯。

吴松弟等学者在研究中总结出的“港口—腹地”模式，同样奠基于20世纪30年代初期，与本书的定量分析结果对比来看，可以视之为延续到当代中国的区域经济格局。虽然经过抗战时期十余年的战争破坏，但这种格局有着强大的生命力，并一直维持到当代。

3.近代经济区域的形成对当代经济地理区划的影响

经济区域的划分，与近代经济地理格局息息相关的一个方面，就在于是否考虑到历史因素的影响。在此基础上就产生了两大类型的经济区划方法，即流域经济区与行政区划为基础的经济区——区别在于是否突破行政区划的限制。当前的大部分经济区划方法，都受行政区划的影响，与现实中的经济区域联系的情形颇有不相符合之处。

最早突破行政区划进行经济区域划分实践，是在1986年。陈栋生从横向经济联合角度，把全国划分为东北区、黄河流域区、长江流域区、南方区、新疆区和西藏区六大经济区①，这是经济区划中少有的突破行政区划的一种方法与角度，也表示区域经济的研究突破行政区划的可能性。

这种跨省级行政区域的经济区划的格局，虽然没有成为主要的经济区划方式，但与近代中国各大通商口岸的影响区域有很大的重合性，在经济分区的方法论层面是相似的。2012年底制订通过的中原经济区发展规划，也是在突破行政区划基础上的实践，将邻近山东、山西、河北、安徽等省份的部分区划根据经济活动的联系程度，纳入同一个经济区域。这种经济区划虽然并不是全国层面的，但是代表着历史与现实相结合的最明显例证，也是今后经济区划中必须要考虑的一个取向。特别需要指出的是，根据“港口—腹地”理论模式所得出的腹地经济区域范

①陈栋生：《我国生产力布局的几个问题》，载《生产力布局与国土规划》1986年第4期；刘忠颖：《中国经济区域划分——基于各省（自治区，直辖市）人均GDP曲线的划分》，东北师范大学2007年硕士学位论文。

围，虽然是根据史料梳理所得出的定性分析，但与当代的经济区划之间仍有很大的相似性；当代中国经济地理格局的发展，自然有不同于近代之处，但在历史继承性方面，本书的定量研究与前辈学者的定性研究可以互相参照，近代经济地理研究的现实意义也随之显现。

当前中国正在推行的五大国家战略中，包括京津冀协同发展（2014年）、长江经济带发展（2016年）、长三角一体化发展（2018年）、粤港澳大湾区建设（2019年）等，连同西部大开发（2000年）、振兴东北老工业基地战略（2003年、2014年）等国家层面的战略规划，放宽至历史的视野来看，仍然是近代中国经济地理格局的延续。这些着重发展的区域，就是近代中国通商口岸体系主导的“港口—腹地”发展模式之下形成的几个主要经济区：大连—东北、天津—华北、上海—长江流域、广州—华南，以及西北、西南边疆经济区。从国家层面来看，自1949年以来，中国经历了七十余年的变化，中国经济发展在反思如何突破行政区划的局限，上升到经济与自然地理、政治和社会因素互动的高度，进行区域整合的趋势却是始终无法回避的。行政区划所带来的经济、自然地理界线的割裂，更应该在实践中加以重视和更正，也更需要注意历史时期的经济社会发展成果对当代的影响。

三、小结

近代中国通商口岸体系，虽然是在政治性的条约之下而设置的，但在经济、社会、文化等各个方面都产生了巨大的影响，这种影响一直延续到当代。上文即主要从经济地理的角度，考察了通商口岸体系在经济地理方面的意义，主要关注的是它们对近代中国经济区域形成的影响，并通过与当代经济区划的对比，揭示二者的相互关系。

通过上文的GIS及数据分析可知，按照比较精确的数量化模型，可以比较清晰地得到通商口岸体系中的城市各自的影响区域，从而考察近代以来经济区域的演变。得到的一些初步结论如下：

上海是近代中国的经济中心，其影响区域可达整个长江流域并扩展至黄河流域的北方部分省区，以及闽浙地区乃至西南地区，是中国经济区划实践中不能不考虑的一个重要城市。在当前中国“长江流域经济带”等国家战略之下，本章的研究就有了其现实意义，如何推动长江流域的经济得到整合，如何促进结点城市与腹地区域的互动等问题，都可以通过对近代中国通商口岸体系的研究，准确定位上海等中心城市与整个长江流域乃至中国的经济关系。

各区域的中心城市相继形成了各自的影响区域，并通过口岸城市—腹地的模式，对形成新的经济区域发挥了极大的影响。比较重要的几个中心城市及经济区域如：以天津为中心的北方地区，以大连为中心的东北地区，以青岛为中心的山东半岛，以汉口为中心的长江中游，以广州为中心的岭南两广地区，等等。现代中国的几个重要经济区域，已经围绕着这些通商口岸城市初步形成。在当代中国经济发展的大背景下，这些区域中心城市在发展的过程中，如何处理与各自腹地的关系，是值得深入考虑的——大型中心城市的发展，不可避免地会在很大程度上对腹地造成影响，这种影响可能是正面的，也可能是负面的。那么，分别认识这些正、负面影响的历史与现实原因，才能更加精准地寻找解决办法，为下一步的经济区划与经济建设工作提供参考与借鉴。

在定量化分析了通商口岸体系各自的经济影响区之后，下文将进一步从对外贸易及产业的角度，考察以通商口岸为代表的区域差异，以及国际贸易主导下的产业发展对区域差异的影响。

第三章

近代中国对外贸易差异分析：基于泰尔指数的考察（1910—1931）

第一节 概述

中国近代各通商口岸出现的最重要原因，是为了进出口贸易的发展。随着开埠后国际贸易额的大幅度增长，清末以来中国的整体经济也开始有了质的变化，并为民国之后中国经济的现代化奠定了相当大的基础，因此也吸引了大量的国内外学者对中国近代各通商口岸进出口贸易进行了一系列的研究和探讨。但是由于相关史料（尤其是对外贸易数据获取）的限制，中国学者关于近代各通商口岸的进出口贸易额的差异的研究多采用历史学的考据方法，采用数据模型进行分析的则较少见。现有关注我国对外贸易差异的研究成果，则又多关注于当代，对历史时期的涉及较少，计量方法的应用更少。

因此，如何将当代地理学、经济学的研究方法与历史时期的资料、数据结合起来，从定量与定性相结合的角度考察近代中国对外贸易的区域与口岸间的差异，是本章需要关注的内容。为此，本章使用泰尔指数，结合变异系数等分析工具，对我国 1910—1931 年各通商口岸的进出口贸易额的差异进行研究，并分析各通商口岸所在区域间和区域内部的经济发展差异。

泰尔指数是1967年泰尔（Theil）在研究了大量的资料后利用信息理

论的相关知识提出的一个可以按照加法分解的不平等系数。泰尔指数除了能考察整个区域、城市等经济体的整体差异性之外，也能把整体差异性分成区域内与区域间的差异，后来便被人们广泛应用于区域整体差异、区域间差异及区域内差异的实证研究，也有研究将其应用于收入差异等经济现象的探讨。①

国内外对区域差异的研究都有很大进展，但是仅仅局限于理论研究和定性讨论，缺乏实质性运用数学方法去进行精确的计算，也不能很好地反映区域差异在不同时间段的变化趋势。因此，本章在综述国内外对外贸易研究成果的基础上，首先对中国近代对外贸易的内涵进行了理论界定（即对近代中国对外贸易而言，通商口岸的贸易额基本上可视为区域间经济差异的表现），并对其区域内和区域间的进出口对外贸易差异研究的理论基础进行了归纳。其次，通过对原始数据的收集、整理和分析，选取了1910—1931年共22年的数据构成评价指标体系。再次，以中国近代四十多个通商口岸的进出口贸易值为样本单位，运用变异系数和泰尔指数分析方法，对中国近代通商口岸的进出口贸易值进行综合评价，并分区域进行区域间和区域内部的分类研究。

第二节　研究方法及数据来源

一、变异系数

变异系数是衡量资料中各观测值变异程度的另一个统计量。当进行两个或多个资料变异程度的比较时，如果度量单位与平均数相同，可以直接利用标准差来比较。如果单位和（或）平均数不同时，比较其变异

① 夏华：《泰尔指数及其在我国行业收入差距中的应用》，载《生产力研究》2007年第7期。

程度就不能采用标准差，而需采用标准差与平均数的比值（相对值）来比较。标准差与平均数的比值称为变异系数，记为Cv。变异系数可以消除单位和（或）平均数不同对两个或多个资料变异程度比较的影响。

变异系数的计算公式为：

$$Cv=\frac{\sqrt{n\sum_{i=1}^{n}(x_i-\bar{x})^2}}{\sum_{i=1}^{n}x_i} \quad (1)$$

其中，x_i表示各区域的某一经济指标，$\bar{x}$为该经济指标的平均值，Cv为变异系数。在本章中，区域以通商口岸代替，经济指标以对外贸易额代替。

二、泰尔指数及其分解

泰尔指数是研究区域不平等的常用方法，它不仅可以研究总体的差异，还可以将总体差异分解为区域内差异和区域间差异。本章采用泰尔指数对1910—1931年中国各通商口岸人口加权后的对外贸易值进行不同尺度区域经济差异的测度，同时将各通商口岸所在区域分为三个大区域：北部（包括东北）、长江流域所在的中部地区，以及南部地区（包括东南、华南及西南地区）。通过对这三种不同分组类型进行泰尔指数分解，以观察通商口岸体系所代表的不同区域分组方法下组内差异和组间差异对总体差异的贡献。

$$T=\sum_{i=1}^{n}y_i\ln\frac{y_i}{p_i} \quad (2)$$

（2）式中：T为泰尔指数，其值越大表示通商口岸所在各地区经济发展水平（本章以对外贸易值作为代表）差异越大，反之亦然；n为某尺度对应单元总数；y_i为i单元对外贸易值占全国对外贸易总值的比重；p_i为i单元人口占通商口岸总人口的比重。

由以上描述可以得出泰尔指数，可以分解为区域内差异（T_{WR}）与区域间差异（T_{BR}），计算公式如下：

$$T_p = \sum_i (\frac{Y_i}{Y}) T_{p_i} + \sum_i (\frac{Y_i}{Y}) \ln(\frac{Y_i / Y}{P_i / P}) = T_{WR} + T_{BR} \tag{3}$$

其中，$T_{p_i} = \sum_j (\frac{Y_{ij}}{Y_i}) \ln(\frac{Y_{ij} / Y_i}{P_{ij} / P_i})$（4）

（3）（4）式中Y_i为i区域通商口岸对外贸易值的总量，Y为全国各通商口岸对外贸易值的总量，P_i为i区域通商口岸的总人口，P为全国各通商口岸总人口，Y_{ij}表示第i区域第j通商口岸对外贸易值的总量，P_{ij}表示第i区域第j通商口岸的总人口，T_{pi}则表示i区域内各通商口岸对外贸易值的差异。

三、数据来源

本节选取了1910—1931年的中国近代通商口岸的对外贸易额、各通商口岸的人口，作为分析我国各地区间差异的指标，本节的所有数据都来源于《中国旧海关史料（1859—1948）》。为保证数据的连贯性，本节用以分析的通商口岸共计41个，具体可参见下文将各通商口岸进行分区计算时的情形。

第三节　数据分析

一、总体差异

本节先考察总体差异，计算1910—1931年中国近代通商口岸的进口、出口、共计货值的数据，变异系数的走势图如下表、图。

表3.1　近代中国各通商口岸贸易值的变异系数

	1910	1911	1912	1913	1914	1915	1916	1917	1918	1919	1920
进口	2.824 0	2.974 1	2.858 6	2.778 4	2.793 5	2.813 4	2.694 4	2.637 7	2.658 4	2.752 2	3.307 6
出口	3.351 9	3.111 3	3.175	3.159 7	3.081 2	3.472	3.293 8	3.120 9	3.128 3	3.121 7	2.919 8
共计	2.973 2	2.927 9	2.910 2	2.841 5	2.818	3.006 1	2.877 3	2.739 5	2.797 6	2.852 6	3.044 5
	1921	1922	1923	1924	1925	1926	1927	1928	1929	1930	1931
进口	3.117 1	2.956 8	3.013 1	3.166 4	3.063 0	3.541 4	3.039 6	3.113 6	3.352 3	3.555 5	3.961 4
出口	2.768 0	2.635 5	2.850 3	2.874 6	2.976 8	3.121 2	2.797 8	2.883 3	2.930 3	2.858 7	2.680 7
共计	2.891 0	2.751 4	2.865 4	2.922 9	2.960 6	3.291 3	2.869 1	2.933 1	3.089 3	3.200 5	3.349 7

根据表3.1计算出的各项数据，可得出折线图，如图3.1所示。

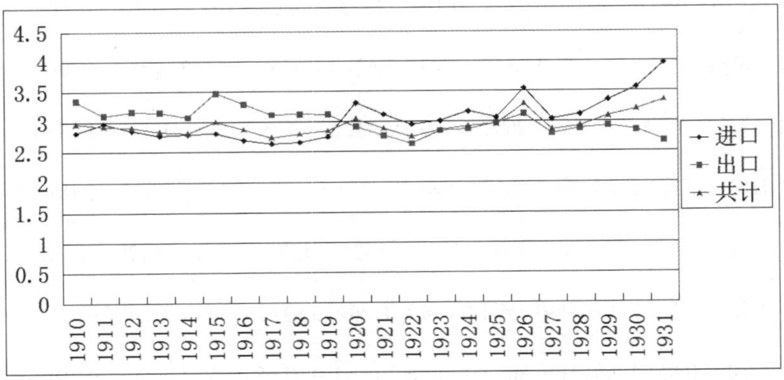

图3.1　近代中国各通商口岸进出口贸易额的变异系数变化图

根据图3.1，发现1910—1931年近代中国对外贸易的演变情况如下：

进口贸易额的变异系数有一个明显的上升趋势（从1910年的2.824 0上升到1931年的3.961 4），说明了近代中国各通商口岸的进口贸易的差异是越来越大的。

出口贸易额的变异系数有一个明显的下降趋势（从1910年的3.351 9下降到1931年的2.680 7），说明了近代中国各通商口岸间出口贸易额的差异是越来越小的。

综合来看，近代中国各通商口岸对外贸易总额的变异系数，其变化趋势是趋于平缓的，说明了总体情况的差异的演变是比较平和的。

因此，可以初步认定，仅就对外贸易额的绝对值来看，从1910—1931年的22年间，各通商口岸在进口、出口贸易总额方面，变化趋势是相反的，但是其表现出来的总体差异状况还是相对平和的，没有出现非常剧烈的变动。

但是，在引入各通商口岸城市人数指标后，利用泰尔指数进行分析，则是另外一番情形，分析所得数据结果见下表。

表3.2　各通商口岸进出口贸易泰尔指数

	1910	1911	1912	1913	1914	1915	1916	1917	1918	1919	1920
进口	1.038 6	1.102	1.187	1.033 2	0.943 6	1.421 4	0.823 2	1.278 3	1.092	1.096	0.900 6
出口	1.226 1	1.000	1.336	1.260 5	1.270 3	1.359 6	1.223	1.300	1.374 6	1.334 1	1.193 5
共计	1.103 4	1.126 2	1.221 3	1.085 2	1.040 5	1.362	1.054	1.100 6	1.195 5	1.181 9	0.970 9
	1921	1922	1923	1924	1925	1926	1927	1928	1929	1930	1931
进口	0.821 7	0.780 2	0.760 8	0.755 4	0.875 2	0.863	0.832 2	0.580 4	0.656 5	0.556 1	0.557 1
出口	1.040 2	0.953 4	0.940 6	0.866 3	1.387 6	1.054 1	0.972 5	0.750 2	0.840 5	0.759 4	0.840 5
共计	0.863 8	0.805 6	0.809 9	0.775	0.918 3	0.903 9	0.865 7	0.622 6	0.705 8	0.593 6	0.705 8

根据表3.2计算出的各项数据，可得出折线图，如图3.2所示。

通过图3.2，可发现1910—1931年近代中国各通商口岸进出口贸易总额的泰尔指数值的总体变化趋势：

进口贸易额的泰尔指数有一个明显的下降趋势（从1910年的1.038 6下降到1931年的0.557 1），除了1915—1919年的一段时间，泰尔指数变动剧烈（很明显是第一次世界大战的原因，导致部分通商口岸的进口贸易额下降程度不同），近代中国各通商口岸的进口贸易的总体差异是越来越小的。

出口贸易额的泰尔指数的下降趋势更为明显（从1910年的1.226 1下降到1931年的0.840 5），说明了中国近代各通商口岸间出口贸易额的差异也是越来越小的。

综合来看，近代中国各通商口岸对外贸易总额的泰尔指数，其变化趋势是逐渐下降的，说明了各通商口岸间总体差异的演变是逐渐缩小的；而且，从图3.2可以看出，进出口贸易总额的泰尔指数值，其大小基本上处于进口、出口贸易额泰尔指数值之间。

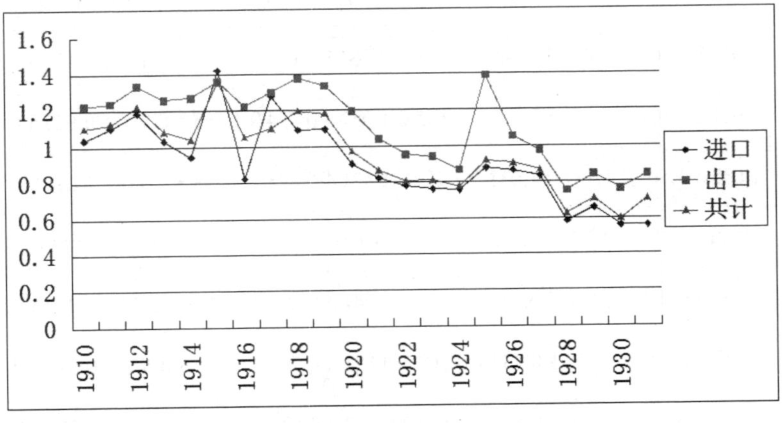

图3.2　近代中国各通商口岸进出口贸易额泰尔指数变化图

二、分组分析

本节将近代中国通商口岸按照海关统计的区域划分，重新分为三个区域：

北部（包括华北、东北地区）：爱珲、哈尔滨、珲春、龙井村、安东、大连、牛庄、秦王岛、天津、烟台、胶州。

中部（包括长江流域，含浙江省）：重庆、宜昌、沙市、长沙、岳州、汉口、九江、芜湖、南京、镇江、上海、苏州、杭州、宁波、温州。

南部（包括华南、西南地区）：三都澳、福州、厦门、汕头、广州、江门、三水、梧州、南宁、琼州、北海、龙州、蒙自、思茅、腾越。

按照这个分组，可以计算出泰尔指数的分解指数。各区域的进口贸易额泰尔指数演变状况，如表3.3所示。

表3.3 近代中国各通商口岸分区域进口贸易额的泰尔指数

	1910	1911	1912	1913	1914	1915	1916	1917	1918	1919	1920
T_{BR}	0.017 6	0.027 7	0.048 5	0.041 5	0.298 6	0.364 1	0.099 2	0.132 8	0.176 9	0.170 5	0.086 7
T_{WR}	1.021 0	1.074 3	1.138 5	0.991 7	0.645 0	1.057 3	0.724 0	1.145 5	0.915 1	0.925 5	0.813 9
T_P	1.038 6	1.102 0	1.187 0	1.033 2	0.943 6	1.421 4	0.823 2	1.278 3	1.092 0	1.096 0	0.900 6

	1921	1922	1923	1924	1925	1926	1927	1928	1929	1930	1931
T_{BR}	0.068 6	0.076 6	0.050 7	0.021 7	0.072 9	0.041 2	0.074 9	0.064 9	0.033 7	0.010 3	0.288 9
T_{WR}	0.753 1	0.703 6	0.710 1	0.733 7	0.802 3	0.821 8	0.757 3	0.515 5	0.622 8	0.545 8	0.268 2
T_P	0.821 7	0.780 2	0.760 8	0.755 4	0.875 2	0.863 0	0.832 2	0.580 4	0.656 5	0.556 1	0.557 1

根据表3.3所得结果，可作出折线图，如图3.3所示。

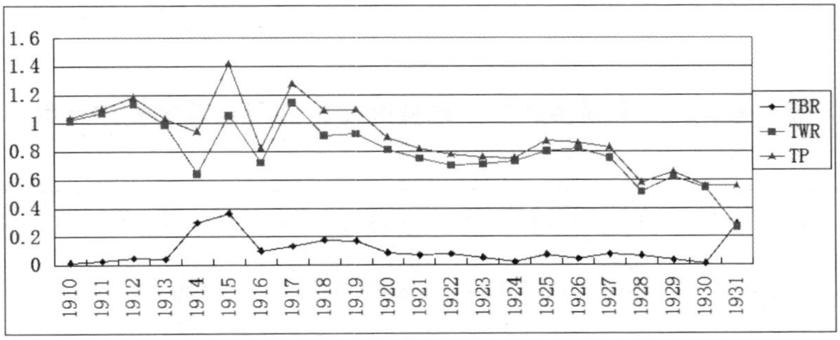

图3.3　近代中国各通商口岸分区域进口贸易额泰尔指数变化图

通过图3.3可以看出，1910—1931年，中国分区域进口贸易额的泰尔指数变化趋势如下：

近代中国通商口岸区域间的进口贸易总额的泰尔指数(T_{BR})是趋于平缓的，但在1914—1915年、1931年等时间点略有上升，说明近代中国通商口岸区域间的进口贸易额的总体差异是几乎不变的，这种情形基本上是由各区域内的大型通商口岸所主导的，显示出各区域在进口贸易格局中的地位是相对稳定的。

近代中国通商口岸区域内的进口贸易额的泰尔指数(T_{WR})是趋于下降的，说明近代各区域内部，不同通商口岸的进口贸易额，其总体差异是越来越小的，并能够在各自区域内部发挥自己的作用。

近代中国通商口岸总体的进口贸易额的泰尔指数(T_P)是趋于下降的，说明近代中国通商口岸总体的进口贸易额的总体差异是越来越小的，各区域间融入国际市场的程度也与各自经济实力相一致。

据此，可以得出关于进口贸易额的信息，即近代中国各不同区域的通商口岸，区域内部各通商口岸间的进口贸易额差异逐渐缩小，而区域间的进口贸易额的差异一直是相对较小的。除了可以说明近代中国整体发展水平在缓慢进步，也有力地证明了不同区域内部，由通商口岸所主导的经济整合度在逐渐提高。

再通过对各通商口岸出口贸易额的分区域分析，可得出结论如下表：

表3.4　近代中国各通商口岸分区域出口贸易额的泰尔指数

	1910	1911	1912	1913	1914	1915	1916	1917	1918	1919	1920
T_{BR}	0.010 5	0.031 7	0.226 6	0.033 0	0.340 5	0.334 8	0.092 5	0.118 3	0.171 1	0.166 1	0.215 2
T_{WR}	1.215 6	0.968 3	1.109 4	1.227 5	0.929 8	1.024 8	1.130 5	1.181 6	1.203 5	1.168 0	0.978 3
T_P	1.226 1	1.000 0	1.336	1.260 5	1.270 3	1.359 6	1.223 0	1.300 0	1.374 6	1.334 1	1.193 5
	1921	1922	1923	1924	1925	1926	1927	1928	1929	1930	1931
T_{BR}	0.227 8	0.230 7	0.196 6	1.026 0	0.210 2	0.209 5	0.238 6	0.201 7	0.150 9	0.165 5	1.167 1
T_{WR}	0.812 4	0.722 7	0.744 0	-0.159 7	1.177 4	0.844 6	0.733 9	0.548 5	0.689 6	0.593 9	-0.326 6
T_P	1.040 2	0.953 4	0.940 6	0.866 3	1.387 6	1.054 1	0.972 5	0.750 2	0.840 5	0.759 4	0.840 5

根据表3.4所得结果，可作出折线图，如图3.4所示。

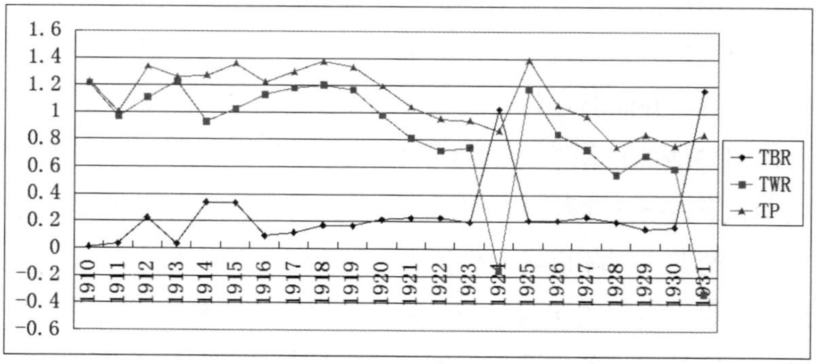

图3.4　各通商口岸分区域研究后出口贸易值泰尔指数比较表

通过图3.4可以分析看出，1910—1931年，近代中国分区域进口贸易额的泰尔指数变化趋势如下：

近代中国通商口岸区域间的出口贸易额的泰尔指数（T_{BR}）是趋于平缓的，但是出现了两个突兀的峰值（1924、1931年），与区域内的出口贸易额的泰尔指数（T_{WR}）对比来看，后者同样在这两年内出现了两个突兀的反向峰值。再就总体的出口贸易额的泰尔指数（T_P）来看，基本上呈下降趋势（从1910年的1.226 1到1931年的0.840 5），同样说明各区域总体上的出口贸易额的差异是逐渐减小的。

需要分析的是T_{WR}的负值，说明由于某种原因，区域内的通商口岸间贸易额的变化出现了反转，很有可能是区域内某些较大的通商口岸出口受阻（如1929年后出现的世界性大萧条波及中国），导致泰尔指数变化出现负值；或者由于本节引用数据不够严谨。具体原因虽仍待查明，但已可以看出出口贸易额泰尔指数的变化趋势，是朝着差异逐渐减小的方向变化的。

再通过对各通商口岸进出口贸易总额的分区域分析，可得出结论如下表：

表3.5　近代中国各通商口岸分区域对外贸易总额的泰尔指数

	1910	1911	1912	1913	1914	1915	1916	1917	1918	1919	1920
T_{BR}	0.014 1	0.028 1	0.045 4	0.035 7	0.313 4	0.360 6	0.094 8	0.137 5	0.173 0	0.167 5	0.122 8
T_{WR}	1.089 3	1.233 9	1.175 9	1.049 5	0.727 1	1.001 4	0.959 2	0.963 1	1.022 5	1.014 4	0.848 1
T_P	1.103 4	1.262 0	1.221 3	1.085 2	1.040 5	1.362 0	1.054 0	1.100 6	1.195 5	1.181 9	0.970 9

	1921	1922	1923	1924	1925	1926	1927	1928	1929	1930	1931
T_{BR}	0.114 9	0.126 0	0.102 2	0.069 2	0.127 5	0.092 4	0.143 3	0.973 0	0.813 8	0.051 6	0.044 4
T_{WR}	0.748 9	0.679 6	0.707 7	0.705 8	0.790 8	0.811 5	0.722 4	-0.350 4	-0.108 0	0.542 0	0.661 3
T_P	0.863 8	0.805 6	0.809 9	0.775 0	0.918 3	0.903 9	0.865 7	0.622 6	0.705 8	0.593 6	0.705 8

根据表3.5所得结果，可作出折线图，如图3.5所示。

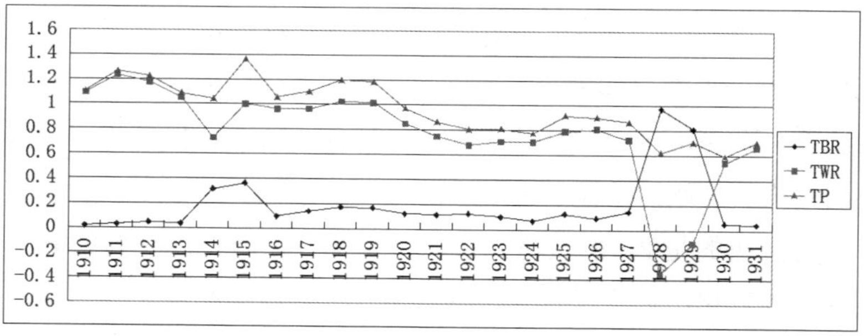

图3.5 近代中国各通商口岸分区域对外贸易总额泰尔指数比较表

通过图3.5可以分析得出：近代中国通商口岸区域间的对外贸易总额的泰尔指数（T_{BR}）是趋于平缓的，但是中期（1914—1916年）和后期（1928—1929年）有明显的上升趋势，说明了中国近代通商口岸区域间的对外贸易总值的总体差异是几乎不变的，但是由于外部原因，会使得特定时期的差异略微变大。

近代中国通商口岸区域内的对外贸易总值的泰尔指数（T_{WR}）趋于下降，但是在1928—1929年出现了反转的情况，说明近代中国通商口岸区域内的对外贸易总值的总体差异越来越小，但在1928—1929年对外贸易总值的差异是有反转情况的，说明了这两年的世界性经济危机影响到了中国对外贸易的格局。

因此，虽然区域内的对外贸易总额整体差异在减少，但受国际市场的影响远比对外贸易总额大，甚至在1928—1929年，区域内部各通商口岸之间的对外贸易总值会出现反转，这也是T_{WR}值为负的重要原因。

综上通过对泰尔指数的分解、分析可以得出，在对外贸易总额的差异逐渐缩小的情况下，近代中国通商口岸区域内的进出口贸易额的差异，对其整体的进出口贸易额差异的影响，远较区域间进出口贸易差异的影响大。

三、小结

近代中国各通商口岸与腹地间的互动，是本章进行分析的理论基础。通过上一节的计量分析可知，各通商口岸的进出口贸易额，很大程度上代表了该口岸所在区域的经济发展程度，这也是本章利用泰尔指数进行分析的前提条件。

通过本节的量化分析可知：各通商口岸间的进出口贸易额存在着一定的不平衡状态，这种不平衡随着时代的发展而逐渐演变。1910—1931年，中国各港口的进口贸易额绝对数值的变异系数存在着扩张趋势，也就是各通商口岸间的经济发展差异越来越大，而中国各港口的出口贸易额变异系数有着收敛的趋势，也就是差异越来越小，但其贸易总额的变异系数是趋于平和的，说明其贸易总额的变异系数的差异是几乎不变的。

再通过泰尔指数来观察，近代中国各通商口岸的进口贸易额的泰尔指数存在着收敛的趋势，说明其差异逐渐变小；各通商口岸出口贸易额的泰尔指数也存在着收敛趋势，说明其差异也是越来越小的；因此，各通商口岸贸易总额的泰尔指数也存在着很明显的收敛趋势，说明其差异在减小，整体上各通商口岸的对外贸易额都处于一种不断增长的态势。

在这22年的研究期内，通过对泰尔指数的分解发现，各分区间进出口贸易存在很大的不均衡性，虽然近代中国各通商口岸进出口贸易整体差异存在收敛趋势，但缩小幅度缓慢；本节所划分的三大区域进出口贸易额的泰尔指数差异明显，北部进出口贸易差异最高，中部次之，南部最低。

综上研究可以得出如下结论：近代中国通商口岸进出口对外贸易额存在着一定的不平衡，区域差异明显，其中进口贸易额的差异要小于出口贸易值的差异。这是由近代中国对外贸易的基本历史背景决定的：面对世界市场的整体影响，各通商口岸的反应基本相同，在引进西方现代经济因素这一方面，面临的形势基本上是相似的，反映在进口贸易方面，其差异就相对较小；但由于所背靠的腹地经济传统及发展的程度各有不同，导致各通商口岸的出口商品结构、出口总额差异相对较大，反映在泰尔指数上，也就有了很明显的表现。

泰尔指数作为一种测量差异的指标，其价值会逐渐凸显，将泰尔指数应用于近代中国通商口岸进出口贸易的研究，此处尚属首次。但是，也必须全面考察泰尔指数在应用于近代史研究方面时存在的不足之处，主要体现在以下两个方面：

第一，泰尔指数能够比较准确地测量出区域间经济发展的差异，但对数据的精确程度要求较高，因此本节中参加分析的各类数据如何保证其历史真实性，是很大的考验。由于近代国内的各项统计工作进行得比较缓慢，除了能够得到较为系统的海关统计资料外，各通商口岸的人口数量究竟在何种程度上是正确的，还值得商榷，需要在今后的研究中进行补充与修正。

第二，本节运用泰尔指数进行分析时，描述的是各通商口岸的状况，但其所代表的腹地范围究竟有多大，其可比性如何，是需要考虑的问题；尤其是由于时间的推移、通商口岸的数量增减等原因，各口岸的腹地范围也在发生变化，根据上文GIS和数量化技术下得出的结论，本节仅大致划定北、中、南三个区域。因此，如何更深入地利用泰尔指数进行区域经济差异的对比，还有很多工作要做。

下文将进一步从近代中国通商口岸体系进出口贸易的结构演变来分析不同通商口岸代表的经济区域，在经济发展的过程中存在的不同方面的差异。

第四章

近代中国进出口贸易的结构演变：基于SSM模型的分析

第一节　概述

一、问题的提出

偏离—份额分析法（Shift-share Method，简称SSM），作为一种目前在国内外区域经济和产业结构分析中被经常使用的分析方法，能够用来揭示区域与城市部门产业结构变化原因，评价区域经济结构优劣和自身竞争力的强弱，以此为依据分析和说明区域经济发展和衰退的原因，并且可以有效地确定未来发展的主导方向。鉴于SSM方法的强大功能，结合最近数年间学界对中国近代经济数据的发掘，尤其是近代中国对外贸易的海量数据，仅仅依靠历史学的考据方法已不能满足研究的需求。本章即选取SSM模型，从城市—区域空间作用的角度，对近代中国进出口贸易结构进行分析和讨论，再结合史实对分析结果进行验证。

二、文献综述

SSM方法，由美国的经济学家Daniel①、Creamer②在1942年和1943年先后提出，又经过Peroff③、Dunn④、Lampard等学者对该方法进行总结改进并逐步完善。1980年以后，由美国学者Dunn集各家之所长，总结成这种现在普遍采用的形式，并广泛应用于经济学和地理学的研究之中。SSM模型在随后的研究中不断被修正、拓展，Thirlwall⑤、Esteban & Marquillas⑥等先后提出了动态偏离份额分析思想，引入了同位概念，增加了第四分量（分配影响分量），以解释产业结构影响与竞争影响之间的交互作用。

1980年以后，偏离—份额分析方法被广泛应用于我国的区域经济学研究领域和城市经济学研究领域。Nazara & Hewing⑦、姚芳⑧等学者又提出在SSM模型中应增加区域和空间结构的影响，史春云⑨等学者将国外

---

① Daniel, C.K. Shift of Manufacturing Industries, in *Industrial Location and National Resources*. Washington D.C,: U.S.National Resource Planning Board, 1942.

② Creamer, D.B. *Industrial Location and Natural Resources*. Washington,D.C.: U.S. Natural Resource Planning Board, U.S. Government Printing Office, 1943.

③ Peroff, H.S. and Dunn E.S. et al. *Regions, Resources and Economic Growth*. Baltimore, Maryland: Johns Hopkins Press, 1960.

④ Dunn, E.S.A. Statistical and Analytical Technique for Regional Analysis .*Papers of the Regional Science Association*, 1960(06): 97~112.

⑤ Thirlwall, A.P.A. Measure of the Proper Distribution of Industry. *Oxford Economic Papers*, 1967, (19): 46~58.

⑥ Esteban & Marquillas, J.M.A. Reinterpretation of Shift-share Analysis. *Regional and Urban Economics*, 1972(3): 249~255.

⑦ Nazara, S. and Hewing, J.D. Spatial Structure and Taxonomy of Decomposition in Shift-share Analysis. *Growth and Change*, 2004(Fall): 476~490.

⑧ 姚芳、周密、孙林岩：《偏离—份额法的修正及中国工业竞争力分析》，载《软科学》2005年第6期。

⑨ 史春云、张捷、高薇、杨旸：《国外偏离—份额分析及其拓展模型研究述评》，载《经济问题探索》2007年第3期。

对该模型的最新研究成果和进展引进国内。但是放眼国内文献资料，应用SSM模型的研究多关注于当代经济和地理现象，将此方法应用到近代经济地理研究中的，非常少见。

现有对近代中国对外贸易结构和区域发展的研究，以历史学的考据方法居多，对学术前沿的方法论关注不是很多。现有的一些论著，如李欣鑫对近代殖民统治时期大连港的发展进行了深入的分析和研究，对各个历史时期中大连港的历史变迁以及港口的发展历程进行了深入的探讨，以港口—腹地互相影响的模式分析讨论了大连港进出口贸易的发展与大连城市发展的互相影响，对大连港的进一步发展做了预测和展望。[①]樊如森论述了天津港口的发展对腹地的影响，分析了天津的区位因素对天津港进出口贸易发展的影响，对近代天津港进出口贸易货物结构演变及其和腹地的关系有了一定的认识，但是其对进出口贸易数据研究方面有待进一步深入。[②]方书生以数个港口的进出口货物统计数据为基本线索，论述了珠江三角洲地区广州港等几个港口近代进出口贸易的发展历程。[③]张珊珊通过分析近代汉口海关对外贸易额数据，总结了汉口港进出口贸易中洋货进口和土货进出口的数量、结构和发展趋势，以港口—腹地互相影响的模式，论述了近代中国汉口港的贸易发展以及其与经济腹地之间经济关系的互动变迁。[④]刘良山以厦门海关贸易统计年刊和历年贸易报告作为依据，采用纵横交叉的方法，分析了近代中国历史上厦门港的发展历程，论述了近代厦门港对外贸易及其附近地区的社会经济发展变化的影响，探讨了厦门港与其腹地的

---

① 李欣鑫：《近代殖民统治时期大连港研究》，大连理工大学2008年硕士学位论文。

② 樊如森：《天津港口贸易与腹地外向型经济发展（1860—1937）》，复旦大学2004年博士学位论文。

③ 方书生：《珠江三角洲港埠与腹地的空间形态（1842—1938）——以近代经济发展的地域尺度为视角》，载《历史地理》2006年第21辑。

④ 张珊珊：《近代汉口港与其腹地经济关系变迁（1862—1936）——以主要出口商品为中心》，复旦大学2007年博士学位论文。

互动关系。[①]徐望坡从上海经济发展历史的角度，运用ADF检验、格兰杰因果关系检验、协整分析、误差修正模型等计量分析方法，定型、定量地给出了上海对外贸易以及投资、消费与经济增长关系的内在机制。[②]

因此，本章以SSM方法为工具，参照第二章Voronoi图得出的经济区的范围，结合《中国旧海关史料（1859—1948）》等系统性、相对精确的统计数据，选取对整个中国经济区域影响最大的大连、天津、青岛、汉口、上海、厦门和广州7个通商口岸城市为代表，从区域空间作用的角度研究近代中国进出口贸易结构的演变情况。

第二节　数学模型及数据来源

偏离—份额分析法是把区域经济的变化看作一个动态的过程，以其所在大区或整个国家的经济发展为参照系，将区域自身经济总量在某一时期的变动分为三个分量，即份额分量（the national growth effect）、产业结构偏离分量（the industrial mix effect）和竞争力偏离分量（the shift share effect），以此说明区域经济发展和衰退的原因，评价区域经济结构优劣和自身竞争力的强弱，确定具有相对竞争优势的产业部门，进而指出经济发展的合理方向和产业结构调整的原则。

---

① 刘良山：《近代厦门对外贸易发展研究（1862—1911年）——以历年厦门海关贸易统计报告为中心》，厦门大学2008年硕士学位论文。

② 徐望坡：《上海对外贸易与当地经济增长关系的研究》，华东理工大学2010年硕士学位论文。

一、数学模型

假定区域i在经历了时间[0，t]之后，经济的总量和产业结构均已经发生了变化。设基期（初始年）区域i经济总规模为$b_{i,0}$（可用总产值或就业人数表示），末期（截止年，以t表示）经济总规模为$b_{i,t}$。同时把区域经济按照一定的规则划分为n个产业部门，分别以$b_{ij,0}$，$b_{ij,t}$（其中，$j\in[1,n]$，且j为正整数）来表示i区域的第j个产业部门在基期与末期的规模，并以B_0、B_t表示区域所在大区或全国在相应时期初期与末期经济总规模，以$B_{j,0}$与$B_{j,t}$表示区域所在大区或全国初期与末期第j个产业部门的规模。

区域i第j个产业部门在[0，t]时间段的变化率为：

$$r_{ij}=\frac{b_{ij,t}-b_{ij,0}}{b_{ij,0}}（其中，j\in[1,n]，且j为正整数）\qquad（1）$$

在[0，t]内，全国或所在大区j产业部门的变化率为：

$$R_j=\frac{B_{j,t}-B_{j,0}}{B_{j,0}}（其中，j\in[1,n]，且j为正整数）\qquad（2）$$

将区域各产业部门规模按全国或所在大区各产业部门所占的份额标准化得到下式：

$$b'_{ij}=\frac{b_{i,0}\cdot B_{j,0}}{B_0}（其中，j\in[1,n]，且j为正整数）\qquad（3）$$

这样，在[0，t]这段时间之内，使用上面计算出来的结果，通过进一步计算就可以将i区域的第j个产业部门的增长量G_{ij}，分解为份额分量N_{ij}、产业结构偏离分量P_{ij}和竞争力分量D_{ij}这样三个分量，用数学公式表达如下：

$$G_{ij}=N_{ij}+P_{ij}+D_{ij}\qquad（4）$$

$$N_{ij}=b_{ij}\cdot R_{ij} \tag{5}$$

$$P_{ij}=(b_{ij,0}-b_{ij})R_j \tag{6}$$

$$D_{ij}=b_{ij,0}(r_{ij}-R_j) \tag{7}$$

$$G_{ij}=b_{ij,t}-b_{ij,0} \tag{8}$$

表4.1　N_{ij}、P_{ij}、D_{ij}三个分量的含义

分量	名称	描述
N_{ij}	份额分量	区域经济增长对全国平均增长效应份额（或者说是区域经济份额分量），指的是区域i的j部门规模如按照全国的结构比例分配，并按全国整体的产值增长速度所应当发生的变化量，也就是区域标准化的产业部门如按全国的平均增长率发展所产生的变化量。N_{ij}越大，说明区域i内任一产业按照所在区或全国部门的结构比例和平均增长率发展所产生的变化量越大。
P_{ij}	产业结构偏离分量	区域经济产业结构偏离份额（或者说是产业结构效应），指的是i区域的j部门所占比重，与全国相应部门比重的差异引起的i区域的j部门增长，相对于全国标准所产生的偏差，它是排除了区域增长速度与全国的平均速度差异，单独分析部门结构对增长的影响和贡献，此值越大，说明部门结构对经济总量增长的贡献越大。
D_{ij}	竞争力分量	区域经济区位偏离份额（或者说是竞争力偏离分量），指的是i区域的j部门增长速度与全国相应部门增长速度的差别引起的偏差，反映了i区域j部门的相对竞争能力。此值越大，就说明了i区域的j部门竞争力对经济增长的作用越大。需要进一步说明的是，竞争力偏移分量的构成非常复杂，它的大小受到产业构成以外的一切因素的影响。这些因素主要包括生产率水平、企业规模结构和经营管理水平等。

区域i的经济总量G则可以写为以下形式：

$$G_i=N_i+P_i+D_i \tag{9}$$

$$N_i=\sum_{j=1}^{n}N_{ij}=\sum_{j=1}^{n}b_{ij}^{'}\cdot R_j \tag{10}$$

$$P_i=\sum_{j=1}^{n}P_{ij}=\sum_{j=1}^{n}(b_{ij,0}-b_{ij}^{'})R_j \tag{11}$$

$$D_i=\sum_{j=1}^{n}D_{ij}=\sum_{j=1}^{n}b_{ij,0}(r_{ij}-R_j) \tag{12}$$

计算W（结构效果指数）和u（竞争效果指数），判断分析该区域总的经济结构效果和竞争能力。

$$K_{j,0}=\frac{b_{j,0}}{B_{j,0}} \tag{13}$$

$$K_{j,t}=\frac{b_{j,t}}{B_{j,t}} \tag{14}$$

$$W_i=\frac{\sum_{j=1}^{n}K_{j,0}\cdot B_{j,t}}{\sum_{j=1}^{n}K_{j,0}\cdot B_{j,0}}\cdot\frac{\sum_{j=1}^{n}B_{j,t}}{\sum_{j=1}^{n}B_{j,0}} \tag{15}$$

$$u_i=\frac{\sum_{j=1}^{n}K_{j,t}\cdot B_{j,t}}{\sum_{j=1}^{n}K_{j,t}\cdot B_{j,0}} \tag{16}$$

$$L=W\cdot u \tag{17}$$

表4.2　W、L、u三个指数的含义

条件	结果
G越大，L大于1	区域增长快于全国或所在区域
P越大，W大于1	区域经济中朝阳的、增长快的产业部门比重大，区域总体经济结构比较好，结构对于经济增长的贡献大
D较大，u大于1	区域各产业部门总的增长势头大，具有很强的竞争能力

根据数据带入数学模型计算的结果，罗列Shift-share分析表计算数据，绘制Shift-share分析图，对区域产业部门进行比较分类，可以使得到的结论更加直观清晰，明确该地区的各个产业部门属于何种类型。Shift-share分析图，由两条通过原点且倾斜度为45° 的直线，把整个平面直角坐标系均等地划分为8个扇面。然后，根据Shift-share分析表的数据，在坐标系中标注出该区域各部门所在的位置，根据其对应数据点所在扇面，可以科学地将区域中的这些部门划分为几种不同的类型，以此为依据判断区域总体经济结构的优劣和部门竞争力的强弱。

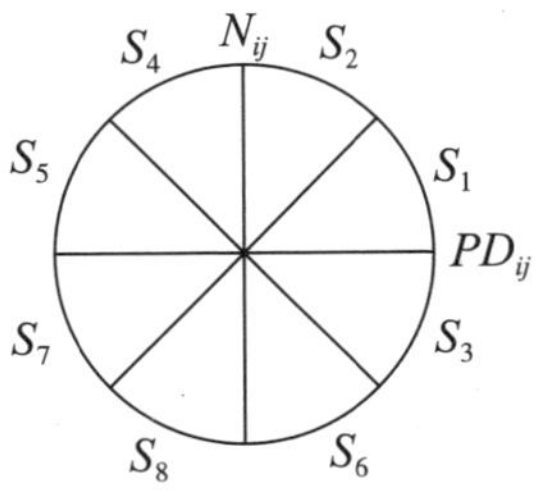

图4.1 部门优势分析图

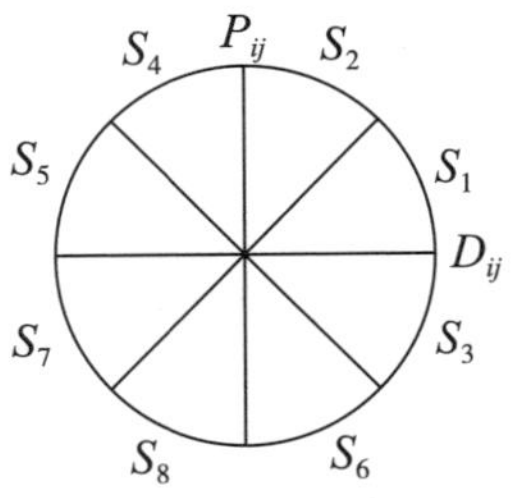

图4.2 部门偏离分量分析图

1.部门优势分析图

以区域部门优势PD_{ij}为横坐标，以份额分量N_{ij}为纵坐标，建立对应关系的坐标系（其中，PD_{ij}即P_{ij}与D_{ij}的数值之和，该值反映了j部门总的增长优势）。数据点的分布位置反映了在总增量、部门增长优势方面的几种不同类型。

图4.1中的8个扇面（S_1、S_2、S_3、S_4、S_5、S_6、S_7、S_8）代表的含义如下：

表4.3　部门优势分析图8个扇面的含义

所属扇面	部门类型		描述
S_1、S_2	A类部门	较好部门	具有较大部门优势的增长部门
S_3、S_4	B类部门	一般部门	其中处于S_3扇面的部门，尽管具有一定的部门优势，但是依旧属于衰退部门；处于S_4扇面的部门虽然是增长部门，但这些部门并不具有部门优势
S_5、S_6	C类部门	较差部门	这些部门的经济总量的增长值均为负值。S_5扇面中的部门虽然是增长部门，S_6扇面中的部门虽然具有一定的部门优势，但是这些都不足以消除因为全国性衰退或部门优势不同造成的负面影响
S_7、S_8	D类部门	最差部门	为既无部门优势，又为衰退部门

2.部门偏离分量分析图

用于对区域中部门的竞争力进行分析，是以部门结构偏离分量P_{ij}为纵轴，部门竞争偏离分量D_{ij}为横轴，建立对应关系的坐标系。

图4.2的8个扇面（S_1、S_2、S_3、S_4、S_5、S_6、S_7、S_8）代表的含义如下：

表4.4　部门偏离分量分析图8个扇面的含义

所属扇面	描述
S_1	属于原有基础很好，竞争力较强的好部门
S_2	属于部门竞争力非常强，而且原有经济基础比较好的较好部门
S_3	属于原有基础差，但区域经济发展速度快的较好或一般部门
S_4	属于原有基础较好，但区域经济的地位处于下降的较好或一般部门

续表

所属扇面	描述
S_5	属于原有基础较好，但部门竞争力不足的较差部门
S_6	属于原有基础很差，但区域经济发展速度很快的较差部门
S_7	属于原有基础很差，且缺乏竞争力的最差部门
S_8	属于原有基础很差，且缺乏竞争力的最差部门

二、数据来源

本节自《中国旧海关史料（1859—1948）》中选取1910—1931年海关进出口数据为研究对象，结合SSM方法对中国近代海关进出口情况进行分析。

其中，以1910—1913年进出口数据的均值为基期数据，以1929—1931年进出口数据的均值为末期数据，根据协调制度将进出口货物分类，选取大连、天津、青岛、汉口、上海、厦门和广州7个港口为代表，结合SSM方法对中国近代进出口情况进行分析。

需要特别指出的数据来源是《商品名称及编码协调制度》，简称“协调制度”，英文名称为The Harmonized Commodity Description and Coding System，简写为“HS”。它指的是由海关合作理事会作为该制度的主编，制订出来的一部具有多种用途的国际贸易商品分类目录，主要内容是商品的品目和商品的子目。

《商品名称及编码协调制度》（2007年版）对商品的品目进行了细致的划分，一共分为97个章节（其中第77个章节是空的），分布于21个大类之下。关于进出口商品分类的标准，参照的是我国当代的海关进出口商品分类目录，这一目录是结合我国进出口货物实际情况编制而成的，共分为21类。

其具体分类如下：

表4.5　进出口商品分类的标准

类别标识	描述
第一类	活动物及动物产品
第二类	植物产品
第三类	动、植物油、脂及分解产品；精制的食用油脂；动、植物蜡
第四类	食品；饮料、酒及醋；烟草及烟草代用品的制品
第五类	矿产品
第六类	化学工业及其相关工业的产品
第七类	塑料及其制品；橡胶及其制品
第八类	生皮、皮革、毛皮及其制品；鞍具及挽具；旅行用品、手提包及类似品；动物肠线（蚕胶丝除外）制品
第九类	木及木制品；木炭；软木及软木制品；稻草、秸秆、针茅或其他编结材料制品；篮筐及柳条编结品
第十类	木浆及其他纤维状纤维素浆；回收（废碎）纸或纸板；纸、纸板及其制品
第十一类	纺织原料及纺织制品
第十二类	鞋、帽、伞、仗、鞭及其零件；已加工的羽毛及其制品；人造花；人发制品
第十三类	石料、石膏、水泥、石棉、云母及类似材料制品；陶瓷产品；玻璃及其制品
第十四类	天然或养殖珍珠；宝石或半宝石；贵金属、包贵金属及其制品；仿首饰；硬币
第十五类	贱金属及其制品
第十六类	机器、机械器具；电气设备及其零件；录音机及放声机、电视图像、声音的录制和重放设备及其零件、附件

续表

类别标识	描述
第十七类	车辆、航空器、船舶及有关运输设备
第十八类	光学、照相、电影、计量、检验、医疗或外科用仪器及设备；精密仪器及设备；钟表；乐器；上述物品的零件、附件
第十九类	杂项制品
第二十类	艺术品、收藏品及古物
第二十一类	特殊交易品及未分类商品

第三节　经验分析

选取大连、天津、青岛、汉口、上海、厦门、广州7个港口为代表，以1910—1913年进出口数据的均值为基期数据，以1929—1931年进出口数据均值为末期数据，代入SSM数学模型进行分析。

1. 大连

大连港位于辽东半岛南端的大连湾内，处于沟通南北运输的交点上，地理位置极为优越。大连港是哈尔滨—大连一线的终点，有着优越的地理位置，成为富饶东北三省的经济腹地。

大连港是我国东北地区的重要交通枢纽，又是渤海经济圈中发展潜力较大的一个港口，也是东北地区对外贸易的门户，更是东北地区最重要的综合性外贸口岸。这里不仅拥有面积广阔的土地，而且土质肥沃、物产丰富。在农产品方面，东北三省是重要的小麦、大豆、玉米等作物的主要产区，每年生产的粮食作物和经济作物产品大部分都经大连港运往国内各城市并销往国外。同时，东北三省的林业资源、养殖类资源、水产资源及矿产资源也十分丰富。这些丰富的资源物产，为大连港的形成和进出口贸易的快速发展，提供了不可或缺并且极为坚实有力的物质基础。

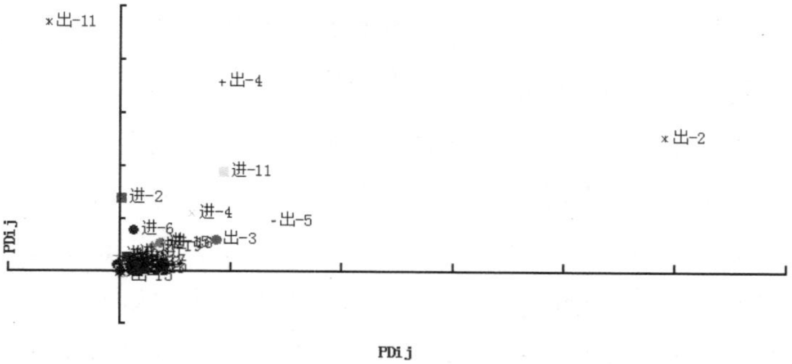

图4.3　大连进出口部门优势分析图

由大连进出口部门优势分析图可知：

在进口贸易中，第九类为一般部门，第十四类和第二十类为较差部门，第十二类为最差部门，其余均为较好部门。

在出口贸易中，第九、十一、十四和二十类为一般部门，第十五类为最差部门，其余均为较好部门。

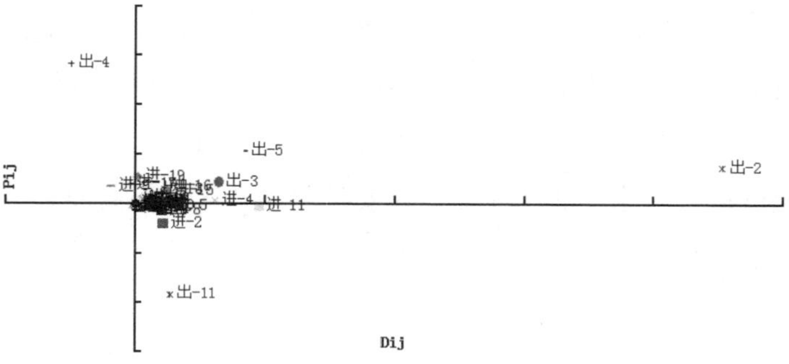

图4.4　大连进出口部门偏离分量图

由大连进出口部门偏离分量图可知：

在进口贸易中，第四、六、七、十、十三、十四、十五、十六、十八、十九和二十类为竞争力强的部门，第十五和第十七类为竞争力一般部门，第二十一类为竞争力最差部门，其余均为竞争力较差部门。

在出口贸易中，第一类、第二类和第五类为竞争力较强部门，第四类和十五类为竞争力一般部门，其余均为竞争力较差部门。

将进出口数据和通过SSM方法得到的结果结合史实分析可知，经大连港进口的货物中以煤炭为大宗，水泥次之，其余为茶叶、木材及杂货等；出口货物中以大米及大豆为主，其余为小麦、粟、杂货等。从大连港进口货物和出口货物的比例来看，大连港在进出口贸易中，进口货物数量绝对远远大于出口货物数量。进口货物主要以食品、杂货、燃料和建筑材料等这些货物种类为主，可以看出大连港的港口贸易是直接为其广大腹地的建设和消费服务的。

2. 天津

天津港是中国北方最大的河口港，有着独特的区位优势。天津港以华北平原和西北草原作为主要腹地，华北平原大量种植的经济作物和粮食作物，西北草原以畜牧养殖业为主大量产出的动物产品、皮革制品，天津及周边城市生产的工业制品及手工业制品，都为天津港出口奠定了坚实的基础。天津港的经济腹地广阔，集中了中国华北和西北地区庞大的都市群体，发展潜力巨大，服务和辐射的范围包括北京、天津、河北以及中西部地区。天津港的直接腹地以北京、天津、唐山和河北省中部地区为中心，主要产品包括燃料、金属及矿石、石油，为天津港发展提供了坚强依托。天津港的间接腹地主要是西北地区，以高原、荒漠和干旱草原为主，地域辽阔，资源丰富储量可观，但是经济发展水平较低，人口分布不均衡。

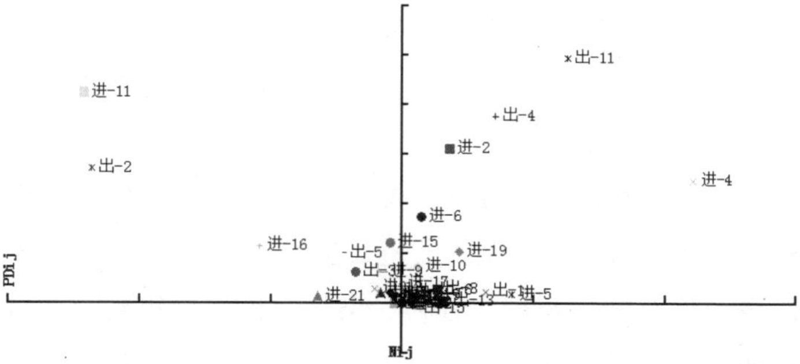

图4.5　天津进出口部门优势分析图

由天津进出口部门优势分析图可知：

在进口贸易中，第一、三、九、十一、十三、十五、十六、十七和二十一类为竞争力一般部门，第十二类为竞争力较差部门，第二十类为竞争力最差部门，其余均为竞争力较好部门。

在出口贸易中，第二、三、五、九、十、十二和十四类为竞争力一般部门，第十五类为竞争力较差部门，其余均为竞争力较好部门。

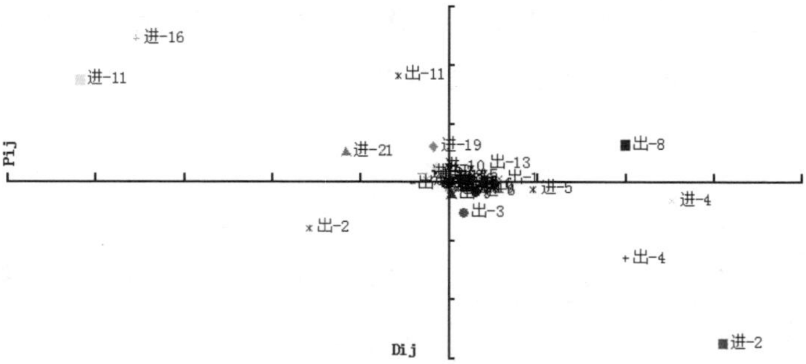

图4.6　天津进出口部门偏离分量图

由天津进出口部门偏离分量图可知：

在进口贸易中，第十二类为竞争力强的部门，第七、九、十、十一、十三、十六、十七、十八、十九和二十一类为竞争力一般部门，第一类和十四类为竞争力最差部门，其余均为竞争力较差部门。

在出口贸易中，第一类和第八类为竞争力较强部门，第十一、十五类和二十类为竞争力一般部门，第二、五和十二类为竞争力最差部门，其余均为竞争力较差部门。

将进出口数据和通过SSM方法得到的结果结合史实分析可知，进口商品结构以消费资料为主。主要的进口货物是棉织品、毛织品、五金及日用商品等，还有糖、药材、香料、染料、棉纱、机器、木材、水泥、五金、卷烟、煤油和机器等产品。出口的商品以农副产品、原料和手工制品为主，以及少量煤炭等矿产品和工业产品。

3.青岛

青岛港位于山东半岛东端胶州湾畔，是中国北方沿海少有的深水海港，背靠物产丰富、交通便利的山东半岛，并有胶济铁路与山东省省会济南相连通，是北方地区同时具备了海陆运输的港口城市之一。

自从1898年胶州湾被划为德国租界地之后，青岛的港口、城市建设被迅速提上日程，并取得了举世瞩目的成绩，青岛港的国际贸易地位也被政府、国民所认可。青岛港的腹地主要位于山东半岛及华北平原的一部分，因此，出口商品主要以初级产品为主，进口产品以生活资料为主，并有一定数量的生产资料（各类机器等）。

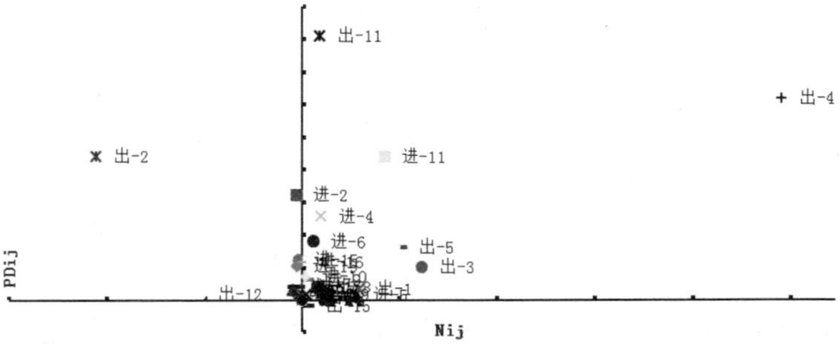

图4.7　青岛进出口部门优势分析图

由青岛进出口部门优势分析图可知：

在进口贸易中，第四、五、六、十一类等为竞争力较好部门，第十四类为竞争力较差部门，其余均为竞争力一般部门。

在出口贸易中，第三、四、五类等为竞争力较好部门，第二、十二类为竞争力较差部门，其余均为竞争力一般部门。

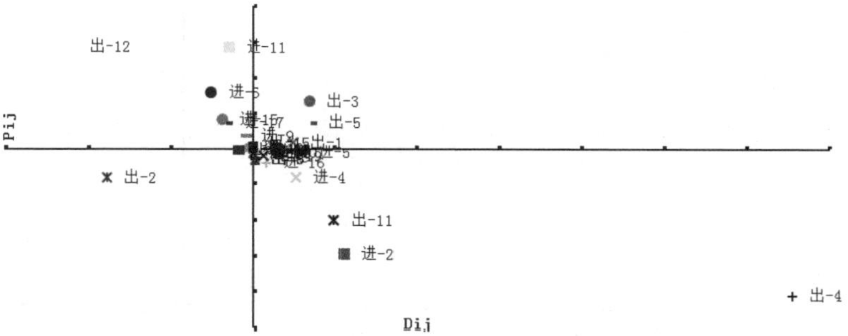

图4.8　青岛进出口部门偏离分量图

由青岛进出口部门偏离分量图可知：

在进口贸易中，第六类、第十一类为竞争力强的部门，第二类为竞争力较差部门，其余均为竞争力一般部门。

在出口贸易中，第三、四、五类为竞争力较强部门，第二、十一类为竞争力较差部门，其余均为竞争力一般部门。

4. 汉口

汉口港位于中国大陆的中部、长江和汉江汇合处，属于亚热带季风气候区域，自然条件优越。交通便利，方便人流、物流的集散和中转，自古即有“九省通衢”之称，是中国内陆最大的水陆空交通枢纽。汉口港所涉及的腹地范围较广，具有良好的社会经济因素，是华中地区最大的经济、文化中心，科技水平在全国属于较高水平，劳动力资源丰富、素质高。

汉口是长江中游的沿江口岸和内河港口城市，主要以广阔富饶的中国中部平原地区和西部草原地区作为经济腹地。在汉口贸易中，出口商品所占比重远远多于进口商品，在对外贸易的主要组成部分中，土货出口量始终占据其对外贸易的半数以上，这是汉口港不同于沿海口岸的一大显著特点。汉口的主要出口商品有茶叶、棉花、桐油等，这是由于汉口港的腹地主要在两湖地区、陕西汉中地区、四川省的大部分地区和河南省中南部地区。

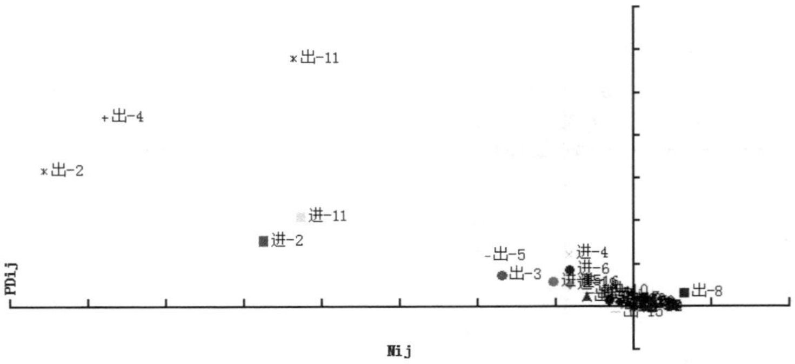

图4.9　汉口进出口部门优势分析图

由汉口进出口部门优势分析图可知：

在进口贸易中，第三类为竞争力较好部门，第十二类和二十类为竞争力较差部门，第十四类为竞争力最差部门，其余均为竞争力一般部门。

在出口贸易中，第十五类为竞争力最差部门，其余均为竞争力一般部门。

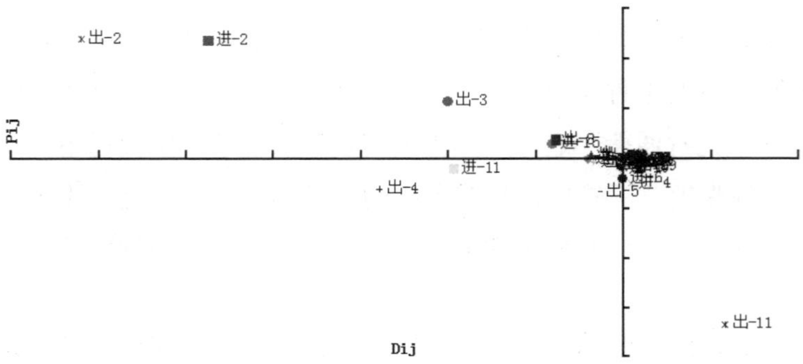

图4.10　汉口进出口部门偏离分量图

由汉口进出口部门偏离分量图可知：

在进口贸易中，第二十类为竞争力强的部门，第二、三、六、八和九类为竞争力一般部门，第一、七、九、十、十一、十三、十五、十六、十七、十八、十九和二十一类为竞争力最差部门，其余均为竞争力较差部门。

在出口贸易中，第十一、十五和二十类为竞争力一般部门，第四、五、十二、十三、十四、十五和二十类为竞争力最差部门，其余均为竞争力较差部门。

将进出口数据和通过SSM方法得到的结果结合史实分析可知，汉口土货出口种类多，腹地来源广，且有多种货物是国内出口货物的主要供给港，比如茶叶、桐油、棉花、禽畜产品、皮货、矿材、生铁、烟叶等，最重要的出口物资是茶叶。汉口洋货进口的主要种类有糖、棉纺织品、毛纺织品、五金、鸦片、煤油和机器等，其中进口数量最大的是纺织品。

5. 上海

上海港的自然条件优越，位于长江入海口南岸，有长江和黄浦江上的河港，东向东海，又有港阔水深的海港，交通非常便利，有利于上海港对外贸易的发展。长江和黄浦江为港口提供充足的淡水和轮船停泊空间；三角洲地势平坦开阔，筑港条件好，江宽水深，有利于大型船舶停靠。

上海港以上海市为依托，在人才、经济、交通等方面具有诸多优势，又有长江流域各城市和港口作为后盾，经济腹地广阔且发达。其直接腹地主要是长江三角洲地区，包括上海、江苏南部地区和浙江北部地区。港口的间接经济腹地囊括了我国中部、东部、南部大部分地区，主要有浙江北部地区、江苏南部地区、安徽和江西，以及湖北、湖南、四川等省。港口物资流向腹地，除上述省份外，还包括福建、河南和西北大部分地区。

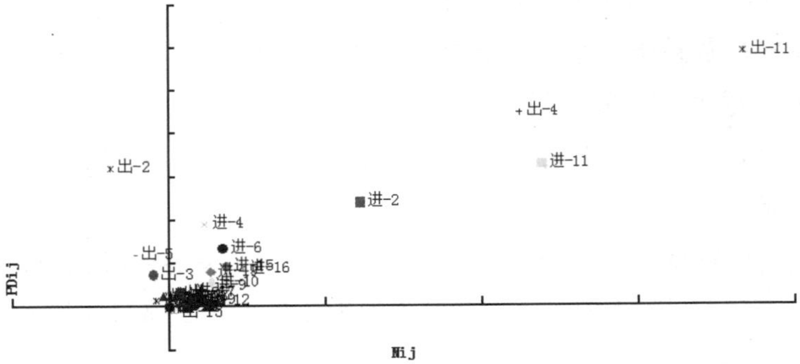

图4.11　上海进出口部门优势分析图

由上海进出口部门优势分析图可知：

在进口贸易中，第五类为竞争力一般部门，第十二类和十四类为竞争力较差部门，第二十类为竞争力最差部门，其余均为竞争力较好部门。

在出口贸易中，第二、三、五、八、九和十四类为竞争力一般部门，第十五类为竞争力较差部门，其余均为竞争力较好部门。

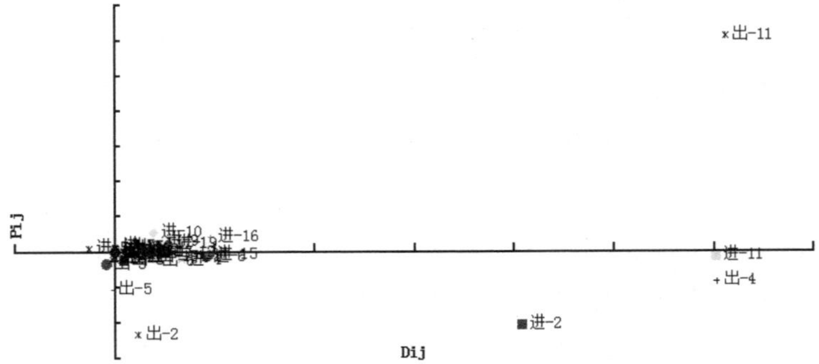

图4.12　上海进出口部门偏离分量图

由上海进出口部门偏离分量图可知：

在进口贸易中，第七、九、十、十三、十六、十八、十九和二十一类为竞争力强的部门，第五类为竞争力一般部门，其余均为竞争力较差部门。

在出口贸易中，第十、十一、十四、十五和二十类为竞争力较强部门，第三、五、九类为竞争力最差部门，其余均为竞争力较差部门。

将进出口数据和通过SSM方法得到的结果结合史实分析可知，上海港的出口商品以纺织品、饮食品、机械制造品为主，包括生丝和茶叶、各种原料、各种制造品、植物油等农产品，兽皮、皮革、猪鬃等畜产品，以及灯泡、纸烟、肥皂、牙膏、搪瓷器皿、药品等杂货制品。进口贸易的货品主要有棉纺织品、杂项商品、煤、金属和矿物、石油、木材等工业原料商品、机器、车辆、化学产品、染料、电器材料及装置、纸张等。

6. 厦门

厦门港地处福建东南部的九龙江出海口，位于上海与广州之间，面向东海，濒临台湾海峡，与台湾、澎湖列岛一水相望。其优越的自然地理环境为厦门港的兴起和对外贸易的发展提供了便利的条件，厦门港港阔水深，不冻不淤，避风条件好，为我国对外贸易港口之一。该区的进出口商品、华侨及侨汇均集散于厦门港，故而厦门港成为闽南经济、航运、贸易中心。

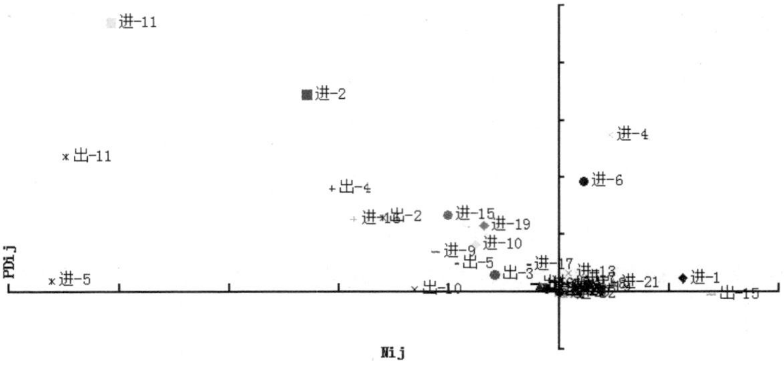

图4.13　厦门进出口部门优势分析图

由厦门进出口部门优势分析图可知：

在进口贸易中，第一、三、四、六、七、八、十三和二十一类为竞争力较好部门，第十二类和二十类为竞争力较差部门，其余均为竞争力一般部门。

在出口贸易中，第十九类为竞争力较好部门，第十五类为竞争力较差部门，其余均为竞争力一般部门。

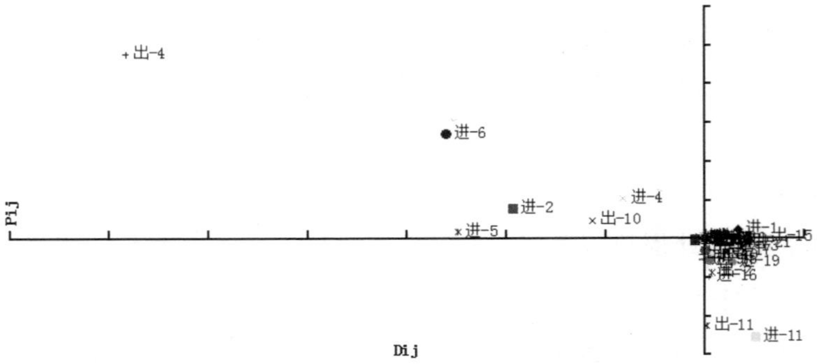

图4.14　厦门进出口部门偏离分量图

由厦门进出口部门偏离分量图可知：

在进口贸易中，第一、十二、十四和二十类为竞争力强的部门，第二、四、五、六和九类为竞争力一般部门，第十八类为竞争力最差部门，其余均为竞争力较差部门。

在出口贸易中，第十五类为竞争力较强部门，第四、九、十类为竞争力一般部门，第一、五、六、八、十二、十三、十四和二十类为竞争力最差部门，其余均为竞争力较差部门。

将进出口数据和通过SSM方法得到的结果结合史实分析可知，出口商品以农副产品为主，茶、糖、纸、布、药材、铁器、瓷器、烟丝、面线、金箔、建筑用品、生活用品及家具为主要出口产品。进口商品以消费资料为主，建筑用品、车辆船舶、棉花和棉织品、毛织品、金属、煤油、米粮和各种杂物为主要进口物。

7. 广州

广州港是我国历史悠久的一个对外贸易的港口，鸦片战争前，广州港是中国唯一的对外通商口岸，也是当时对外贸易的最大港口。即使五口通商时上海港对其造成一定冲击，但广州港的进出口贸易额依然巨大，既是华南地区最大的国际贸易港，又是珠江三角洲水网运输中心和水陆运输枢纽。

广州港经济腹地辽阔，以广东为主，包括西南和中南大部分地区。便利的交通使广州港在珠江三角洲地区以及西南地区、中南地区成为客、货运输和物资的主要集散地，担负着国内和外贸物资的转口任务，通过该港运向国内外的货物种类繁多。珠江流域腹地内矿产资源丰富，主要有燃料、矿石、化工原料和有色金属及其矿石，沿江地区工农业比较发达，许多重要城市多分布于沿江两岸。

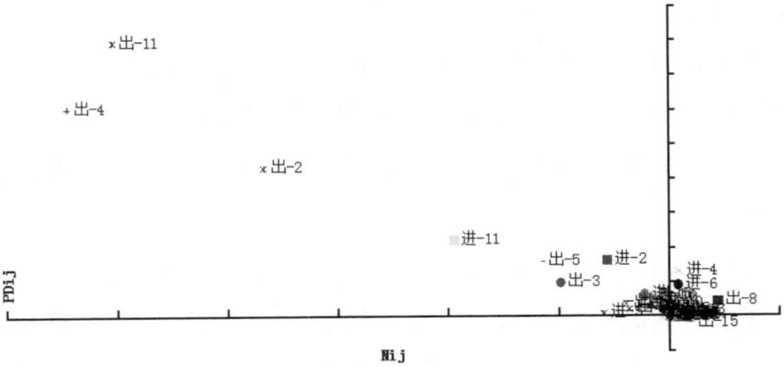

图4.15　广州进出口部门优势分析图

由广州进出口部门优势分析图可知：

在进口贸易中，第一、四、六、七、八、十三和二十类为竞争力较好部门，第十二类为竞争力较差部门，第十四类为竞争力最差部门，其余均为竞争力一般部门。

在出口贸易中，第十四类为竞争力较好部门，第十五类为竞争力较差部门，其余均为竞争力一般部门。

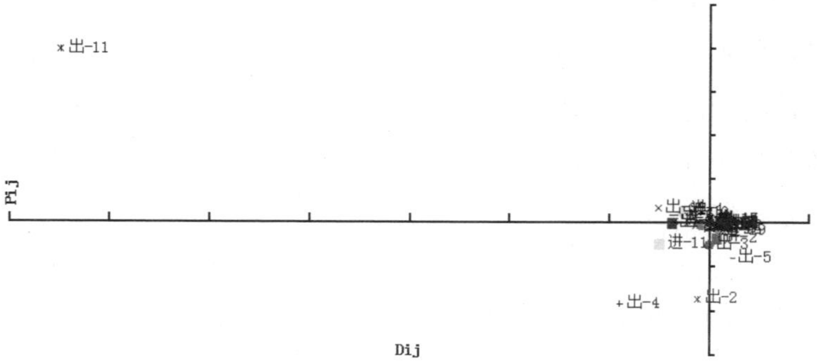

图4.16　广州进出口部门偏离分量图

由广州进出口部门偏离分量图可知：

在进口贸易中，第六和二十类为竞争力强的部门，第四、五、七、十、十八和二十一类为竞争力一般部门，第十一、十二、十三、十四、十五和十七类为竞争力最差部门，其余均为竞争力较差部门。

在出口贸易中，第十五和二十类为竞争力较强部门，第六、十一、十四和十九类为竞争力一般部门，第五、十二和二十类为较差部门，其余均为竞争力最差部门。

将进出口数据和通过SSM方法得到的结果，结合史实分析可知，广州港主要出口商品包括茶叶、生丝、蔗糖、矿产品、杂项制品和古玩藏品等。进口商品主要包括金属制品、机械、交通运输、化工产品、纸制品、食品和各种日用杂货等一些种类。

第四节　结果分析

通过上文模型的计算，可得出相关数据结果如下表所示：

表4.6 各港口SSM模型指标表

进口							
	N_i	P_i	D_i	G_i	W	u	L
大连	40 112 855.74	18 027 117.31	52 264 846.36	110 404 819.42	1.278 7	1.631 9	2.086 7
天津	89 128 708.48	13 301 390.16	−16 424 257.55	86 005 841.08	1.092 6	0.895 4	0.978 3
青岛	37 185 131.99	3 065 618.03	4 291 953.32	44 542 703.33	1.051 1	1.068 1	1.122 7
汉口	89 188 085.54	9 241 189.93	−86 445 690.14	11 983 585.33	1.064 3	0.435 2	0.463 2
上海	138 812 455.83	−8 731 355.73	313 826 590.90	443 907 691.00	0.961 0	2.459 0	2.363 1
厦门	19 843 994.79	−1 704 077.28	−5 347 146.75	12 792 770.75	0.946 7	0.823 5	0.779 6
广州	47 386 184.15	−7 172 680.36	−11 878 921.79	28 334 582.00	0.906 1	0.828 4	0.750 7
出口							
	N_i	P_i	D_i	G_i	W	u	L
大连	67 899 857.55	26 842 963.29	129 926 384.69	224 669 205.53	1.265 9	2.026 3	2.565 0
天津	71 250 684.37	−1 766 750.54	14 508 261.03	83 992 194.86	0.980 6	1.138 5	1.116 4
青岛	46 744 576.57	−5 367 342.47	27 620 213.09	68 997 447.19	0.919 5	1.436 3	1.320 7
汉口	168 278 837.58	−11 658 470.35	−116 728 363.95	39 892 003.28	0.950 4	0.506 0	0.480 9
上海	169 849 733.81	6 630 662.70	277 182 910.94	453 663 307.44	1.024 0	2.088 7	2.138 7
厦门	6 838 875.94	1 261 224.71	−6 479 184.29	1 620 916.36	1.122 7	0.428 3	0.480 8
广州	114 764 577.22	−4 330 825.63	−87 800 321.45	22 633 430.14	0.971 8	0.467 0	0.453 8

下文将对这些结论的数据进行相应分析。

一、数据分析

由以上SSM数据模型得出的结果可知：

大连在进口贸易中L值大于1且G值很大，说明其进口贸易中区域增长快于全国；W值大于1且P值最大，说明其进口贸易中增长速度快的产业部门所占比重较大，区域总体经济结构全国最好；u值大于1且D值最大，说明其进口贸易中区域总的贸易额增长势头好，竞争力全国最强。在出口贸易中L值大于1且G值很大，说明其出口贸易中区域增长快于全国；W值大于1且P值最大，说明其出口贸易中增长速度快的产业部门所占比重较大，区域总体经济结构全国最好；u值大于1且D值较大，说明其出口贸易中区域总的贸易额增长势头好，竞争力较强。

天津在进口贸易中L值趋近1且G值一般，说明其进口贸易中区域增长在全国属于一般水平；W值大于1但P值较大，说明其进口贸易中增长速度快的产业部门所占比重较大，区域总体经济结构优于全国其他港口；u值小于1且D值为负，说明其进口贸易中区域总的贸易额增长势头较差，竞争力较差。在出口贸易中L值大于1且G值较大，说明其出口贸易中区域增长快于全国其他港口；W值小于1且P值为负，说明其出口贸易中增长速度快的产业部门所占比重较小，区域总体经济结构略逊于全国其他港口；u值大于1且D值一般，说明其出口贸易中区域总的贸易额增长势头好，竞争力较强。

青岛在进口贸易中，L值大于1且G值较大，说明其进口贸易中区域增长快于全国；W值大于1且P值较小，说明区域总体增长速度快的部门所占比重不大，但总体经济结构尚属完整；u值大于1且D值较大，说明其进口贸易中区域总的贸易额增长势头好，竞争力较强。在出口贸易中，L值大于1且G值较大，说明其出口贸易中区域增长快于全国；W值小于1且P值为负，说明其出口贸易中增长速度快的产业部门所占比重较小，区域总体经济结构略逊于其他区域；u值大于1且D值较大，说明其出口贸易中区域总的贸易额增长势头好，竞争力较强。

汉口在进口贸易中L值小于1且G值较小，说明其进口贸易中区域增长在全国属于较差水平；W值小于1且P值较小，说明其进口贸易中增长速度快的产业部门所占比重较小，区域总体经济结构略逊于全国其他港口；u值小于1且D值为负，说明其进口贸易中区域总的贸易额增长势头较差，竞争力较差。在出口贸易中L值小于1且G值较小，说明其出口贸易中区域增长在全国属于较差水平；W值小于1且P值为负，说明其出口贸易中增长速度快的产业部门所占比重较小，区域总体经济结构略逊于全国其他港口；u值小于1且D值为负，说明其出口贸易中区域总的贸易额增长势头较差，竞争力较差。

上海在进口贸易中L值大于1且G值最大，说明其进口贸易中区域增长全国最快；W值大于1但P值为负，说明其进口贸易中增长速度快的产业部门所占比重较小，区域总体经济结构略逊全国其他港口；u值大于1且D值较大，说明其进口贸易中区域总的贸易额增长势头好，竞争力较大。在出口贸易中L值大于1且G值最大，说明其出口贸易中区域增长全国最快；W值大于1且P值很大，说明其出口贸易中增长速度快的产业部门所占比重较大，区域总体经济结构优于全国其他港口；u值大于1且D值最大，说明其出口贸易中区域总的贸易额增长势头好，竞争力最强。

厦门在进口贸易中L值小于1且G值较大，说明其进口贸易中区域增长在全国属于较差水平；W值小于1且P值为负，说明其进口贸易中增长速度快的产业部门所占比重较小，区域总体经济结构比之全国其他港口较差；u值小于1且D值为负，说明其进口贸易中区域总的贸易额增长势头较差，竞争力较差。在出口贸易中L值小于1且G值较小，说明其出口贸易中区域增长在全国属于较差水平；W值大于1且P值较小，说明其出口贸易中增长速度快的产业部门所占比重略大，区域总体经济结构优于全国其他港口；u值小于1且D值为负，说明其出口贸易中区域总的贸易额增长势头较差，竞争力较差。

广州在进口贸易中L值小于1且G值较大，说明其进口贸易中区域增长在全国属于略差的水平；W值小于1且P值为负，说明其进口贸易中增长速度快的产业部门所占比重较小，区域总体经济结构比之全国其他港口较差；u值小于1且D值为负，说明其进口贸易中区域总的贸易额增长势头较差，竞争力较差。在出口贸易中L值小于1且G值较大，说明其出口贸易中区域增长在全国属于略差的水平；W值小于1且P值为负，说明其出口贸易中增长速度快的产业部门所占比重较小，区域总体经济结构比之全国其他港口较差；u值小于1且D值为负，说明其出口贸易中区域总的贸易额增长势头较差，竞争力较差。

对进出口数据进行分析得到的结果：

在进口贸易中，大连和上海区域增长快于全国，其中上海区域增长最快；大连、天津、青岛和汉口区域总体经济结构比较好，而且结构对于经济增长的贡献大，其中大连的区域总体经济结构最好；大连和上海区域具有较强的竞争力，其中大连竞争力最强。

在出口贸易中，大连、天津和上海区域增长快于全国，其中上海区域增长最快；大连、青岛、上海和厦门区域总体经济结构比较好，而且结构对于经济增长的贡献大，其中大连的区域总体经济结构最好；大连、天津和上海区域具有较强的竞争力，其中上海竞争力最强。

二、史实分析

大连港在进出口贸易中均占有极大的份额分量，产业结构较好，竞争力极强。有东北三省作为腹地的大连港，随着东北三省的发展，加之以俄日帝国主义的殖民统治为前提，以掠夺中国财富和倾销商品为目的进出口贸易，虽然极大地加速了大连港的发展，使之在这段时间之内具有极大的进出口份额和极强的竞争力，但是其确实损害了大连港和大连城市的发展。

天津港在进出口贸易中均占有不小的份额分量，产业结构一般，进口贸易中竞争力不强，出口贸易中竞争力较强。天津港以华北平原和西北草原作为主要腹地。天津港进口的货物主要为生活资料和少量生产资料，虽然份额巨大，但是增长不大，比之其他港口并不具有足够的竞争力。

青岛港在进出口贸易中占有的份额分量较小，贸易结构一般，但在进出口贸易中的竞争力均较强。青岛港主要以山东半岛及华北平原的一部分作为主要腹地，出口货物主要为各类初级产品，但进口货物以生活资料居多，并有大量的生产资料，以满足所在腹地的商品要求，有一定的竞争力。

汉口港在进出口贸易中均占有较大的份额分量，产业结构一般，增长量不大，竞争力不强。汉口作为长江流域的沿江口岸和内河港口城市，以湖南和湖北地区、陕西省的汉中地区、四川省的大部分地区和河南省的中南部地区为主要的腹地，在进出口贸易中，土货出口一直占据了汉口港出口货物的大半份额。进口货物主要为纺织品、五金、煤油和机器。由于汉口港作为一个沿江的口岸，主要运输方式以河运为主，地理位置上远离出海口，远洋船只难以进入汉口港，对汉口港直接展开海外贸易产生了极大的障碍。其进出口贸易份额虽大，但优势部门和贸易增长量不多，所以汉口港显得竞争力有些不足。

上海港在进出口贸易中均占有最大的份额分量，产业结构较好，竞争力很强。上海港以长三角地区作为主要经济腹地，间接辐射整个东南沿海地区，并且以长江流域各城市为后盾，为其开始通商之后的迅速发展以及迅速占有极大的份额打下了坚实的基础。上海作为当时第一批工业化起步的城市，其生产原料和生产机械的进口量急速增长，从而使得手工制品及工业产品出口量随之增长。长江流域各江岸港口出口货物转运大多也经由上海港。诸多有利条件使得上海港迅速成为一个占有极大进出口贸易份额并且具有几大竞争力的港口，甚至对周边的其他港口造成冲击。其自身迅速发展的同时，在一定程度上也限制了周边其他港口的发展。

厦门港在进出口贸易中均占有很少的份额分量，产业结构一般，竞争力很弱。厦门港的腹地主要为福建地区，该地区地势起伏大、多山地，河道水流速度快，交通条件较差，不适合长途运输，而且其腹地范围较小，相对贫瘠，人口少，市场容量小。这就决定了厦门港在进出口贸易中所占的份额很小，竞争力不足。

广州港在进出口贸易中均占有极大的份额分量，产业结构较差，竞争力较弱。一口通商时期，广州港作为唯一的通商口岸，积累了巨大的资源，但是其腹地与上海港有很大的重叠，上海港开始通商以后，对广州港的进出口贸易造成了极大的冲击。虽然广州港保留着很大的进出口份额，但竞争力较之以往显得明显不足。

第五节　小结

根据本章的数据分析可知，不同的通商口岸在商品进出口的种类方面，有着各自不同的特点，这是具体地理条件和区域经济的必然表现。从上文可以看出，食物和植物制品更倾向于从大连港和汉口港进出口，纺织类货物更倾向于从天津港、上海港和广州港出口，纺织类货物更倾向于从上海港进口，化工类货物更倾向于从厦门港进口，木材和木制品、纸制品更倾向于从厦门港进出口，机器及机械设备更倾向于从上海港进口，等等。

通过数据分析，结合史实论证，可以确定，腹地是通商口岸赖以生存和发展的基础，它不断为通商口岸提供货源并消化来自通商口岸的商品。腹地的经济越发达，其货运总量越大，对通商口岸贸易能力的要求也就越高，从而促进通商口岸的规模发展，使其在国家经济活动中能够起到越来越大的作用。通商口岸的发展与腹地的发展相辅相成、密不可分，双方存在着相互依赖、相互影响的双向经济互动关系。通商口岸城市的进步促进了腹地经济的发展和产业层次的提高，推动腹地产业结构转化；而腹地的发展又促进了通商口岸城市的进步，腹地范围的大小和经济发展的快慢、产业机构、交通便利程度诸多因素也影响着港口城市的发展，腹地经济的发展为通商口岸的生产和发展带来强有力的动力支持。唯有协调发展，才能够实现通商口岸和腹地发展的互相促进。

从当代中国港口城市与区域发展的关系来看，从通商口岸体系继承下来的城市体系，要合理利用自身有利的区位因素，大力发展进出口贸易，吸引资金、重组资产配置的功能，通过提高城市的核心竞争力，扩大腹地的范围，提高其经济水平；作为港口，各城市应该加强港口基础设施建设，建设公共信息平台，完善城市港口经营模式，拓展集疏运体系及发展临港产业带。腹地城市应根据自身区位条件，坚持可持续发展战略，合理优化产业结构，加快交通运输网络建设。应该以港口经济发展作为纽带，建立“港口—腹地”的互动机制，进一步加强港口与腹地之间的经济联系，大力促进港口经济与腹地城市经济的良性互动，发展实现港口和腹地经济的协调、持续、快速发展。

第五章

近代中国机器进出口贸易与区域工业差异的分析

第一节 概述

一、问题的提出

现代化的国际性进程中，人类社会经历了由传统的农业社会向现代化工业社会转变的全球性变革，其动力源方面具体表现形式为内生性现代化及外生性现代化。近代西欧的内生性现代化具有较强的自我创新能力，以国内积累为手段带动工业化投资，使得经济生活通过不断扩展的市场而实现自我调节，政府的职能主要是为保证经济运转而提供自由竞争的环境。间接传导式的外生性现代化，主要从外部移植或引进现代生产力要素，工业化投资很大程度上依赖于外国资本，政治权力作为一种超经济的组织力量，在现代化进程中发挥着不可估量的控制与管理作用，其内部创新居于次要地位。近代中国采取工业要素输入的途径，通过自发或有计划的技术改造以追赶先进工业国和适应现代化世界环境。罗荣渠认为，百年前中国型现代化的特点是经历内部严重衰败化与帝国解体，通过革命化的重组过程，走向工业化现代化道路。[1]

---

① 罗荣渠：《现代化新论——世界与中国的现代化进程（增订本）》，商务印书馆2004年版，第113~115页。

机器工业是近代经济发展的典型要素，中国近代工业的兴起直接受到西方“船坚炮利”背后工业革命的影响。19世纪末20世纪初，以电力为核心的第二次工业革命浪潮席卷欧美各国，重工业已占据主导地位，其中钢铁工业、石油工业、电气工业等日益发展，西方经济又呈现出较为稳定的增长态势，进而使得国际对外贸易的发展条件获得改善。工业生产与国际贸易之间也呈现了分异态势，1900—1913年，全球工业生产年增长率为4.2%，全球贸易的年增长率为3.75%。而在1913—1929年，全球工业生产年增长率约为2.7%，全球贸易的年增长率仅为0.72%。[①]清末洋务运动首先大力兴办军事工业，使用机器和机械动力进行生产，通过自上而下的方式对西方军事工业进行大规模的移植，后来创办了一批最早的近代民用企业，且给予这些工业企业以政策扶植；1895年后，民间又涌现了一批最早的民营工业企业，几乎涵盖近代各种轻工业行业。民国时期，中国的工业化继续稳步发展，据章长基估计，“二战”前的25年，中国工业的年均增长率高达9.4%。[②]

演化经济地理学认为，经济空间的展开是历史的积淀。[③]条约口岸作为对外接触的前沿而获得先机，通商带来的资本的逐步增加令投资条件日益成熟，使得近代工业自开商埠后迅速发展，凭借与世界市场的密切联系，引进了现代化的生产技术、市场意识与组织方式，在贸易的地理区位方面存在着可达性的优势，因而通过资源集聚与人口集聚的方式而繁荣；广大内陆地区仍大都保持着传统的生产技术与组织方式，其资源逐渐向通商口岸聚集，难以进行自我调整，对口岸产生经济上的依赖，进一步加强了口岸市场的极化效应与竞争优势，沿海与沿江的通商口岸的地位尤其如此。这也是“港口—腹地”关系的作用机制。以1882年、1912年、1931年为例，全国进出口总值中沿海海关分别占了73.5%、

① 姚曾荫：《国际贸易概论》，人民出版社1987年版，第84~88页。2007年

② 龚会莲：《变迁中的民国工业史（1912—1936）——一种制度分析的视角》，西北大学2007年博士学位论文。

③ 苗长虹：《新经济地理学》，科学出版社2011年版，第142页。

64.6%、81.6%，内地海关分别占了26.5%、30.4%和17.4%。其中，长江沿岸的海关分别占了内地海关总额的100%、75%、和74%。[①]

二、文献综述及模型、数据来源

研究近代机器工业的兴起，学术界多从手工业角度切入。彭南生探讨了近代工业与手工业的互补关系，他将近代手工业作为一个经济整体研究，从宏观上阐述了近代手工业的地位及其作用。[②]王翔从不同区域近代机器工业与传统手工业生产共生并存的状态，分析了工业文明冲击下两种生产方式区域组合存在差异的原因。[③]关于近代经济地理格局的探讨，吴松弟通过“港口—腹地”这一生产力扩散与区域联系的主要途径，揭示了物流的主要方向和交通格局的改变，其选择的数据多为各港口贸易总额，以指示综合经济发展水平。[④]方书生从经济地理角度描绘近代中国的经济多样性，对近代以上海为中心的长三角地区的经济增长机制加以探讨。[⑤]关于近代工业地理的研究，戴鞍钢、阎建宁对其发展进行了四个阶段的划分，也揭示了机器工业地域分布始终没有突破沿海沿江地带的格局。[⑥]

机器工业是近代区域经济发展的重要组成与显著标志，而学界对于其区位布局的机制探讨却明显不足。机器工业集中分布于现代工业体系完善的城市中，因此，近代的沿海、沿江通商口岸在机器进出口贸易方

---

① 吴松弟：《通商口岸与近代的城市和区域发展——从港口—腹地的角度》，载《郑州大学学报（哲学社会科学版）》2006年第6期。

② 彭南生：《论近代手工业与民族机器工业的互补关系》，载《中国经济史研究》1999年第2期。

③ 王翔：《近代中国手工业与工业经济结构》，载《中国经济史研究》1999年第2期。

④ 吴松弟：《港口—腹地和中国现代化空间进程研究概说》，载《浙江学刊》2006年第5期。

⑤ 方书生：《近代中国的经济增长——基于长江三角洲地区的验证》，载《上海经济研究》2012年第9期。

⑥ 戴鞍钢、阎建宁：《中国近代工业地理分布、变化及其影响》，载《中国历史地理论丛》2000年第1期。

面的演化，便成为考察机器工业发展的一个窗口。本章尝试通过对各口岸的机器工业的进口额分析，反映出各口岸工业发展的速度与活力，进而有利于从一个侧面反映历史时期的区域经济状况。一方面，近代工业显示了工业发展较为本质的区位需求，机器进口的区域差异对于揭示更为市场化环境下的工业区位具有一定的指导意义；另一方面，我国目前仍然进行现代化建设，工业转型与区际的协调具有现实意义，通过各口岸机器工业进口额的时空转变，为我国现阶段区域经济协调发展战略提供经验与借鉴。

贸易竞争指数（简称TC指数）是衡量进出口贸易能力的指标之一，是指一个国家（地区）某种产品进出口差额占该商品进出口贸易总额的比重。贸易竞争指数可以用来衡量一国（地区）某产业的国际竞争力。

贸易竞争指数的计算公式为：

$$TC_{ij}=\frac{X_{ij}-M_{ij}}{X_{ij}+M_{ij}}$$

其中，X_{ij} 和M_{ij}分别表示i国（地区）j产品的出口额和进口额。指标区间为[-1，1]，若$TC_{ij}>0$，说明该商品处于出口竞争力优势，当TC_{ij}越接近于1，表示该商品竞争力越大；若$TC_{ij}<0$，说明该产品处于国际竞争劣势，TC_{ij}越接近于-1，表示该商品的国际竞争力越弱。本章将根据这一公式，结合机器工业商品的进出口贸易数据，对比各口岸进出口贸易总额，计算上海等7个口岸、全国总计的不同TC指数，以期从中发现相关的历史特征。

本章进行分析所需的数据资料，主要来源于《中国旧海关史料（1859—1948）》历年的贸易分类统计册。机器进口数据，从1906年开始，有了比较系统的分类统计；机器出口数据，则直到1914年才开始有详细的分类统计，故下文在对比机器进出口贸易时，出口数据一般都始于1914年。研究年代截止到1931年，以求尽量涵盖近代中国各区域内重要的通商口岸。

代表性通商口岸的选取，根据各口岸在近代中国进出口贸易总额中的地位，本章以上海、大连、天津、胶州（青岛）、汉口、厦门、广州等7个主要口岸为代表，进行具体的比较和分析。

第二节　机器进口种类及进口总额的时序变化

近代各类机器的进口，无疑是口岸及腹地工业扩张的体现，通过统计各大口岸的机器进口数据并结合相关史料，以此来分析近代机器进口的时间变化机制。

表5.1　机器进口种类分类

年份	机器分类
1906—1909	刺绣编结缝纫机器；机器及配件
1910—1922	刺绣编结缝纫机器、织造机器；机器需用器具；农业机器；运动机器；酿酒、蒸馏、制糖机器；其他类机器及零件
1923—1931	纺织厂机器；机器需用器具；农业机器；运动机器；酿酒、蒸馏、制糖机器；发电厂机器；其他类机器及零件，印书、钉书、切纸机器；抽水机器；车床机

表5.1显示，1906—1909年对于机器的分类十分概括，仅仅将进口量显著的刺绣编结缝纫机器单独分离出来，其他机器均用“机器及配件”来统称；至1910年，对于机器进口种类的划分更为细致；1923年，刺绣编结缝纫机器与织造机器等合称为“纺织厂机器”，而对于其他机器的划分则愈加明细，新增印书、订书、切纸机器，抽水机器，车床机等分类。机器分类的不断增加，是专门化需求增加的反映，也是工业结构不断完善与工业规模不断扩展的结果。

纺织业一直是近代中国工业的支柱产业，在国民经济中所占比重高，从业人员多，所以纺织机器进口一向占比最高，大部分年份进口额稳定于三成左右，更有年度达到六成以上，这恰恰说明了以纺织业为代表的轻工业在近代国民经济中的地位。发电厂机器与运动机器的进口额也较高；农业机器在1930年仅有不足4%的进口额，说明传统的小农经济仍大多停留于体力劳动的阶段，农业机械化水平低。

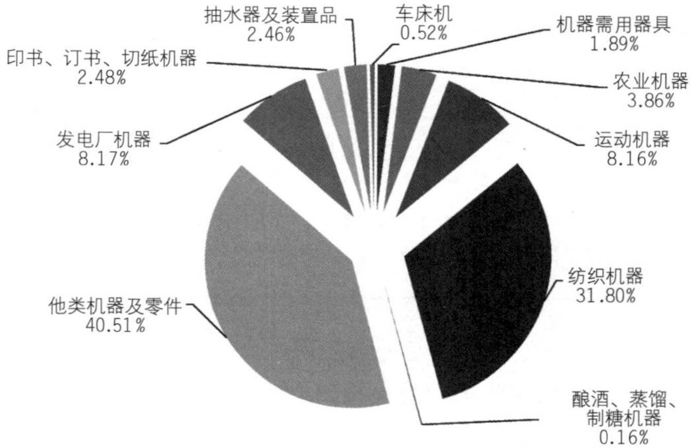

图5.1　1930年海关进口机器类别对比图

与进口机器种类的日益增加相比，出口机器的种类则明显少了许多，所有的机器种类，在1914年之前并未出现在海关出口贸易的统计中；1914—1931年，机器出口分别以“轧棉花机器及零件”（COTTON GINS，AND PARTS OF）、“机器”（MACHINERY）两类分列于统计之中；但在1926—1928年的统计中，仅列了“机器及零件”（MACHINERY，AND PARTS OF）一种商品。但根据统计表册来看，历年的“轧棉花机器及零件”（COTTON GINS，AND PARTS OF），真正用于出口海外的极少，绝大多数只是由工业中心上海运销至国内其他通商口岸。

从全国范围来看，自清末至1931年前的二十多年中，中国机器进口总额出现了非常大的波动，1906—1931年，在曲线图上整体呈现出波动非常明显的“几”字形，在1921年与1930年左右分别形成了两个机器进口额的波峰。并且尤为显著的是，纺织机器的进口额的变化与进口总额的变化状态高度一致，甚至可以说，正是棉纺织业的发展带动了整个工业的发展。自1918年，机器进口经历了第一个快速发展期，尤其是到了1921年，机器进口额达57 380 177关平两，1922年机器进口也在五千万关平两以上；南京国民政府成立后，机器进口又经历了第二高峰期，1930年机器进口额达45 435 690关平两，是1925年机器进口额的近三倍。

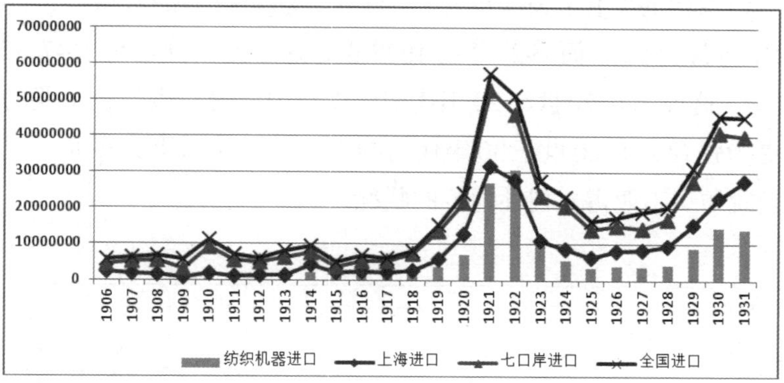

图5.2　近代中国机器进口额的“几”字形波动趋势（单位：关平两）

机器进口的大规模增加，直接受益于原有工厂的规模化与新的工厂的成立。这两个波峰时期工业的扩张具有必然性与可行性，必然性来自工业品生产的空缺与市场需求的扩大，而可行性依托于国内外政治经济环境影响下的投资风险性。

1918年至20世纪20年代初，西欧主要国家面临“一战”与经济恢复，国内各军阀的势力范围也相对巩固。对于这一时间段市场扩大的机制，还需要大量的工业制成品进出口贸易额的分析。不过机器进口额出现如此规模的波动，显然与国内工业生产的空缺密不可分。倘若再有这一时期手工业与棉纺织业的生产额与单价的对比，想必就能看出机器生产扩展的内生条件。1927年南京国民政府建立后，机器进口额经历了快速的增长，甚至国际经济危机初期也未改变工业扩张的趋势，这反映了工业制成品的内需性强与近代中国的后发优势，即国内的市场环境更能影响工业投资的环境，体量小更具有变化的波动性。

1918年后五年的机器进口额增长趋势高于南京国民政府成立之初五年的增长，可并不能说这一时期前者工业扩张的效益高于后者，原因在于工业的发展不能忽略原有工业的积累及工业结构的调整。最为鲜明的例子是，发电厂机器1927年以后的快速增长反映出工业规模的快速扩张；也可以从20世纪30年代初纺织机器进口额占比下降，窥探出工业部门结构的变化：1930年与1931年，纺织机器的进口占比分别为31.80%与30.87%，而1921年与1922年，这一比例分别高达47.85%与61.11%。这说明在20世纪20年代初，以纺织业为代表的轻工业的扩张势头更为强劲，而20世纪30年代初的工业扩展转向更为多元，但仍旧不能摆脱纺织工业占支柱性地位的状况。

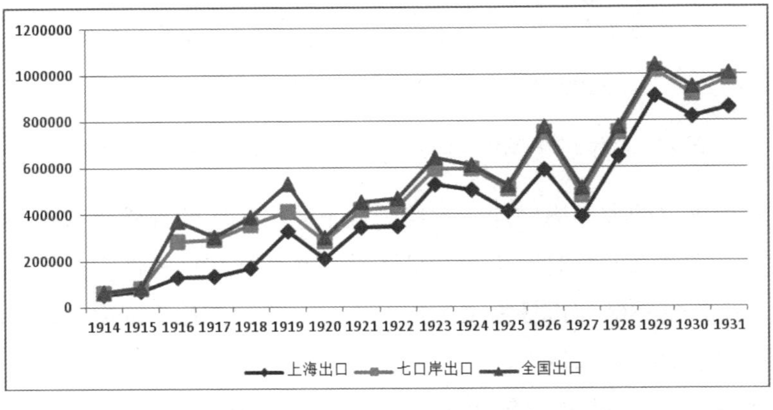

图5.3　近代中国机器出口的长期趋势（单位：关平两）

相比于机器进口的大幅度波动，近代中国机器出口则显示出了非常平衡的上升趋势。除了1927年的下降（原因应该来自北伐战争导致的政局动荡），在全国机器出口总额最高的1926年，达到了1914年的12倍多，而在顶峰的1929年，更是1914年的16倍。这种不断翻番的机器出口额，在很大程度上能够反映近代中国机器工业的发展历程，虽然与机器进口额对比，仍然微乎其微，但已经让人明显感受到现代工业在中国发展的蓬勃未来。

第三节 主要通商口岸机器进出口的地位分析

通过具体口岸的机器进口额分析，按照口岸、交通轴、区域三个不同的空间范围，结合具体史实，可以建立起“点”“线”“面”三个层面上的工业地理格局与区域经济关系。下文选取上海、大连、天津、胶州（青岛）、汉口、厦门、广州等近代的7个大型口岸的机器工业进出口额进行分析，从中不难看出大型口岸尤其是上海作为近代中国工业中心的突出地位。

一、主要口岸机器进出口与工业生产布局的极化状况

从本章所选取的以上海为代表的7个大型口岸的机器进口额占比来看，所研究的26年间，这些口岸仅有7年的机器进口额不足全国总数的80%，其余都超过此数。近代工业的布局，集中于沿海沿江的大型口岸。资料统计显示，20世纪30年代初期，我国除东北、台湾外，沿海的上海、天津、广州、青岛等6个沿海口岸城市，占据了工人总数的72%和生产总值的85%；其次为沿江的南京、汉口、重庆3个口岸城市，占了工人总数的10%和生产总值的5%。[①]因此，本章基于机器进口大型口岸亦是大型工业城市这一条件，将机器进口额与就地或就近布局相关联，进行区域工业发展与布局分析。

---

① 吴松弟：《近代中国的城市发展与空间分布》，载《历史地理》2014年第1期。

这种工业布局的特征，很自然地能够通过机器进出口的对比表现出来。

表5.2 上海及其他大型口岸城市在全国机器进出口额中的地位

（单位：万海关两）

年份	上海		七口岸总计		全国总计		上海占比（%）		七口岸占全国比（%）	
	进口	出口	进口	出口	进口	出口	进口	出口	进口	出口
1906	237		441		568		41.84		77.68	
1907	194		515		617		31.43		83.40	
1908	169		556		671		25.25		82.90	
1909	78		311		577		13.69		53.92	
1910	185		910		1 122		16.54		81.13	
1911	100		552		694		14.47		79.46	
1912	140		492		604		23.11		81.36	
1913	151		637		813		18.51		78.37	
1914	419	5	754	6	931	6	45.06	79.74	81.06	93.32
1915	216	7	377	8	494	9	43.69	79.50	76.25	93.45
1916	231	13	534	29	677	37	34.24	34.19	79.33	76.87
1917	210	13	520	29	606	30	34.72	43.51	85.78	96.79
1918	271	17	721	36	808	39	33.58	43.38	89.23	92.43
1919	586	33	1 353	41	1 525	53	38.44	61.26	88.74	77.10
1920	1 266	21	2 139	28	2 418	30	52.35	69.10	88.47	94.52

续表

年份	上海		七口岸总计		全国总计		上海占比（%）		七口岸占全国比（%）	
	进口	出口	进口	出口	进口	出口	进口	出口	进口	出口
1921	3 167	34	5 280	42	5 738	45	55.20	76.21	92.03	93.01
1922	2 770	35	4 588	43	5 107	49	54.23	73.85	89.84	92.01
1923	1 085	52	2 330	59	2 735	64	39.68	81.80	85.22	92.55
1924	865	50	2 051	59	2 296	61	37.66	82.49	89.33	97.37
1925	623	41	1 408	51	1 629	52	38.26	78.80	86.45	97.28
1926	819	59	1 513	75	1 736	77	47.17	76.48	87.15	97.32
1927	840	39	1 428	48	1 885	51	44.54	75.74	75.76	94.37
1928	949	65	16 912	75	2 024	77	46.86	83.55	83.57	96.87
1929	1 536	91	2 737	102	3 103	104	49.49	87.23	88.20	97.87
1930	2 280	82	4 081	91	4 545	94	50.18	86.66	89.82	96.91
1931	2 752	86	3 975	98	4 511	101	61.02	85.07	88.12	97.40

根据上海在机器进出口总额中遥遥领先的比例，可以推测以上海为代表的主要通商口岸在近代中国各区域的工业中心地位。

从上海机器进口额占全国比重的趋势来看，自民国初年起，上海呈现波动上升的状态。上海作为外生性现代化下之近代中国这个后发区域中的先发区域，似乎更具有极化的优势与趋势。在所研究的26年中，上海有20年机器进口额占全国的比重在三成以上，其中更有5年占比达半数以上，足以表明上海的工业中心的地位。

上海在机器进出口贸易方面的极化趋势与其工业发展的必然性与可行性密不可分。上海作为近代工业的中心，形成于1895—1911年。甲午战前，随着上海内外贸易中心地位的提升，一个包括远洋航运、沿海沿江航运的运输网络已经形成；《马关条约》允许外国在华开办工厂，国际环境与国内开放条件便形成了机器工业扩展的推力与引力。1895—1911年，全国外资工厂开办的资本总额约为4 855.4万元，而上海就有2 090.3万元，占比超过四成。近代外资工业集聚于上海，对其近代工业中心的地位起了决定性作用。民族资本的初步发展也相对地集中于上海，这一时期华商开办的工厂总共有449家，落户上海的有112家，占四分之一，地域上的集中也使华商获得外部性的优势，使得其企业技术管理水平与贸易的便利性都得以提升。

1903年中英、中日商约的签订，更使以上海为中心的近代航运网进一步扩展至整个长江流域及沿海各省。上海有建立最早、规模最大、体制最完善的租界，为外商提供了可靠安全的保障，以及相对稳定的税收负担。外滩多样的金融业也为工业的兴起提供了财政资本与金融资本；适应大工业生产需要的电报、邮局、电网的建立与完善，也为工业的运营与管理提供了基础设施条件；大批的内地移民不断涌入，使上海具备充足而廉价的劳动力市场，其工资水平不足英国同类型产业工人的四分之一，成为工业资本投资的乐土——这一切在机器进出口额上都已得到体现。

二、机器进出口反映出的近代中国现代工业的竞争力

在近代中国进出口贸易的通商口岸序列中，比较重要的一些通商口岸往往在全国的对外贸易额中占有非常可观的比例。以本章选取的7个通商口岸为例，上海的地位自然不必说，后来居上的天津、大连，表现也极为抢眼。但若对这些通商口岸的进出口贸易进行竞争指数（TC）分析，则往往呈现出不同的面貌。

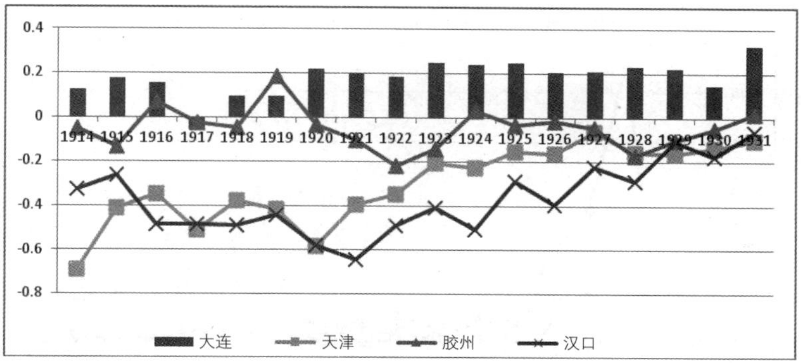

图5.4　北方三口岸及汉口的进出口贸易TC分析

图5.4是对北方地区3个主要的通商口岸及汉口的进出口贸易TC指数分析。从中可以非常明显地看出，这4个通商口岸中，TC指数均呈现波动中逐步增大的趋势，尤其是大连口岸，除少数年份之外，TC指数均为正，说明大连在进出口贸易中占据了比较明显的竞争优势。其他3个通商口岸，虽然TC指数多为负值，但也呈现出不断改善的趋势，其中，TC指数改善最为明显的是天津，截至1931年，该指数已从1914年的接近-0.7，上升到-0.1，优势非常明显；胶州（青岛）、汉口则在波动中保持了各自的TC指数，也在向改善的大趋势前进。

图5.5则通过这4个通商口岸机器的进出口贸易TC指数，将机器工业发展的初级阶段性呈现无遗。除了大连、天津在少数几个年份出现TC指数的异常值外，在大部分的时间中，这些通商口岸机器进出口的竞争力都是极差的：尤其是大连、胶州（青岛），在经过民国初年的发展后，机器进出口的竞争力却呈现不断下降的趋势，甚至趋近于-1；天津和汉口则保持了相对比较稳定的发展，尤其是汉口，由TC指数表现出其机器工业有比较明显的发展。

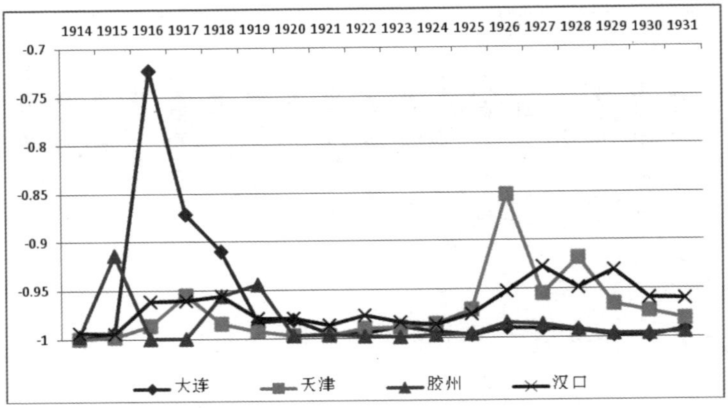

图5.5　北方三口岸、汉口的机器进出口贸易TC分析

相比较而言，南方的3个通商口岸则呈现进出口贸易总额TC指数逐渐下降的趋势。令人惊奇的是上海的TC指数，在经过1919年之前的改善之后，便逐年下降，1931年甚至已经由1919年的-0.004跌至-0.5，厦门、广州的TC指数也在波动之中有较明显的下降。不过，TC指数这种不同的变化趋势，实在不能完全说明南北地区各口岸的贸易状况，因为贸易结构的不同才是更有意义的指标。通过机器进出口贸易的TC指数对比，能够更全面地认识不同通商口岸之间的贸易差别。

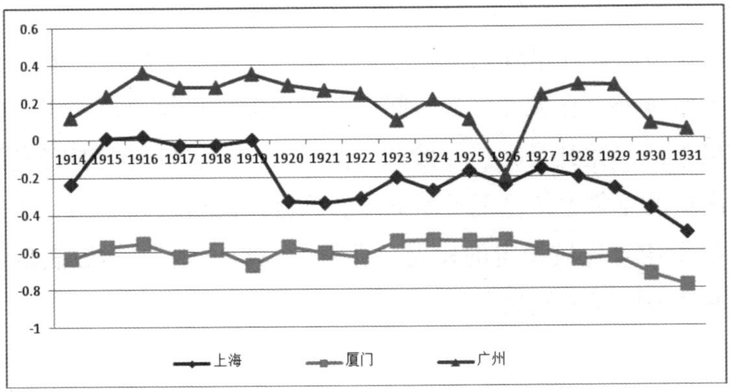

图5.6　南方三口岸的进出口贸易TC分析

再看图5.7中这3个通商口岸机器进出口贸易的TC指数变化。广州的波动性最为显著，这种大起大落的变化，固然表明机器工业正处于新生的阶段，但更能够反映其受到外部市场的严重影响，是机器工业尚不完善的有力证据，对市场冲击几乎毫无抵抗力。厦门则在多个年份TC指数值均为-1，完全可以说明，其机器工业的基础几乎为零，竞争力小到可以忽略不计。

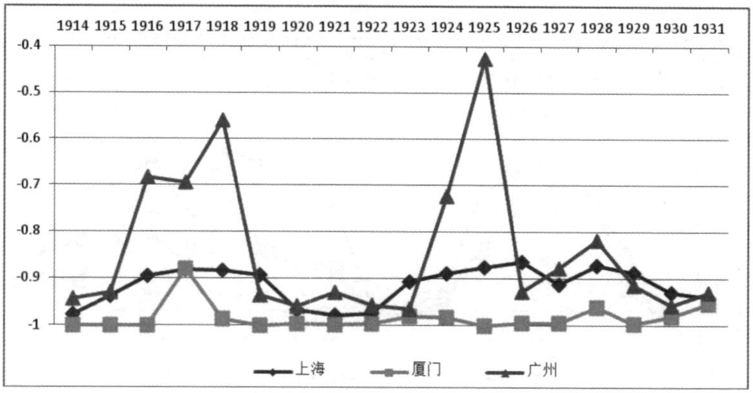

图5.7　南方三口岸的机器进出口贸易TC分析

以上各图均有一项明显的特征，即TC指数的波动性极大，比较来看，波动性最小的还要数上海，这也是其作为中国工业中心极其有力的一项证明：与其他通商口岸机器工业的竞争力进行比较，上海无疑是难以动摇的首位城市。

再单独观察上海与全国在机器进出口贸易中的TC指数对比，与图5.4中机器进出口贸易的长期增长趋势不同，TC指数呈现了极显著的波动趋势。在1917年、1926年，TC指数分别达到了波峰，1921年、1927年则是比较低落的波谷，并在1929年后进入又一个下降趋势。这种变化趋势，前者应归因于“一战”带来的影响，后者则应归结为北伐战争导致的政局动荡，以及世界性大萧条的影响。

但无论如何，上海的机器进出口贸易TC指数，是各通商口岸最优者，虽然它的最优点也仅有-0.866，但通过对图表分析可以推测，如果能够保证相对平稳的国内环境与国际市场，上海乃至全国的机器TC指数能够继续其不断上升的趋势。与上海相比，其他6个主要通商口岸的机器进出口贸易竞争力明显不足，尤其值得关注的是大连。通过进出口贸易总额与机器进出口贸易的对比，可知大连的贸易结构明显是偏向于初级产品，若要真正提高整体的TC指数，必须更加全面地改善包括机器工业在外的产业结构。

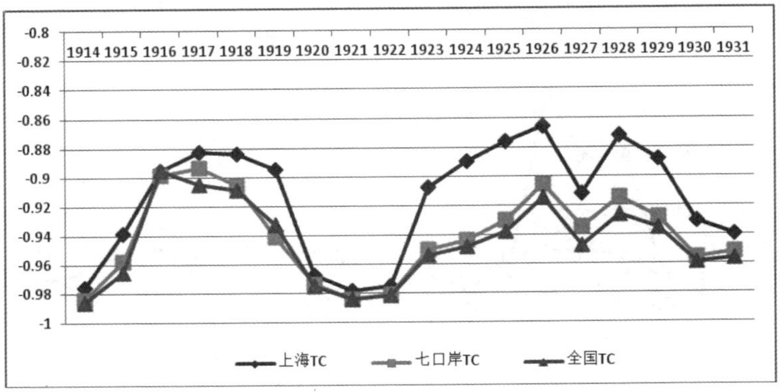

图5.8 上海与其他通商口岸机器进出口贸易竞争指数（TC）对比图

三、机器进口额反映的现代工业发展趋势

中国机器进出口贸易的绝大部分，是依赖沿海沿江大型口岸的交通贸易网络来进行的。由于商埠之间的机器贸易额缺少详实的数据，若想构建区际机器贸易联系的网络，更需要各区域具体年份原有工厂与新建工厂的机器投资额作为流量基础，故本章只对区际工业扩散做定性分析。

1.宏观方面：南北区域差异减小，东西区域差异扩大

至南宋末年，中国的宏观经济重心已转移至南方，此后南北经济差异逐步增大。至近代，这种宏观层面上的南北经济差异，逐步演变为沿

海和内陆的东西差异。这种趋势，反映在近代机器进口额方面，更是如此，即工业经济相对差距南北方逐渐缩小，东西部则日益扩大。

表5.3　1921—1930年各主要通商口岸机器进口额比例关系（%）

	大连	天津	青岛	汉口	重庆	上海	厦门	广州	其他口岸
1921年	6.99	16.86	6.30	5.21	0.18	55.20	0.14	1.33	7.97
1930年	22.63	5.64	5.96	3.43	0.61	50.18	0.52	1.60	10.18

近代机器等洋货首先通过大型口岸进口，以及机器的消耗主要集中于进口地及邻近腹地区域，这便使得工业分布呈现偏于沿海的基本格局。这样一来，工业制成品与进口商品由沿海地区输往内陆地区，初级制成品和农副产品则通过内陆地区运往沿海口岸或出口，使得内地形成经济上依附于沿海口岸城市的状态，东西部现代化水平逐步扩大。

从不同口岸每年机器进口额来看，上海作为中国近代工业中心的地位难以撼动，占据全国机器进口额的半数以上。东部沿海地区率先卷入国际市场，无论是经济总量还是总体经济的发展水平，大致呈现出自东部沿海地带向中部、西部地区递减的趋势。如西部重要的口岸城市重庆，机器进口额比例的增长趋势十分明显，十年间增长了两倍多，甚至比东南沿海的厦门所占比例还要大。但就总体比例来看，西部与东部地区差距依然呈现着扩大趋势。在东西部差距扩大的同时，大连、天津、胶州（青岛）等所在北方沿海地区工业增长明显，并分割了包括上海、厦门与广州等口岸所在的南方地区的机器进口份额，而且这种比例的变化，也使得以大连、天津为典型的北方工业中心逐步确立了在全国的地位，并直接影响到1949年之后中国的工业布局。

近代中国基于大型口岸的分布形成了沿海沿江的工业扩散通道，沿海沿江具有联通国外与辐射内陆的双重优势，仿似广大内陆与西方联系的弓箭型轴带。大型沿海沿江口岸城市，不但带动了所在区域的发展，还将影响扩展到广大乡村地区，形成了近代中国新的区域整合增长极。机器进口的区域差异，显示了中国的工业化呈现明显的口岸和内陆分离的二元格局，资源向港口流动，内陆逐渐依赖于港口的核心地位。口岸的开放是为了促进国际贸易，因此若地理位置优越，极易随着外向型经济发展而成为地区性的商贸中心，并在此基础上吸引资本与企业集聚，使用当地原材料与劳动力以进行工业制成品的生产。中国进出口总额的绝大部分都是由沿海海关完成的，其次为沿江的海关，沿边的海关相比而言就显得微不足道。此外，铁路对工业化的传导作用，通过降低运输成本增加国内地区间贸易，并通过扩大市场规模推动工业发展，从而显著地推动了国内市场的整合。正是具有这样的条件，上海、广州、天津、汉口等口岸城市，一方面可通过海运连接沿海港口，另一方面，沿海港口城市往往是重要的铁路、公路、河运的起点，借助于便利的交通区位，又可将商贸网络拓展至内地，加强了它们在区际联系的枢纽地位。

2.微观方面：大型口岸的区域经济辐射能力显著

近代中国工业发展的二元格局使口岸城市的地位至关重要，中国地域贸易联系的主要模式亦发生了改变。大型工商业口岸利用区位优势，将其经济辐射范围逐步扩展；内地通过完善外向型的市场结构，加强了与沿海乃至国际市场的联系。

以上海为例，近代上海工业中心的形成，使得内地各省进一步依附于上海。首先表现在内地为上海提供工业原材料，譬如，上海的内外棉企派出大批人员至江、浙、豫等省的广大产棉区，不但以低廉的价格收购大批原棉，而且还通过包购合同等形式达成与农户土地和劳动力的合作。其次，上海又成为向内地输入近代工业机器设备的制造与转运基地。如上海纺织机械进口商恒丰洋行，为节省运费，仅进口动力及工作机件，而配套的装置机件，悉承包给华商大隆铁工厂。这样，大隆铁工厂就为江浙等省的纺织、缫丝等企业输出了大量的配套机件。再次，上海成为生产技术与高素质劳动力的辐射源。这一时期的上海产业工人结构上，内地流动来的临时工、季节工占了较大比重，使得上海工人向内地的回流量很大，回到内地的上海工人往往成为内地工业企业的技术骨干。在某种程度上可以说，上海港与内地各城乡间形成了一种“港口—腹地”的辐射与依存关系，这从一个侧面揭示了近代工业布局密度与规模表现出等级扩散的形式，反映了区域性中心城市在近代机器工业方面的辐射地位。

四、小结

近代中国机器工业的发展，具有明显集聚于一些重要通商口岸的特征，呈现出以上海等口岸为中心的“位序—规模”特征，在通商口岸城市机器轰鸣的同时，内地的许多山区几乎不知现代工业文明为何物。本章根据近代中国机器进出口贸易数据，分析以上海为代表的大型通商口岸在中国贸易与工业体系中举足轻重的地位，彰显上海作为近代中国工业中心、商贸中心的重要地位，进而关注区域经济差异与工业发展的关系。

从机器工业产品进出口的比重来看，上海远远超出其他城市，其人口也远居首位，如1930年上海人口314万，城市首位度较高，这说明了当时经济布局的高度集中。西方现代文明进入上海后，现代化都市生活和前所未有的城市化进程使上海成为一个不断崛起的移民城市，并使华洋一体的国际化观念逐步形成，其国际化水平直观地表现于租界的设立和城市外籍人口的聚集上，并成为近代中国机器工业与机器进出口贸易的桥头堡。自由的市场要素流动与高度的开放环境，使得上海在国际化的进程中具备了强大的综合竞争力。在其他各个区域，也分别形成以广州、天津、大连、汉口等次级规模城市为核心的工业区。

就机器进出口贸易的竞争力而言，不同区域内的通商口岸表现出不同的特点，总体特征是：作为一个工业体系的近代中国机器工业，仍处于比较幼稚的阶段，但在以上海为代表的工业中心引领下，逐渐向着工业化前行，并表现为通商口岸进出口贸易结构的改善。但是，在国际贸易环境恶劣的背景下，加之关税的保护能力极小，近代中国机器工业的发展举步维艰，机器进出口贸易的竞争力也无法得到有效提升。可以断定的是，如果能够维持一定程度的良好工业环境，沿海沿江主要商埠的极化优势日益明显，在“港口—腹地”体系下会对内地各区域产生相当大的影响力；其实，近代中国机器进出口贸易反映出的工业发展格局，已经在1978年改革开放之后的经济实践中得到了充分证明，如何在继承历史惯性的同时，拓展其动态演化性，才是当前中国工业布局更应关注的问题。

第六章

近代河南进出口贸易与区域工业布局的时空分析

第一节　概述

一、研究背景

1840年鸦片战争后，中国逐步走上了现代化的道路，通商口岸的相继开放，一方面使得中国的传统政治体制逐步解体，经济的国际化进程加快，另一方面西方先进生产方式开始传入中国，并由通商口岸逐步向内地扩散，改变农业生产方式的同时，也使得新式手工业、工业、市镇、银行等相继出现，中国经济开始走向外向化并逐步融入世界经济分工之中。沿海、沿江省区依据便利的区位条件，与各通商口岸的进出口贸易频繁，带动了经济的繁荣。相比之下，河南地处中原地区，既不面海也不临江，受到西方先进生产方式的冲击及各通商口岸的经济辐射也相对滞后，从当时各口岸的海关贸易报告和贸易统计中相关资料的多少和数值的大小上，也可以感受到河南和沿海、沿江省区之间在经济发展上有很大的差距。

然而，河南经济发展迟缓，也不是绝对静止不变的。河南拥有众多的人口和丰富的物产资源，发展对外贸易的潜力十分巨大，开埠后的沿海、沿江各通商口岸，借助传统水路逐渐与河南建立起对外经贸关系。

20世纪初期，京汉铁路、道清铁路、陇海铁路相继开通，铁路与传统水运相结合构成的新式交通网络，更强化了河南与各通商口岸之间的进出口贸易联系。加上西方先进生产方式的冲击及外资企业的进驻，河南传统的手工业和采矿业发生了巨大的变化，部分手工业转向机器生产的现代工业，原本土法采煤的小煤窑也发展成为机器采煤的煤炭工业。这一时期河南相继出现了一批新式工业企业，涉及的工业门类已经比较齐全，并出现了企业集团、股份公司、中外合资企业等现代经营方式，可以说现代河南工业的布局在近代已经具有雏形。

近年来，不少学者对河南近代经济的发展进行了研究，但大多数都只停留在对近代河南产业结构中占重大比例的农业、农村手工业等的描述上，对这一时期新出现的工业企业只是稍有涉及，并且对这些新变化大多持否定态度，将其看作是半殖民地化加深的表现。也有一些学者通过实证研究，开始冷静地思考近代以来河南经济出现的新变化，但是都只是一些针对工业发展状况的初步研究。且目前从事这方面研究的多是史学家，在研究方法和理论上存在一定的局限性，对河南近代工业在地理空间上如何分布、有什么分布特征及影响工业企业分布的因素等问题的研究尚未出现。因此，本章试图借助地理学的技术手段，对近代以来河南工业企业的发展和空间分布进行研究，并在此基础上用地理学的相关理论对影响工业企业布局的因素进行初步探索。

二、研究意义

20世纪三四十年代，西方区位理论传入中国，激起了一大批中国学者的兴趣，他们开始针对当时全国或是比较发达的沿海、沿江地区的工业布局问题展开研究，并取得了一定的研究成果，而对于像河南这样的内陆地区却少有关注。鉴于此，本章试图在前人研究的基础上，将焦点聚集在河南近代工业布局上，借以抛砖引玉，希望可以引起经济学界、地理学界对近代工业布局尤其是落后地区工业布局的重视，并将地理学中的相关理论引入河南近代工业布局的研究中，以期能够对工业布局的形成原因有一个较有说服力的解释。

此外，对河南近代工业布局和影响因素的研究也有一定的实践意义。通过此研究，可以建立当代河南工业布局与近代工业布局之间的联系，完善工业发展的脉络，有助于我们认识河南工业的发展历程和历史地位。当前河南在中共中央提出的“中部崛起”经济发展战略和河南省政府“中原城市群”的构建中处于十分重要的地位。认真总结河南近代工业发展历程及布局中的经验和教训，不仅对今天河南市场经济的发展有着直接的参考价值，而且对河南产业结构调整及产业区规划都具有一定的借鉴意义。

三、研究对象与时段、资料数据来源

本章的研究对象是河南。之所以选取河南，是因为在中国近代工业的产生时期，河南工业虽然起步较晚，但是20世纪初期在西方经济侵略的影响下，河南近代工业已经破土而出，对河南近代工业的研究可以为以后研究像河南这样的中部内陆地区的工业发展提供借鉴。另外需要说明的是，河南近代重工业的类型较少，只有煤炭工业稍具规模，因此对重工业布局的研究中只选取了煤炭工业。对轻工业和煤炭工业空间分布的研究，虽不能准确反映河南近代工业布局的全貌，但已基本上能反映河南近代工业布局的概况。

本章将研究时段定在1900—1937年。20世纪初期，西方列强的经济侵略开始深入河南地区，并相继修筑了京汉、道清、汴洛铁路，河南传统经济受到了巨大的冲击；与此同时，河南近代工业开始兴起。因此，本章将对河南近代工业布局研究的开始时间定为1900年。1937年抗日战争全面爆发，打断了河南近代工业发展的正常轨迹，因此本章将研究时间截止到1937年。

本章通过各类史料数据库等搜集了大量与河南近代工业发展相关的

文献和书籍，从中整理出关于河南近代轻工业和重工业发展的历程、特点等方面的资料。本章所用的工业企业数据主要来自以下几处：

（1）民国元年至十年由农商部总务厅统计科编纂的《中华民国农商统计表》。

（2）根据民国时期河南省政府秘书处统计室编印的《河南统计月报》整理得出的《民国时期河南省统计资料》。

（3）陈真、姚洛合编的《中国近代工业史资料·第一辑·民族资本创办和经营的工业》。

（4）《申报》《中行月刊》《中国建设》《河南政治》等期刊上所载数据。

（5）《河南文史资料》所载数据。

四、研究内容、方法和技术路线

本章在以往文献资料的基础上，对河南近代工业企业的发展及数量进行了梳理，运用GIS软件清晰、直观地展现出河南近代工业的分布格局，并运用区位理论对影响其布局的因素进行分析。本章内容总体上可以分为四部分。

第一部分：基础研究。本部分由第一节、第二节和第三节构成。第一节，包括研究背景、研究意义、研究对象、研究时段、数据来源、研究内容、方法和技术路线。第二节，对工业布局的相关理论及与本章研究相关的文献进行梳理、归纳。第三节，对河南近代的交通条件进行简要的介绍。

第二部分：工业布局研究。本部分由第四节和第五节构成。第四节对1900—1937年河南轻工业的发展及分布特征分三个时间段进行了简单的叙述。第五节对1900—1937年河南重工业中煤炭工业的发展及分布特征进行了简要的介绍。

第三部分：影响因素研究。此部分由第六节构成，运用地理学中有关企业空间布局的区位理论，分析近代河南工业布局的主要影响因素。

第四部分：总结研究。此部分由第七节构成，主要是对本章的研究内容进行总结，得出结论，并指出本章研究的不足之处与今后进一步研究的方向。

研究方法方面，本章的第二、三部分是主体部分，在研究过程中主要采用以下分析方法：

（1）归纳演绎法。运用归纳法可以客观地反映出近代河南工业发展的事实，同时运用演绎法，可以在逻辑上高屋建瓴地得出一些规定性的东西，避免了史学研究中单纯史料的堆砌。

（2）横向比较和纵向比较相结合的方法。通过对同一时间段不同类型的工业企业的数量进行比较，可以了解不同类型工业发展的差异。而在时间顺序上的纵向比较，则可以更清晰直观地揭示河南近代工业的时空演变轨迹。

（3）理论与实证相结合的方法。将空间结构理论和区位理论运用到对河南近代工业企业分布特征及影响因素的分析中，可以使分析变得有理有据，更增加文章的说服力。

第二节　理论基础与文献综述

一、理论基础

1.空间结构理论

区域空间结构理论研究的是，区域内各种社会经济活动及其要素分布在空间上的组合特征及演变规律。区域空间结构理论的研究是从1826年杜能农业区位论的创立开始，直至20世纪90年代才发展成一门完善的区域经济学理论。这期间，国内外学者提出了不少与区域空间结构演变相关的理论，在此结合本章的研究对象及特点，仅对其中的极化理论和点轴系统理论的内容进行简单的介绍。

（1）空间极化理论

空间极化理论以佩鲁的增长极理论为基础，后经布代维尔、弗里德曼、缪尔达尔、赫希曼和威廉姆逊等进一步丰富和发展。佩鲁认为增长并非同时出现在所有的地方，它以不同的强度首先出现于一些增长点或增长极上，然后通过不同的渠道向外扩散，并对整个经济产生不同的影响。[①]20世纪60年代中期，布代维尔将极化空间和城镇联系起来，提出了“增长中心”的概念。他认为增长极应该包含两方面的含义：一是经济意义上的推进型主导产业部门，二是地理意义上的区位条件优越地区。

赫希曼和缪尔达尔对增长极与区域腹地的联系和互动机制进行了研究。赫希曼提出的不平衡增长理论认为，经济进步并不同时出现在每一处，它所产生的巨大推力将使经济增长围绕最初的出发点集中，在发展过程中，集中出现的必要性意味着增长在国家和区域间的不平衡性是增长本身不可避免的伴生物和条件，[②]为此，他提出了“极化效应”和“涓滴效应”的概念。缪尔达尔的“循环积累因果理论”认为，社会经济发展过程是一个动态的各种因素相互作用、互为因果、循环累积的非均衡发展过程，并强调市场机制的作用总是倾向于扩大而非缩小地区间的差距。[③]

（2）“点—轴系统”理论

“点—轴系统”理论是陆大道先生在1984年全国经济地理和国土规划学术讨论会上提出的，其在1984—2003年近20年里对该理论进行了不断的探索，现已发展成熟。“点—轴系统”中的“点”指的是各级中心地，也就是各级中心城（镇），是各类区域的集聚点，也是带动各级区

① 郭腾云、徐勇、马国霞、王志强：《区域经济空间结构理论与方法的回顾》，载《地理科学进展》2009年第1期。

②［美］艾伯特·赫希曼著，曹征海、潘照东译：《经济发展战略》，经济科学出版社1991年版。

③ Myrdal G. *Economic Theory and Underdeveloped Regions*. London：Duckworth，1957.

域发展的中心城镇。“轴”指由交通、通讯干线和能源、水源通道连接起来的“基础设施束”。

集聚和扩散是社会经济客体运动的两种倾向，“点—轴系统”理论认为，社会经济客体在空间上是以渐进式的方式进行扩散的。在生产力水平低下的农业经济时代，生产力是均匀分布的。到工业化初期阶段，随着矿产资源的开发和商品经济的发展，首先在两个资源产地或两个交通设施的交会处出现工矿居民点或城镇，并在两点之间建立交通线。随着集聚效应的作用，资源和经济设施继续向二点集中，这二点建立了若干大企业，交通线发展成为线状基础设施束，同时位于沿线的若干个点内开始出现新的集聚，交通线得到相应的延伸。照此模式发展下去，将形成第二级、第三级的发展轴线，生产力地域组织进一步完善，形成以“点—轴”为标志的空间结构系统。[①]根据对现实中经济和社会空间组织形成过程的分析，陆大道先生将“点—轴”空间结构的形成过程细分为四个阶段。

通过以上梳理，我们发现极化理论和“点—轴系统”理论二者之间有很大的相似之处，但极化理论侧重于对区域经济发展中“点”的研究，因此能够很好地解释区域经济发展过程中的不平衡问题，而“点—轴系统”理论强调的是区域总体的发展，并在各个阶段都突出了“轴”的重要性。本章所研究的河南近代工业，初期也是零散地分布在几个城镇内，随着工业的发展，逐渐向交通线路附近的县域内集聚，并呈现出向外扩散的趋势。这两个理论为分析河南近代工业布局的时空演变特征提供了依据。

2.区位理论

（1）国外区位理论研究的历史脉络

区位理论研究的是人类生产活动空间分布和空间选择的规律。20世

---

① 陆大道：《关于“点—轴”空间结构系统的形成机理分析》，载《地理科学》2002年第1期。

纪初德国著名经济学家韦伯（Weber）的《工业区位论》一书，最早系统地探讨了工业企业区位选择的规律。他将决定工业分布在特定地点的因素称之为区位因素，并侧重于分析运输成本、劳动力成本和集聚这三个经济因素对工业区位的影响，这便形成了他的三个基本理论：运费指向论、劳动费指向论和集聚指向论。[①]韦伯开创了工业区位论研究的新领域，但是其工业区位理论只考虑了一些影响区位选择的经济因素，脱离了社会文化、制度、历史等因素的影响，其理论研究还需要进一步拓展。[②]

到了20世纪三四十年代，瑞典经济学家俄林（Ohlin）从区域的角度分析了如何依据区域优势来选择产业和部门。[③]德国经济学家勒施（Losch）针对韦伯的静态工业布局模式，提出空间区位分布的动态模式，形成了与以往不同的市场区位理论。20世纪中期，以艾萨德（Isard）为代表的现代区位理论逐步兴起，该理论认为古典区位理论“最大利润原则”的实现同自然环境、产品成本、区域间工资水平和价格水平的变化等因素均有关系，合理的区位选择与产业布局应该是由多种因素决定的。[④]

20世纪60年代后，行为科学的发展出现了区位理论研究的行为学派，如格林哈特（Greenhut）强调了区位选择中个人因素的重要性。他认为每个人的行为不可能千篇一律，因此，区位因素不仅应该包括成本因素、需求因素等，还应该包括个人成本因素和个人收益因素等。[⑤]60年代以企业行为为主的区位理论研究发展成“企业地理学”，伍德（Wood）认

---

① 邱慧芳：《从韦伯的工业区位论看企业跨国投资的动机及地点选择》，载《经济师》2002年第7期。

② 江淑文：《阿尔弗雷德·韦伯的工业区位理论述评》，载《台声·新视角》2005年第1期。

③ 杨吾扬：《区位论与产业、城市和区域规划》，载《经济地理》1988年第1期。

④ Isard, W. *Location and Space Economy: A General Theory Relating to Industrial Location, Market Areas, Land Use, Trade and Urban Structure*. New York: The MIT Press, 1956.

⑤ Greenhut, M.L. *Spatial Microeconomics: Theoretical Underpinnings and Applications*. UK: Edward Elgar Publishing Limited, 1995.

为它主要是研究个别企业所形成的空间结构及企业的区位选择。[①]总之，行为区位理论在考虑外部因素的基础上又加入了内部因素，打破了新古典区位理论注重外部因素的局限。

20世纪70年代，以结构主义为主的区位理论开始重视社会因素和结构或体系因素在区位选择中的作用，如结构主义区位理论的典型代表梅西（Massey），她认为空间作用离不开社会作用，根本不存在纯空间动因、空间规律和空间相互作用。[②]

80年代以柔性生产方式为核心的区位理论强调生产方式的转变对区位选择变化的影响，其有两个理论基础：一是产品周期理论，弗农（Vernon）、梅尔起克（Melciki）认为不同的产品周期阶段具有不同的区位特征；二是柔性专业化理论，它表明柔性专业化企业，为了降低不确定性和风险，重视小规模企业间的相互合作，如高新技术企业在区位选择时，"区域创新环境"是重要的区位因素。[③]此外，萨克森尼安（Saxenian）也强调企业文化及区域文化对区位选择的影响。[④]

20世纪90年代以非完全竞争市场结构为主的区位理论重视空间集中和集群等因素对区位选择的影响。总之，区位理论越来越重视体系或整体分析，尤其是更加重视"非经济因素"在区位理论中的作用，例如波特（Porter）的钻石模型和库克（Cooke）的区域创新体系理论等。

此外，从20世纪80年代末期特别是20世纪90年代以来，西方经济地理学研究的领域和视角走向了多样化和复杂化，概括起来主要有制度转向、文化转向、关系转向、尺度转向[⑤]。经济地理学的"制度转向"主

---

① Wood, P.A. Behavioral Approaches to Industrial Location Studies. in Lever F W .*Industrial Changes in the United Kingdom*. Croom Heim, 1987.

② Massey, D. *Industrial Location Theory Reconsidered*.Open University. Milton Keynes, 1977.

③ Krihs. *Industrial Agglomeration and Regional Clusters in Korea*.Seoul: Krihs, 2001.

④ Saxenian, A. *Regional Advantage: Culture and Competition in Silicon Valley and Route 128*. Harvard University Press, 1996.

⑤ 苗长虹：《变革中的西方经济地理学：制度、文化、关系与尺度转向》，载《人文地理》2004年第4期。

要是要弄清楚各种制度在塑造资本主义空间经济过程中的作用。[①]倡导"文化转向"的经济地理学家认为，经济生活不仅是经济的，更是社会和文化的，经济过程也同样是一个社会文化过程。在经济地理学"制度转向"和"文化转向"的过程中，交织于多种地理尺度上的经济变化过程中的行为者的"社会—空间"关系日益成为研究的焦点和核心。[②]

（2）国内区位理论的相关研究

我国对区位理论的研究是从20世纪50年代开始的，主要是以介绍和评述西方区位论为主，如王守安最早较为系统地介绍和评述了西方的区位理论；陈振汉和厉以宁，他们从经济学的角度对工业区位论的相关理论进行了评述。[③]此外，值得一提的是，一些中国学者在对西方区位理论进行介绍和评述的时候，也开始结合中国的实际对理论进行拓展，如陆大道、杨吾扬、任美锷等。其中，任美锷在系统阐释韦伯工业区位论的基础上，结合中国实际，考虑了历史因素、科技进步、政治因素等非经济因素对工业区位选择的影响。他认为某种工业在某一地区的悠久发展历史会直接影响该工业区位选择的稳定性及新工业是否选址该地。并且他极其强调政策环境对工业区位的影响，尤其是在改变落后区域工业发展的区位条件上，政府的调控政策作用更大。[④]

通过对国外、国内区位理论发展的梳理，我们看出，区位理论是在不断发展和完善的，对影响工业选择的因素分析已经不再仅仅着眼于传统的成本和市场等区位因素，开始侧重于整体和体系分析，尤其是对创新、制度、文化、政府决策行为及历史等诸种非经济因素的考虑。这为本章分析河南近代工业布局的影响因素提供了参考和依据。

---

① 苗长虹、樊杰、张文忠：《西方经济地理学区域研究的新视角——论"新区域主义"的兴起》，载《经济地理》2002年第6期。

② 苗长虹：《变革中的西方经济地理学：制度、文化、关系与尺度转向》，载《人文地理》2004年第4期。

③ 张文忠、刘继生：《关于区位论发展的探讨》，载《人文地理》1992年第3期。

④ 吴传清：《论任美锷关于韦伯工业区位理论的研究》，载《中南财经政法大学学报》2007年第4期。

二、研究文献综述

一直以来，关于近代工业布局及其影响因素的研究都没有受到学者们的重视，因而关于这方面的研究成果并不多见，河南近代工业布局的问题更是少有研究。现将与近代工业发展和布局及其影响因素有关的文献梳理如下，希望能在此基础上形成本章的研究思路。

1.近代工业发展与布局的研究

（1）涉及全国近代工业发展与布局的研究成果

早在民国时期，我国工业的发展与布局等问题就受到了不少学者的关注，但是至今为止关于这方面的专门论著和深入研究并不多。中华人民共和国成立以前，在这方面有专门论著的主要有地理学家胡焕庸先生和经济学家严中平先生。前者对民国时期中国的棉纺织业、煤、铁的地理分布状况作了比较全面的介绍[①]，后者则主要关注近代中国典型的棉纺织业，对其空间分布及变化进行了精到的论析[②]。

中华人民共和国成立后，也有一些学者对工业布局进行了专题研究，如葛绥对抗战前中国各工业部门的布局及其发展演变进行了论述[③]。最值得一提的是许绍李，他对中华人民共和国成立前工业地理分布的描述和解释颇具代表性，他认为中国工业在地区分布上是极不合理和平衡的，而造成这种现象的原因是由当时社会的生产方式决定的。[④]许绍李的这些观点和看法，对以后学者的研究产生了很大的影响，如20世纪90年代著名工业地理学家陆大道在其所著中论及了中国近代工业布局的情况，他对近代中国工业布局不平衡和不合理的解释沿用的仍然是许绍李的观点。[⑤]此外还有刘再兴，他论述了旧中国工业地区分布变化的四个历

① 胡焕庸编著：《经济地理》，正中书局1948年版。

② 严中平：《中国棉纺织史稿》，科学出版社1955年版。

③ 葛绥：《中国经济地理》，中华书局1950年版。

④ 许绍李编写：《谈谈我国工业的地区分布》，上海人民出版社1956年版。

⑤ 陆大道：《中国工业布局的理论与实践》，科学出版社1990年版。

史阶段，并对工业分布的基本特征进行了归纳。[①]

除以上著作外，20世纪90年代后还出现了一些针对中国近代工业发展与布局的文章，其中研究比较全面的主要有谢放、戴鞍钢、陈宏明、袁为鹏等。谢放主要对抗战前中国工业的布局情况进行了考察，认为中国工业的分布存在明显的地域差异，即主要集中在沿海沿江的少数大城市内，但是不同地区之间也存在某些相似的部门特点。[②]戴鞍钢、阎建宁初步勾勒出鸦片战争后至中华人民共和国成立前，中国近代工业在地理空间分布上由沿海向内地扩散的趋势上，并揭示了这种变化对中国近代城市化格局的影响。[③]陈宏明阐述了1861—1927年这六十余年中国近代工业的发展历程，在此基础上得出了中国近代工业分布的四个特征。[④]袁为鹏以煤炭、钢铁、纺织业为对象，勾画出了近代中国工业布局在时间上和空间上的演变轨迹。[⑤]

除此之外，还有一些专门针对某一工业进行的专题研究，其中对纺织业的研究最多。如汪圣云、张东刚等人分别对近代中国纺织工业的兴起和发展过程中的技术进步进行了研究。[⑥]向玉成对晚清时期军事工业的地理分布及变化情况进行了研究，并以江南制造局的选址问题为个案，揭示了晚清当局对军事工业布局认识的变化及工业区位调整的艰难。[⑦]

---

① 刘再兴：《中国工业布局学》，中国人民大学出版社1981年版。

② 谢放：《抗战前中国城市工业布局的初步考察》，载《中国经济史研究》1998年第3期。

③ 戴鞍钢、阎建宁：《中国近代工业地理分布、变化及其影响》，载《中国历史地理论丛》2000年第1期。

④ 陈宏明：《中国近代工业的地理分布及其影响（1861—1927）》，载《经济研究导刊》2013年第15期。

⑤ 袁为鹏：《集聚与扩散：中国近代工业布局》，上海财经大学出版社2007年版。

⑥ 汪圣云：《论中国近代纺织工业的兴起及其历史作用》，载《武汉科技学院学报》2000年第2期；张东刚、李东生：《近代中国民族棉纺织工业技术进步研究》，载《经济评论》2007年第6期。

⑦ 向玉成：《中国近代军事工业布局的发展变化述论》，载《四川师范大学学报（社会科学版）》1997年第2期；向玉成：《江南制造局的选址问题与迁厂风波》，载《乐山师专学报（社会科学版）》1997年第4期。

（2）关于河南近代工业发展的研究成果

关于河南近代工业布局的专门研究尚不多见，但是针对近代以来河南工业发展的研究成果不少。如刘世永和解学东在其论著中对河南近代工业的兴起、发展和特点进行了总结。[①]黄正林、张艳等对河南近代工业发展的研究更加详细，并对比了北京政府和南京国民政府两个时期工业的发展。[②]

一些学者针对近代河南工业的一系列变化，提出了河南外向型经济的说法，并从此角度展开了一系列的研究，如吴俊范、樊如森等。吴俊范主要论述了近代以后中原地区借助于传统水路和现代铁路，与各通商口岸之间建立了密切的经贸联系，从而带动了外贸型的工业和手工业的发展。[③]樊如森以天津港商品进出口结构的变化为主视角，反映了其腹地商品化程度。[④]在其另一文中，又从国内政治经济网络及市场经济体系转变的角度入手，分析了近代华北地区产业结构调整的过程。[⑤]

辛亥革命以后，民族实业迅速发展。一些学者对此进行了相关研究。如陈轲对北京政府时期豫北民族实业的数量和规模进行了概括，并总结了豫北地区民族实业发展的较为鲜明的四个区域特色。[⑥]黄正林对北京政府时期河南出现的工矿业种类及经营方式进行了论述，认为现代河南工业布局在这一时期已有雏形。[⑦]对河南近代工业布局进行研究的主要是解学东，他对民国时期河南工业发展的特点及其在地区分布上的不平

---

① 刘世永、解学东：《河南近代经济》，河南大学出版社1988年版。

② 黄正林、张艳、宿志刚：《近代河南经济史（下）》，河南大学出版社2012年版。

③ 吴俊范：《近代中原外向型经济的发展及其影响》，载《中国历史地理论丛》2006年第1期。

④ 樊如森：《论近代中国北方外向型经济的兴起》，载《史学月刊》2003年第6期。

⑤ 樊如森：《近代华北经济地理格局的演变》，载《史学月刊》2010年第9期。

⑥ 陈轲：《近代北京政府时期豫北民族实业的区域特色》，载《天中学刊》2005年第4期。

⑦ 黄正林：《承前启后：北洋政府时期河南经济的新变化——以农业、工业与市镇经济为中心》，载《陕西师范大学学报（哲学社会科学版）》2013年第3期。

衡进行了论述。[①]

针对河南近代某一或某些工业进行的专题研究也有不少，如黄天弘研究了外资企业——英国福公司在焦作及豫北地区新建的许多新式工矿企业，以及豫北人民在反对福公司的斗争中出现的近代意义上的民族煤矿企业。[②]周晓雷论述了河南近代纺织工业兴起的背景，并对三大纱厂的创建过程和发展概况进行了详细的介绍。[③]马义平论述了铁路修筑后豫北地区煤矿业和鸡蛋加工、机制面粉等轻工业的发展情况。[④]

此外还有一些学者针对河南某一区域工业的发展进行了研究。如李俊娜对安阳近代工业中的煤炭、纺织和食品加工业的发展进行了研究。[⑤]徐有礼论述了京汉、陇海铁路在郑州交会后，郑州棉纺织业、打包业、机械等工业的发展概况。[⑥]衡芳珍研究了英国福公司在焦作产煤后，焦作近代工矿业的发展概况。[⑦]毛勇则以新乡为研究对象，研究了道清、京汉铁路修通后，新乡制蛋、面粉等工业的发展情况。[⑧]

2.影响因素研究

这里首先要提到的就是20世纪五六十年代在海外中国学研究界最有力的研究模式，即费正清的“冲击—反应”研究模式。该模式认为，近代中国的一系列变化皆是对西方先进的政治、经济、文化、军事等冲击

① 解学东：《试论民国时期河南工业经营发展的特点》，载《史学月刊》1992年第1期；解学东：《试析民国时期的河南工业》，载《河南大学学报（社会科学版）》1992年第3期。

② 黄天弘：《英国福公司对豫北近代经济的影响》，载《郑州轻工业学院学报（社会科学版）》2006年第1期。

③ 周晓雷：《近代河南纺织工业的发展历程及其影响因素（1901—1937）》，郑州大学2015年硕士学位论文。

④ 马义平：《铁路与1912~1937年间的豫北工矿业发展》，载《史学月刊》2010年第4期。

⑤ 李俊娜：《近代安阳工商业发展与社会生活变迁研究（1903—1937）》，郑州大学2014年硕士学位论文。

⑥ 徐有礼：《探寻郑州近代工业的历史轨迹》，载《黄河科技大学学报》2013年第5期。

⑦ 衡芳珍：《焦作近代工矿业与焦作的早期现代化》，载《焦作师范高等专科学校学报》2010年第4期。

⑧ 毛勇：《铁路与新乡城市的兴起（1905—1937）》，郑州大学2010年硕士学位论文。

的反应。[①]很多学者在研究近代中国工业发展和变化的原因时都受此模式的影响，如梁若冰、彭南生、方书生和吴松弟等。[②]另外，很多研究近代河南经济的学者也受到费正清模式的影响，如上文所述黄天弘、马义平、衡芳珍等人研究了外资企业——英国福公司对焦作及豫北地区近代经济的影响，认为福公司在这些地区建厂开矿、修建铁路、掠夺矿产资源的同时，也促进了许多新式工矿企业的形成，同时豫北人民与福公司之间激烈的斗争极大地刺激了民族企业的发展，特别是工矿企业的发展。徐有礼、朱兰兰研究了英美烟公司对河南烟草的种植及河南卷烟工业的产生和发展所起的作用。[③]熊亚平、尚姗姗等论述了华北铁路网的形成对豫北地区煤矿业和轻工业发展的影响。[④]

当然，也有学者突破了这一模式，开始从现代化的视角研究近代经济。随着认识的加深和理论的完善，对近代工业发生变化的原因分析已不再仅仅局限于某一个因素或是单纯的经济因素的影响上，而是开始思考制度、政策和社会等非经济因素。如张健民着重论述了帝国主义的侵略策略、封建特权阶层和家长制作风及风水等非经济因素对近代工业生产布局的作用。[⑤]

在关于河南工业发展的影响因素分析中，葛健主要论述了民国初年

① 张镭：《中国现代化进程中的经济变迁与秩序生成——近代以后中国二元社会秩序生成的考察》，载《学术研究》2008年第3期。

② 梁若冰：《口岸、铁路与中国近代工业化》，载《经济研究》2015年第4期；彭南生：《中国早期工业化进程中的二元模式——以近代民族棉纺织业为例》，载《史学月刊》2001年第1期；方书生：《口岸贸易与经济地理：怎样理解近代中国经济》，载《安徽史学》2013年第4期；吴松弟：《中国近代经济地理格局形成的机制与表现》，载《史学月刊》2009年第8期。

③ 徐有礼、朱兰兰：《“五卅”前后英美烟公司在河南的活动及影响》，载《商丘师范学院学报》2004年第3期。

④ 熊亚平：《铁路与华北内陆地区市镇形态的演变（1905—1937）》，载《中国历史地理论丛》2007年第1期；尚姗姗：《京汉铁路与沿线河南经济变迁（1905—1937）》，华中师范大学2008年硕士学位论文。

⑤ 张健民：《近代生产布局中非经济因素的作用》，载《山西师大学报（社会科学版）》1987年第2期。

政府的棉纺织业优先发展政策对棉纺织业的发展和工业化道路的促进作用。[①]王志军主要论述了便利的交通、丰富的物产和矿产资源、发达的城镇体系及子口税对贸易的助推作用这四个因素对河南近代经济发展的影响。[②]在河南近代工业发展的过程中，一些绅商和实业家也发挥了巨大的作用，如黄天弘、马义平等揭示了河南绅商阶层在反对英国福公司，收回权利运动，以及兴办近代新式工矿企业中扮演的重要角色，并认为他们为新生产方式的产生和社会观念的转变做出了贡献。[③]郑永福、王玉强介绍了王锡彤由理学家转变为实业家的经历，其目的是说明在浓重的理学氛围下，中原地区近代化的过程十分艰难，并论述了在现代化建设中观念转变的重要性。[④]

关于近代工业发展的影响因素，进行比较全面分析的主要有袁为鹏和陈轲。其中，袁为鹏在对近代工业布局考察的基础上，深入探讨了影响工业布局的资源、交通、人文自然和社会经济因素，对中国近代工业布局演变中的区位因素、时空特征进行了总结，并以盛宣怀试办湖北矿业失败为个案，透视了影响区位选择的各种因素。[⑤]而陈轲则针对河南近代工业最发达的豫北地区在全国范围内其工业发展水平仍然十分落后的现象，从豫北地区的自然禀赋、人文生态、经济环境和社会政治环境这四个方面入手，对豫北近代工业的投资环境进行了全面、系统的剖析，同时以民族企业卫辉华新纱厂和外资企业英国福公司为个案，分析了豫

---

① 葛健：《论民国初年政府的棉纺织业优先发展政策》，载《山东教育学院学报》2006年第5期。

② 王志军：《近代河南成为通商口岸经济腹地研究》，载《前沿》2010年第9期。

③ 黄天弘：《为求民族资本主义独立发展的河南绅商》，载《安阳工学院学报》2005年第1期；马义平：《近代外企与当地商民关系演变述论——以清末民初豫北的福公司为例》，载《新乡学院学报（社会科学版）》2009年第1期。

④ 郑永福、王玉强：《从理学家到著名实业家的王锡彤——一个近代中原士绅的嬗变追踪》，载《郑州大学学报（哲学社会科学版）》2003年第2期。

⑤ 袁为鹏：《影响中国近代工业布局之主要因素》，载《中国社会科学院院报》2006年第2期；袁为鹏：《中国近代工矿业区位选择的个案透视——盛宣怀试办湖北矿业失败原因再探讨》，载《中国经济史研究》2002年第4期。

北近代工业投资环境对这两种资本影响的差异性，并在此基础上探究影响豫北乃至河南近代工业发展与落后的深层次原因。①

3.现有研究的述评

综上所述，关于近代工业发展与布局的研究，无论是在全国范围内还是河南境内，都取得了一定的成就，并且研究内容涉及工业整体、某一工业、某一区域这三个层次，可以说十分全面，这些无疑为进一步深入探讨奠定了基础。但是不可否认，仍然存在一些不足之处。

（1）从近代工业布局的研究来看，成果并不多，现有的研究也多是从全国尺度上进行分析，缺乏对省级尺度上的微观分析，并且这些研究多是依靠工业史来进行论述，缺乏对典型企业布局情况的个案分析，因此分析难以透彻。

（2）对河南近代工业布局的研究几乎没有，关于近代河南工业发展的研究倒是取得了可观的成果。但是我们仍然可以看到这些成果背后存在着明显的不足之处。从研究内容上看，对工业的研究仍然停留在典型工业层面上，缺乏全面、有深度的研究。在研究思路上也多遵循固定的模式，缺乏创新。

（3）在工业布局的影响因素方面，以往的分析过于简单，只是对若干因素如原料、市场进行简单的罗列，忽略了不同时期各种因素的变化对工业企业区位的影响。另外，政治、文化、自然地理环境等因素对工业布局的影响常常被忽略。

（4）从研究方法来看，过于单一，缺少理论支撑。现有的研究多是对经济史料的罗列和堆砌，对经济现象也是简单的描绘和阐述。如果只停留在这个层面是远远不够的，还需要进行哲理的思辨和深层的分析。但是基础理论的匮乏，使得研究者在面对一堆资料时看不出问题，更加看不透问题。

---

① 陈轲：《二十世纪前期豫北近代工业投资环境研究（1900—1936）》，华中师范大学2006年硕士学位论文。

由此看来，河南近代工业的研究还有很多值得探讨和深化的地方。具体而言，在研究内容上应该对近代以来工业发展的现象和特征进行全面、深入的研究，努力拿出创造性的成果。在对影响因素的分析中要注意分析非经济因素的影响，另外对影响因素的分析不应该一概而论，而应该分时间段、分工业类型来进行分析。针对理论问题这个软肋，应该注重学科交叉，引入经济学、社会学、地理学等学科的相关理论。

第三节　近代河南的交通条件

20世纪初期，河南交通运输条件发生了重大改变，尤其是铁路、公路等新式交通的发展，为河南经济发展注入了新的活力。新式交通与传统水运相结合，一起构成了河南复杂的交通网络。铁路、公路沿线也逐渐兴起了许多新型的市镇，它们发展成新的区域经济核心，随之而来的是河南近代工矿业的发展、商品市场的扩大、贸易范围的扩展等一系列的变化。此外，借助这些交通网，河南与各大通商口岸之间的经济贸易更加频繁，极大地促进了河南工矿业的发展。可以说，在促成近代河南工矿业发展的一系列相关因素中，交通的作用无疑是最为重要的。近代河南的几种交通方式如下分析：

河道航运是中国传统运输方式之一，河南境内有众多的河流，并且都有较强的通航能力。黄河、淮河两大水系横贯河南东西，豫西南地区有唐河、白河向南流入汉江，豫北地区有卫河北流与南运河相通，豫东南地区有沙河、颍河等汇入淮河，这样就在河南形成了一个四通八达的水运网络。民国以来，由于陆路、铁路交通日渐发达及河道淤塞，水运逐渐退居次要地位，但在近代，水运仍然发挥着重要的作用。

卫河水系，在明清时期就是豫北地区的重要交通路线。进入近代以后，卫河水运功能仍不下于明清时期。自新乡始，沿卫河至道口，东到临清，以达天津。[①]除此之外，其支流也是卫河水运的重要组成部分，如洹水为安阳境内最大的河流，沿其下游至内黄县界入卫河，南至楚旺道口，北达天津。[②]道清铁路最西站的柏山站，可通过丹河入沁水，再直达黄河，此河段甚至可以“与道清铁路相竞争”。

豫中地区的黄河水系进入近代以后，能够通航的主要为两段：第一段是“由潼关到陕州的二百里最重要”；第二段是“自开封至山东津浦路之泺口七百余里间”。[③]

豫中南的贾鲁河进入近代以后，可以通航的主要是周家口以下河段。周家口以下“帆船可……经沙河、淮河、洪泽湖、运河而至长江口岸之镇江”[④]。淮河在进入近代以后，航运条件大不如前，主要可以通航的河流，淮北如洪河、汝河，洪河一道可连接新蔡和西平；淮南为潢河、竹竿河等。

豫西南的唐白河水系，与下游的湖北联系极为紧密。沿唐河、白河进入汉水，可以到达老河口，再转船可达荆紫关，再转陆道可达西安；另外还可沿唐河至赊旗镇，再转陆道经河南以至西安。

以上是近代以来河南主要的通航河段，据记载，整个民国时期“全省曾有通航河道15条，总长2500公里”[⑤]，其长度不亚于其他各类运输方式，在河南对外联系中起着相当积极的作用。

晚清时期铁路开始兴起，河南先后兴建了三条铁路。第一条是从北京至汉口的京汉铁路，于1905年通车，纵贯河南全境；第二条是从道口（今滑县）至清化（今博爱县）的道清铁路，于1907年通车，横贯豫北；

---

① 邮传部编：《交通官报》庚戌年第26期《道清铁路站商务情形一览表·新乡老站》。

②方策、王幼侨修，裴希度、董作宾纂：《续安阳县志》卷六《交通志·航运》，北平文岚簃古宋印书局1933年版。

③ 盛叙功编译，刘虎如校订：《交通地理》，商务印书馆1931年版，第141、142页。

④ 中华续行委办会调查特委会编，蔡咏春等译：《1901—1920年中国基督教调查资料》，中国社会科学出版社1987年版，第238页。

⑤ 河南省地方史志编纂委员会编纂：《河南省志》（第38卷），河南人民出版社1991年版，第1页。

第三条是从开封到洛阳的汴洛铁路，于1909年通车。1913年汴洛铁路并入陇海铁路，京汉、陇海两大铁路交会于郑县，这样在近代河南境内就形成了一个大十字的铁路交通格局。

晚清时期河南的陆路交通已经很发达，主要是以开封、洛阳、怀庆府（今沁阳）为中心向外展开的三大贸易交通网。以开封为中心的四通八达的公路，将河南与京师、湖北、江南、陕西、山西连成一体，徽商、晋商、陕商也借此进入河南，辗转全国。洛阳作为河南的重要城市，公路也较为发达。从洛阳可至南阳通秦岭，亦可至京师、太原。沁阳可以通过开封、南阳等地与江南、湖北连接。

主要的汽车路线有商丘至安徽亳州的商亳汽车路、安阳至楚旺的安楚汽车路、开封至周家口的开周汽车路、淮阳至漯河镇的淮漯汽车路、信阳至固始的信固汽车路、武安至直隶邯郸的武邯汽车路、驻马店至唐河的驻唐汽车路等。

综上，通过对近代河南主要的水运航线、铁路、陆路、汽车路线的梳理，我们可以看出，此时河南交通条件相对比较完善，各类型交通线路之间紧密的衔接，构成了近代河南交通网络的基本框架，将原料产地、产地市场、中级市场与消费市场紧密联系在一起，拓展了河南省外部市场的空间，为河南对外贸易和商品流通奠定了基础。便利的交通与自然环境、资源条件及经济基础等因素相结合，有力地促进了近代河南工矿业的萌芽和壮大，使河南呈现出一幅全新的经济发展图景。

第四节　河南近代轻工业布局概述

清末中外关系发生重大改变，西方工业国家及日本的对华贸易模式由商品输出为主转变为资本输出为主，加之西方国家的第二次科技革命，使得中国在国际产业分工中的地位变得更加不利，中国工业资本只能投入到以农产品加工为核心的棉纺织、缫丝等这些易于抢占市场、成本较低的轻工业部门。河南地处内陆腹地，经济落后，这一特征就表现得更为明显。在清末“新政”的提倡下，河南先后出现了各种面向日常生活消费的轻工业，河南近代轻工业至此开始发展起来。我们将研究时段划分为1900—1911年、1912—1927年、1928—1937年这三个时间段，以便更好地反映河南近代轻工业企业的发展变化，最终探讨出轻工业布局的时空演变特征。

一、1900—1911年河南轻工业的发展及分布

1.1900—1911年河南轻工业的发展概况

这一时期属于清末，河南出现很多类型的轻工业企业，如纺织业、面粉业、油料加工业、制瓷业、火柴业等。这些类型的企业资本规模小，技术和设备相对简单，回收资本周期短，因而成为当时河南产业结构中数量最多的工业企业。

各类工业企业中发展最好的当属纺织业，因为纺纱、土布和山绸织造均是河南传统的手工业。清末受“新政”的推动，部分绅商着手引进机器设备代替人工。就纺纱而言，当时最有成效、规模最大的当属马吉森等在安阳创办的广益纱厂。该厂拟招集股本50万两，自英国订购纺纱机械和辅助设备，以安阳、武安（今属河北）及磁州（今河北磁县）、邯郸等棉花产地作为原料基地，利用道清、京广铁路和运河等便利交通条件，立足豫、直两省售纱获利。①据1910年《申报》报道，广益纱厂“股本数十万，是当时河南各公司中规模最大的企业，年前出纱，较之舶来品高出数十倍”②。广益纱厂的成功，鼓舞了河南省内绅商创办实业的热情，各种纱厂、织布厂先后设立。

①天津《大公报》，1906年2月28日、3月2日、3月4日。

②上海《申报》，1910年5月14日。

面粉、榨油等工业也开始出现。面粉是民生日用的必需品，豫北土厚水深，产麦之地遍布，不少官绅在“实业”之风带动下，在开封、洛阳、安阳等城市先后开办面粉加工企业。1910年，汉口金龙面粉公司代表叶庸君与河南绅商陈海明在开封联合设立合丰汽面公司，该公司自汉口购置加工设备，全机器生产，是河南第一家由省外商人主持建立的面粉加工企业。1910年6月，道员徐积勋、候选知府谭士祯等在彰德（今安阳）设立广恒机器面粉有限公司，招股15万元。①随后省内其他地区也先后开办了面粉加工业。

河南同样也盛产芝麻、花生、黄豆等油料作物，但大多都是由周家口（今周口）直接运销省外售卖，省内并无加工企业。周家口商人丁殿邦等分析了周家口镇的原料和交通优势后，在此设立启新榨油有限公司，拟集股本10万两，用机器榨油，1905年该公司正式成立。②除这些产业外，其他产业也相继出现了以机器制造代替手工的尝试。

火柴制造业虽然很早就被省内实业界所关注，但由于融资困难，始终未取得很大的成绩。1905年，开封率先设立耀华火柴厂，资本2万元。③光山留学生陈世壮回国后，发现火柴制造业有很好的经营前景，也开始经营此方面，并在新集店设立公司开工制造。④禹州钧瓷久负盛名，因而成为官方出资大力发展的主要工业领域之一。1904年底，由地方官筹办，河南商务农工总局总办胡翔林主持，以官商合资的方式设立禹州瓷业公司，招集官商股本5万两。⑤

除了这些居民日常生活消费的轻工业外，这一时期，也出现了一些与城市公用事业相关的工业，如自来水厂和电灯公司。当时开封作为省内首善地区，城市公用事业发展最为集中，投资规模最大。辛亥

①开封《河南官报》，宣统二年（1910）第46期。

②天津《大公报》，1906年2月6日。

③阮湘等编辑：《中国年鉴》（第一回），商务印书馆1924年版，第1522页。

④汉口《汉江日报》，光绪三十四年（1908）五月十五日。

⑤天津《大公报》，1905年2月24日。

革命前河南有5家照明企业，全部集中在开封。当时河南开办最早的照明企业，是光绪三十四年（1908）设立的开封电灯官局，之后绅商穆杏憔创办河南昌明电灯股份有限公司，以招股形式筹集资本10万元。1910年，祥符县自治筹办事务所绅商集体在开封南关外设立光豫电灯公司，由前吏部主事王德茂主持，集股6万元。1910年，普临电灯公司也在开封南关兴工。此后一些官员看到河南公用事业必可获利的一面，也开始插手开封照明事业的兴办，设立豫华电灯公司。[①]开封城内官私电灯公司的相继开办，极大地改善了当地的照明条件，相国寺等传统娱乐场所的经营时间和规模大为改善，商业发展的空间和条件也今非昔比。

除照明事业外，开封也是河南最早设立自来水公司的城市。1907年，汪姓富商赴天津和上海考察设厂装机办法，购买机器、龙头等设备，后在开封建立了自来水厂。[②]次年，普利自来水公司成立。自来水和照明等城市公用事业的发展，逐渐使开封具备了向近代城市转变的物质条件。

综上所述，河南在这一时期，出现了多种轻工业企业。据统计，从甲午中日战争后到辛亥革命前，河南已经有纺纱、制蛋、面粉等工业企业24家左右。

2. 1900—1911年河南轻工业的发展特点

通过上一小节的介绍，我们可以发现，这一时期河南轻工业主要有以下几个特点：

（1）河南轻工业起步较晚，自1902年才开始出现，是在民族危机不断上升和各界官绅要求振兴实业的大背景下发展起来的。

（2）在河南轻工业发展的初期，官方发挥了主导性作用。这一时期的工业企业，创办者多为官员或有功名的绅士，两者相互援引，成为晚

①开封《河南官报》，宣统二年（1910）第28期。
②《东方杂志》1907年第4卷第1期，第29页“商务”。

清河南实业家的主流。虽然商办企业数量居多，但由于必须依赖官方保护，引官员入股，事实上多为官商合办或官督商办的形式，纯属商人创办的企业几乎没有。

（3）这一时期出现的多是一些基于河南当地物产发展起来的满足日常生活消费的轻工业。这一时期具体设立的各类工业企业的数量如表6.1所示：

表6.1　1900—1911年河南新设轻工业企业类型及数量

工业类型	数量（家）	工业类型	数量（家）
纺织业	6	造纸业	1
制蛋业	4	皮革业	1
面粉业	4	水业	1
榨油业	2	电业	1
火柴业	2	其他	1
制瓷业	1	总计	24

注：此表数据依据附录“1900—1937年河南设立的轻工业企业简况”整理计算得出。

从表6.1可以看出，1900—1911河南设立了24家规模较大的轻工业企业。大致可以分为11类，其中纺织业（包括织布、纺纱、丝绸织造）、制蛋业、面粉业、榨油业这四类就有16家，占66.7%，而制瓷、造纸、皮革、自来水和电灯都只有1家。由此可见，这一时期发展较好的轻工业多是基于河南当地物产发展起来的。

3. 1911年河南轻工业企业的分布

这一时期是河南轻工业的起步阶段，工业企业数量较少。截止到1911年，河南有16个县设立了轻工业企业，其中开封和安阳县内的轻工业企业数量最多，有5家，其他各县都仅仅有1家，因此分布较为零散，但并不是毫无规律。整体来看，这些工业企业最初出现的县域，都位于铁路沿线或是交通线路交会处。开封位于铁路、汽车路和水运等各种交通线路交会处，加上又是当时河南的省会城市，所以这一时期开封出现了5家工业企业，是工业相对发达的地方。其他像郑州、安阳、新乡、洛阳、许昌等县也都是位于铁路等交通线路的交会处，并且这些县在民国以前都是州、府所在地，经济相对比较发达。因此我们可以看出，在工业发展的早期，工业企业首先出现在交通线路交会处且经济相对发达的县域内。

这一时期工业企业类型虽然较多，但每种类型的工业企业数量都较少，因此分布特征并不明显。首先在所有类型中，纺织业的数量最多，但分布较为零散，豫北的安阳、豫东的开封、豫南的内乡、商城等县内均有纺织业的分布，其中数量最多的当属豫北的安阳县。主要是因为安阳一带盛产棉花，可以为纺织业提供丰富的原料，且安阳属于天津港口的腹地，具有广阔的市场。

面粉业和制蛋业的分布相对集中一些，面粉业则主要集中在豫北地区，主要是因为豫北是河南主要的小麦产区，原材料丰富，适宜就地发展面粉业。而制蛋业主要集中在京汉铁路沿线的县域内，主要是因为蛋制品本身对运输条件的要求高，并且其市场主要是在省外甚至是国际市场，靠近铁路分布可以有效地减少运输成本。

其他类型的工业企业数量都较少，在空间上并未呈现出一定的分布特征，但是我们发现，电灯、自来水等城市公共事业最先出现的地区是省会开封。

二、1912—1927年河南轻工业的发展与分布

1. 1912—1927年河南轻工业的发展概况

这一时期处于北京政府时期，由于政策上的引导，1912—1927年河南建立了一系列不同层次的轻工业企业，有学者研究指出：此阶段，河

南新开办了不少企业，比民国建立前的企业总数增加了两倍，并且全省较大的工业企业都是这个时期开办的。由此可见，北京政府时期河南轻工业有了明显的发展。

这一时期发展最快的当属制蛋业。河南制蛋业的发展是在中国制蛋业快速发展的背景下开始的，清末中国的蛋类就大量出口到欧美等国。但因鲜蛋易破碎、易坏，尤其是夏秋两季既是产蛋旺季，天气又最炎热，鲜蛋极不易保存，于是英国商人先后在南京、汉口、天津设立打蛋厂。河南是农业大省，养鸡鸭是农村主要的家庭副业，因此鸡蛋、鸭蛋在河南产量很大，加之平汉铁路开通，交通便利，因此浙江商人阮文中就在平汉铁路沿线的河南彰德（今安阳）、许昌、驻马店开设蛋厂，这既是河南建立蛋厂的开端，同时也是中国人自己设立蛋厂的开始。1913年，河南新乡人张殿臣在新乡、周家口分别设立了裕丰蛋厂，这是新乡制蛋业发展的开始。[①]随后又在道口镇、漯河开设祥盛魁蛋厂，此后，经营蛋厂的也多为新乡人。河南鸡蛋产量丰富，与鲜蛋相比，蛋粉易于保存和运输，加之蛋粉在国际上需求量很大，因此，河南的制蛋业有了很快的发展。

除制蛋业外，纺织业、面粉业、火柴业、电业等在这一时期都取得了明显的发展。此外还出现了烟草、印刷、打包、医药、玻璃制造等新工业类型，其中烟草工业发展最好也最典型。河南的烟草工业是在烟草种植区域化、扩大化的基础上发展起来的。河南烟草从明代开始已有种植，尤其是20世纪初，英美烟公司侵入中原，引进美烟，并向当地传授种植技术。在该公司的影响下，河南的烟草无论是在种植技术还是烟叶品质上都有了很大的改善，产量也有了很大的提高，并且在该公司的影响下，河南的手工卷烟业开始兴起。据统计，1927年仅许昌县境内就有360家手工卷烟厂。1925年五卅运动爆发后，英美

①政协新乡市委员会秘书处：《解放前新乡蛋厂业发展情况》，载《河南文史资料》1981年第5辑。

烟公司被逐出许昌，当地商人从上海购买机器，聘请技师，先后在许昌建立了4家机器卷烟厂，周围地区也相继开办卷烟工厂，这是河南机械化卷烟的开始。此后河南卷烟工业取得了较快的发展。据统计，抗战爆发前，河南省的卷烟工厂已达35家，河南省的卷烟工业已具备一定的规模。总之，河南卷烟工业是一个从无到有、从手工到机器生产逐渐发展起来的工业。

2. 1912—1927年河南轻工业发展的特点

这一时期是河南轻工业发展的高峰期，工业企业的数量大幅度增加，这一时期河南轻工业表现出与民国以前不同的发展特点，具体如下：

（1）随着工业企业数量的增多，各类工业发展之间的差距越来越大，显现出很大的不平衡性。

从表6.2可以看出，1912—1927年，河南新设立的工业企业总共有101家，涉及12种行业类型，从各类企业的数量可以反映出各行业之间的差距。制蛋业成为这一时期发展最快的工业，此外纺织业、面粉业、火柴业、电业等工业因为在民国以前就已经出现，有一定的工业基础，

表6.2　1912—1927年河南新设立的工业企业数量

工业类型	数量（家）	工业类型	数量（家）
纺织业	12	烟草业	8
制蛋业	32	印刷业	3
面粉业	14	打包业	2
火柴业	11	医药	1
电业	12	玻璃	1
水业	1	其他	4
总计	101		

注：此表数据依据附录“1900—1937年河南设立的轻工业企业简况”整理计算得出。

因此这几类工业企业数量相对较多。相比之下，这一时期新出现的印刷、打包、医药等工业就显得比较薄弱了。

（2）与民国以前相比，这一时期河南新设立的工业企业的规模较大。如豫丰纱厂是当时规模较大的纺纱企业。其固定资产有美造电机4座，纱锭56448枚，织布机234台，国产紧线机5600锭，附近还设有1座发电厂和1个造纸厂，拥有员工4170人，日产棉纱120包。①

（3）民国以前河南工业的经营方式就已经出现了现代企业组织形式，而这一时期设立的一些工业企业已经开始采取公司制度。如华新纺织厂是由周学熙、陈光远等于1915年筹建，1916年正式成立，股本为银币1000万元，其中四成为官股，六成为商股，以最先收入之商股300万元为优先股，其余为普通股，所有股份正利均常年8厘。②此外还有著名实业家穆藕初创办的豫丰纱厂、新华纺织厂等均属股份制企业。股份制度的引入是近代河南企业制度的一大变革。

（4）这一时期河南还出现了中外合资企业，如1919年，日商与华商合资开办的新乡通丰机器面粉公司，资本额100万元，是当时河南最大的面粉企业。总之，北京政府时期，河南工业无论是在数量、规模还是经营方式上都发生了明显的变化，这一时期是河南工业发展的高峰期。

3. 1927年河南轻工业企业的分布

这一时期是河南轻工业发展的高峰期，工业企业的数量大幅度增加。据统计，截止到1927年，河南共设立了125家轻工业企业，涉及15种行业类型。随着轻工业企业数量的增加，其在空间上的分布特征也越来越明显。

整体来看，在工业起步较早的几个县域内，工业企业的数量大幅度增加，尤其是京汉铁路沿线的开封、新乡、郑州、安阳、许昌这5个县域内，聚集了全省62.4%的工业企业。此外，工业企业的分布范围也沿

①张名金：《郑州第二棉纺织厂》，载《郑州文史资料》1994年第16辑。
②李福辰：《河南省华新棉纺织厂的创建》，载《卫辉文史资料》1991年第3辑。

交通线路扩散至28个县域内。这一时期仍然是开封城内的企业数量最多，有21家。

随着每类工业企业数量的增加，其分布特征也越来越明显。这一时期，制蛋业的数量最多，其分布特征也最明显，民国以前制蛋业主要集中在京汉铁路沿线，而到1927年，已经扩散至陇海铁路沿线的商丘、开封、郑州、洛阳等县域内，并且位于水路、陆路、汽车路交会处的商水县周家口也出现了制蛋业。

纺织业与民国以前相比，在空间上的分布集中了一些，主要集中在京汉铁路沿线的安阳、郑州、新乡一带。此外，面粉、火柴业的分布范围较之前也扩大了不少。电灯企业在这一时期数量也大幅度增加，民国前只有经济比较发达的开封城内有一家电灯公司，而到1927年，已经扩散交通线路沿线的10个县域内。

三、1928—1937年河南轻工业的发展与分布

1.1928—1937年河南轻工业的发展概况

这一时期处于南京国民政府前期，对工业的发展仍然采用鼓励政策，加上河南地处中原，地方安定，因而这一时期工业也取得了一定的进步，但是相较于北京政府时期工业发展速度逐渐趋于平缓，各类工业企业在数量上增加的并不多。其中纺纱工业对外商依赖性很大，因而1929—1933年的世界经济危机对纺纱工业的冲击很大。如豫丰纱厂受洋纱洋布的冲击，销路不畅，负债累累，难以维持生计，最终在1934年5月被天津中国银行财团接办。此外还有成立最早的广益纱厂和成兴纱厂最终都难逃倒闭的命运。由此可见民国时期河南工业发展十分艰难。

这一时期发展较好的当属打包业和轧花业，其中打包业在北京政府时期已经出现，在这一时期获得较快的发展。河南的豫西、豫北盛产棉花，加上交通便利，所以当时河南主要的棉花市场多集中在豫西、豫北

一带，就市场范围的大小而论，郑州第一，陕州第二，安阳第三。河南棉花向来以出口为主，包装运输，以安阳棉花运往天津，郑州运至上海者为最早，因此其打包事业，兴办的也是最早。1923—1924年，豫西棉产日盛，输出益多，而以郑州为集散地，运至沪、汉、津三处者，必须包装完善，豫中打包公司即应此而兴。该公司于1923年筹设，1924年开办，是河南机器打包业之第一家。此后因为营业获利颇丰，且当时河南棉产日盛，所以1933年前后，郑州又新设立了大中、协和两家打包公司。

打包厂的成立也改变了当时河南棉花运输的途径。如陕县打包厂未成立以前，陕县的棉花大多都先销售于郑州，再输往上海、汉口。自1930年陕县打包厂成立以后，当地棉花十之七八直接向上海输送。1932年以后，陕县木机包运往郑州的棉花几乎绝迹，打包厂所出之货，则多直接运往上海、汉口、青岛等终点市场。1935年以后，灵宝、安阳、新野、邓县的木机包厂也相继成立，至此打包事业可谓盛极一时。时间以郑州豫中为最久，规模以陕县为最大。

2.1928—1937年河南设立的轻工业企业

这一时期河南商办工业开始勃兴。据1930年统计，全省规模较大的商办工厂共有94家。[①]至1935年，已经达到了128家，涉及16个行业。[②]这一系列的数据都表明全面抗战前河南省商办工业已经达到了一定的规模。如表6.3所示，1928—1937年河南建立了50家商办工厂，其资本额均在1万元以上。从表中我们看出，这一时期与北京政府时期相比，各类工业企业开办的数目较少，河南轻工业发展开始进入稳定期。其中开办最多的仍然是纺织厂和制蛋厂，至此我们也可以看出，这两类工业是全面抗战前河南轻工业中的支柱产业。

---

①张静愚：《河南建设之回顾与前瞻》（续），载《中国建设》1926年第13卷第2期。

②河南省建设厅：《河南建设述要》，河南省建设厅，1935年，第57页。

表6.3　1928—1937年河南新设立的工业企业类型及数量

工业类型	数量（家）	工业类型	数量（家）
纺织业	7	制胰业	3
制蛋业	9	轧花业	4
面粉业	3	水业	1
火柴业	1	电业	2
烟草业	5	玻璃	3
打包业	6	其他	6
总计	50		

注：此表数据是依据王天奖《清末至民国年间河南民族资本主义工矿企业》（载《河南文史资料》2001年第3辑）有关统计整理得出。

3. 1937年河南轻工业企业的分布

截止到1937年，河南共有轻工业企业类型17种，至此，近代河南轻工业企业的空间布局已经基本定型。从整体来看，与1927年相比，工业企业在交通线沿线县域内集中并沿之向外扩散的趋势更加明显，尤其是京汉、陇海、道清三条铁路沿线的开封、郑州、洛阳、安阳、新乡、许昌、漯河等地的工业企业最为密集，并且当时河南设立的20多家大中型的工业企业，如广益、豫丰等纱厂、通丰等机器面粉厂等也都基本集中在这几个地方。若再加上铁路沿线的汲县、浚县道口镇、确山驻马店、信阳、商丘、灵宝等县镇，那么河南设立的175家工业企业，就有150家集中在这三条铁路沿线，占所有工业企业的85%。

从分布范围来看，这一时期工业企业在向交通线路沿线的县域内集中的同时，也开始向交通线附近的县域内扩散，如杞县、太康、伊阳、郏县、襄城、南阳等县内也开始出现工业企业。并且这一时期，河南工业企业的分布在地区间显现出很大的不平衡性。据统计，175家工业企业有70%都集中在陇海铁路沿线及其以北地区，而广大的豫西南、豫南和豫东的地区除京汉铁路沿线外，只零星分布几个工业企业。由此可见，河南不同地区的工业发展自近代开始就已经有明显的差异。

从单一工业类型来看，这一时期制蛋业依然是向陇海、京汉两条铁路沿线的县域内集聚。除此之外，位于汽车路线上的南阳、周家口县域内也分布有制蛋业，这是制蛋业的产品主要用于出口，对交通条件要求较高的缘故。此外，面粉业和电灯企业也呈现出沿铁路线分布的特征。轧花业则分布在盛产棉花的安阳、灵宝、杞县和太康，打包业则分布在交通条件便利的郑州、陕县、灵宝等县。而烟草业的分布就较为集中，主要是分布在许昌周围一带。至于其他类型的工业，数量依然较少，直到1937年还未呈现出分布特征。

4.小结

河南是农业大省，棉花、小麦、芝麻、大豆等农作物普遍种植，清末中外关系的重大改变及"新政"的提倡，给河南近代轻工业的发展带来了契机，基于这些当地物产，河南的纺织、面粉、榨油等轻工业开始发展起来。1937年之前，河南轻工业的发展大致可以分为三个阶段，具体如图6.1所示。

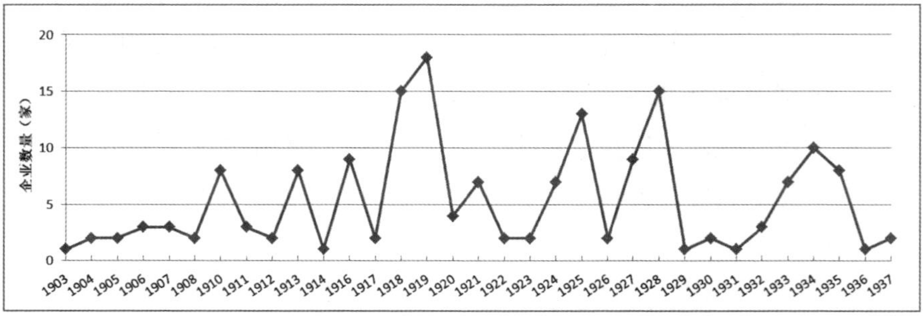

图6.1　1903—1937年设立的轻工业企业数量

从图6.1可以看出，1903—1911年晚清时期，是河南工业发展的起步阶段，每年设立的工业企业数量较少，波动也较小。这一时期共设立了24家企业，其中官方发挥了主导性作用，因此这一时期的工业企业多是以官商合办或官督商办的形式设立的。

1912—1928年，是河南轻工业迅速发展的阶段。从图上看出，这一时期工业企业数量波动较大，有三个高峰期，分别是1918—1919年、1925年和1928年。这一时期不仅工业企业数量较多，门类也较齐全，大致可以划分为12个行业，但是由于起步时间和工业基础的差异，这一时期河南各类工业的发展开始显现出很大的不平衡性。

1928年以后，河南轻工业的发展相对比较稳定，其中1931—1934年工业企业数量开始呈现上升的趋势。这一时期是河南私立工业迅速发展的时期，仅1928—1937年10年间，河南就设立了资本在1万元以上的商办企业50家。

总之，截至1937年全面抗战爆发前，河南近代轻工业虽然波动较大，但已经取得了很大的进步。

随着工业企业数量的增多，河南近代轻工业在空间分布上也呈现出一定的特征。

（1）1902—1911年是河南近代工业的起步阶段，工业企业数量较少，分布较为零散。整体来看，工业企业最初出现在铁路沿线或是交通线路交会处的县域内。1912年以后，河南近代轻工业的发展进入高峰期，工业企业数量大幅度增加，工业企业在向最初几个县域内集聚的同时，也开始呈现出沿交通线向外扩散的趋势。截至1937年，仅三大铁路沿线就集中了河南85%的工业企业。

（2）随着工业企业数量的增多，其在地区上的分布也呈现出很大的不平衡性，陇海铁路沿线及其以北地区集中了河南70%的工业企业，而广大的豫西南、豫南和豫东的地区除京汉铁路沿线外，只零星分布着几个工业企业。

（3）制蛋业、面粉业、纺织业等单个工业类型在地理空间上的分布也呈现出一定的特征。如制蛋业、面粉业、机械业基本上都是沿三大铁路线布局，而纺织业主要集中在豫北地区。

第五节　河南近代重工业布局概述——以煤炭工业为中心

随着清末中外关系的重大转变，中国资本只能投入到以农产品加工特别是浅加工为核心的轻工业，或是直接取材于自然界的矿业等易于抢占市场、发展成本较低的经营部门中，少有“链接环节较长”、更易拉动经济整体性发展的重工业，河南更是如此。据有关学者统计，1900—1937年，河南的重工业企业有123家，其中包括军工企业3家、机械工业10家、铁矿1家、煤矿业109家。虽然统计不全面，但基本上可以反映出煤炭业在当时河南重工业中所占比重之大，加之煤炭工业发展具有典型性，因此本节对河南近代重工业布局的研究主要是以煤炭工业为中心来展开。

一、河南近代煤炭工业的兴起

1. 河南煤矿资源分布概况

1931年，河南省地质调查所对河南煤矿资源的分布和储量进行了调查，根据此调查数据显示，近代河南有八大煤田。

河南煤炭储量最丰富的是安阳煤田，它主要包含安阳、汤阴、林县（今林州市）、汲县（今卫辉市）及淇县和辉县一带的煤田，中间夹有河北磁县的煤田，其中安阳境内的煤矿最为丰富。二是修博煤田，东起修武县西北部，向西延伸至博爱、沁阳县北部，煤炭储量排名河南省第二位。三是禹密煤田，位于禹县和密县境内，并包括郏县北部。四是新渑煤田，主要包括济源、新安、渑池和陕县。五是宜洛煤田，包括洛阳、偃师、巩县、汜水等县的南境和荥阳县的东南部。六是汝宝煤田，包括临汝南部、宝丰西部和鲁山的北部。七是南召煤田，主要位于南召县境内的西南部。八是商固煤田，位于商城和固始境内，是八大煤田里储量最少的。

2.1900—1911年煤炭工业的兴起

河南煤炭资源丰富，但其煤矿业的发展水平很低，甲午中日战争以前，煤炭开采主要是用于满足制瓷、冶铁等传统手工业和百姓日常生活所需。这一时期煤炭开采技术比较落后，主要用手工，运输主要靠人背或拉筐，煤窑的煤井深度较浅，一般只开采浅层或是露头煤层。加之传统的勘测技术比较落后，不能对煤炭资源的储量进行精确的勘测，投资矿业存在很大风险。更何况煤炭质量重、价格低，对交通运输条件要求又很高，河南传统的交通体系很难承担。因此，甲午中日战争以前河南采煤业虽广泛分布，但发展规模都较小。

甲午战争以后，西方国家取得了在华开矿设厂的权利，开始加强对华的资本输出。1898年，英资矿业企业福公司取得了豫北地区的煤矿开采权，开始建厂开矿。1902年，福公司在焦作成立泽煤盛厂，凭借先进的生产设备，从勘探、设计再到建井，一切都有条不紊，其所建矿井比民窑坚固很多且生产效率也高。1906年，福公司的矿井开始出煤，采用的是房柱采煤法，此方法是最早传入河南的西洋采煤法，它不仅改变了当地落后的开采方法，也改变了生产不安全的局面。1902—1913年，福公司相继建成了10个矿井，最多时可日产煤2000余吨。

福公司展现出的与土煤业完全不同的技术优势和营业能力，对河南当地的采煤业产生了巨大的冲击，引发了土煤业和福公司之间激烈的竞争。当地地方官和绅商也感受到了威胁，清廷为了挽回利权，开始加强对传统矿业的保护，鼓励绅商以官督商办的方式成立矿业公司，开采未被外资侵占的矿区。如1902年以官督商办的形式在禹县设立了三峰煤矿公司，是当时河南最早的煤矿公司。与此同时，河南的矿业经营者也开始仿照福公司的现代矿业经营模式，引进机械设备，采用新法采煤，煤炭的产量有了大幅度的提高。另外，铁路等现代交通运输业的发展，也大大便利了煤炭的运输。

3.1900—1911年煤炭工业企业的发展概况

河南煤炭工业呈现出的积极的新动向，激起了河南绅商创办新式煤矿的兴趣。甲午中日战争后至民国建立前，河南开办了很多的煤矿，其中规模较大的煤矿企业如表6.4所示。由表可见，民国以前河南兴办了7家较大的近代煤矿，这些煤矿与传统煤矿相比，在采煤方法上有了很大的进步，如荥阳煤矿是当时河南第一家全机器采煤的企业。方法和技术的革新，使得这些煤矿的采煤量大幅度提高，其中安阳的六河沟煤矿是当时发展最好、规模最大的煤矿，年产煤可达10余万吨，除在本省销售外，还销售至京、津、武汉等地。

表6.4　民国以前河南近代煤矿简况

开办年份	煤矿名	创办人	资金（万元）	性质
1902	三峰公司	曹东寅、王槐三等	5.4	商办
1903	六河沟煤矿	马吉森、谭士祯等	8.4	商办
1905	凭心煤矿	靳法蕙	2.38	始为商办，1907年后改为官商合办
1907	信成煤矿	马吉森	3.4	商办
1907	荥阳煤矿		1.4	商办
1908	阜豫厚公司			商办
1910	宝善煤矿	马强甫		商办

资料来源　王天奖：《清末至民国年间河南民族资本主义工矿企业》（载《河南文史资料》2001年第3辑）。

从表6.4中我们还可以看出，这些煤矿的性质都是商办，但其实这些煤矿的创办人绝大部分都是官僚或是与官府有密切关系的绅商。如六河沟煤矿的创办人马吉森为候补道，谭士祯为知府，凭心煤矿的创办人靳法蕙也是有功名、官衔的绅商。之所以这样，一方面是因为只有这些人手中有较多的钱财，另一方面只有他们才可以与地方封建势力抗衡。因此即使最初创办煤炭企业的是商人，在随后的发展过程中也会引进官股，以求得保护。

其实，这一时期河南开办的煤矿企业远不止7家。据王天奖统计，这一时期河南开办的煤矿总共有29家，只是其余22家煤矿与之相比规模都较小，且大都仍然沿用土法开采。总之，自甲午中日战争后，河南近代煤炭工业开始兴起并取得了很大的进步。

4.1911年煤炭工业企业的分布

这一时期河南开办了29家煤矿企业，分布在武安、安阳、汤阴、林县、修武、沁阳、荥阳、巩县、宜阳、洛阳、新安、渑池、密县、禹县、登封、宝丰、临汝等17个县。但是这一时期煤矿企业的数量还很少，多数县内都只有1家，仅汤阴、密县、禹县、林县4个县的煤矿数量超过1家，其中汤阴县的煤炭企业数量最多，有7家。

此外，创办较早、规模较大的煤炭工业企业主要分布在禹县、安阳、汤阴、密县。安阳、汤阴位于河南最大的煤田——安阳煤田内，禹县、密县位于河南第三大煤田——禹密煤田内。这些地区的煤炭资源丰富，煤矿开采历史悠久，并且距离福公司的采煤地点相对较远，不容易与其产生利益冲突，再加上位于京汉、道清铁路沿线，交通便利，便于煤炭运输，因此这些县的煤炭工业发展较早，规模也较大。其他县的煤炭工业企业出现得相对较晚，规模也较小。这一时期，八大煤田中的南召和商固煤田因交通不便，先进采煤技术传入较晚，在民国前还未出现现代煤矿。由此也可看出，外资企业福公司和交通对河南近代煤炭工业发展产生了很大的影响。

二、1912—1937年河南煤炭工业的发展与分布

1.1912—1937年煤炭工业的发展

民国以后，承清末以来“振兴实业”的余风，不少官僚、商人纷纷投资办厂，又适逢第一次世界大战爆发，能源需求加剧，更刺激了煤炭工业的发展。加上河南交通线路日趋完善，大大便利了煤炭的运输，由此河南煤炭工业逐渐发展起来。

随着河南煤炭工业的兴起，与福公司之间的利益冲突不断发生。福公司为了打压河南民营煤矿，利用外交途径停止了道清铁路对民营煤矿煤炭的运输。为了与福公司抗衡，规模较小的中州、豫泰、明德三家公司开始组建企业集团，走联合经营路线，成立了中原煤矿股份有限公司，该公司是一个官商合营的企业。双方经过一年多的谈判，最终在1915年6月将中原公司与福公司合并为福中公司，双方采用“分产合销”制。这种经营模式不仅为以后中原公司进行机器化规模生产奠定了基础，也使福公司基本丧失了由于掌控道清铁路而形成的运销方面的优势。

1925年5月，“五卅运动”的消息传到河南，河南各地也掀起了反帝爱国运动，随着工人罢工和国民军进入河南，福公司停产，福中公司也随之解体。中原公司在此发展契机下，充分利用铁路运输的便利，将所产煤炭大量行销至平汉、陇海等沿线地区及长江中下游沿岸的煤炭销售市场。除了中原公司之外，其他煤炭企业的规模也开始增大，煤炭开采的数量也有了大幅度的提升，很多煤矿的产煤量都创下了中华人民共和国成立前的最高值，如安阳六河沟煤矿，1932年产量已经达到75万吨。

煤炭企业的数量可以在一定程度上反映出煤炭工业的发展程度。如图6.2所示，1912—1930年，每年开办的煤炭企业数量波动很大，这是因为当时国内政局动荡、军阀割据，煤炭的销售与运输时长受阻所致。1931年以后，社会动荡逐渐平息，铁路交通运输逐渐恢复，因此煤炭企业的数量迅速增加，仅1933年一年就开办了10家煤炭企业。总之，民国时期河南煤炭工业虽然有所发展，但是发展十分艰难。

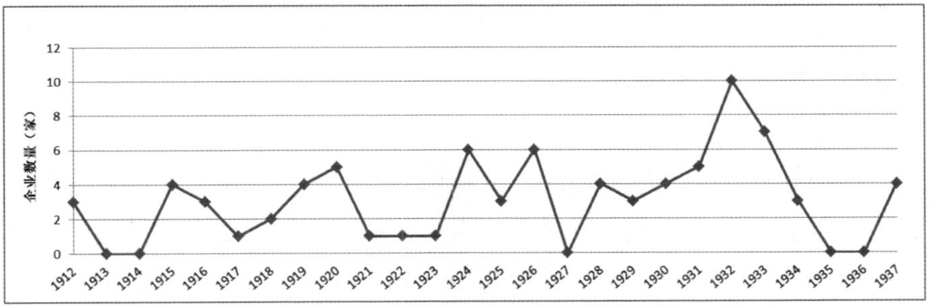

图6.2　1912—1937年每年开办的煤炭工业企业数量

2. 1937年煤炭工业企业的分布

截止到1937年，河南共开办了109家煤炭企业。整体来看，这一时期煤炭工业企业在地理分布上与民国以前相比更加广泛了，除之前的17个县外，博爱、孟县、汲县、陕县、南召、辉县和济源这7个县的煤炭工业也发展起来了。除商城和固始两县外，这一时期煤炭工业企业的分布基本上与煤炭资源的分布相一致。

另外，整体来看，煤炭企业在地区分布上有很大的差异。豫北地区沿京广、道清铁路沿线的太行山区开办的数量最多，当时河南全省几家规模较大的煤矿企业如六河沟煤矿公司、福公司、中原公司等都先后集中在这一区域内。此外豫西沿陇海铁路线以南的伏牛山区，煤矿企业的数量也不少，如禹县的三峰煤矿、渑池的豫庆煤矿、新安县的新安煤矿等，但这些煤矿企业与豫北地区的相比，规模都较小且技术落后，多数仍然采用土法生产。而这一时期豫南的大别山区内还未出现规模较大的煤炭企业。

从县域上来看，各县煤炭企业的数量和规模差异较大。其中安阳县内的煤炭企业数量最多，有17家，其次是汤阴和密县。一方面是因为这三个县煤炭资源丰富，另一方面是因为这三个县靠近铁路沿线，煤炭运输方便，因此煤炭工业比较发达。另外我们也可以发现，修武、博爱、沁阳三县虽然位于河南第二大煤田内，煤炭资源也很丰富，并且位于道清铁路沿线，但其煤炭企业的数量很少。原因是英国福公司在此开采，只有中原公司经营规模可以与之相抗衡，其他土窑由于技术或资金等问题无法与之相较而相继破产。

3.小结

河南煤炭开采的历史悠久，但其煤炭工业的发展水平很低。甲午中日战争以前，煤炭开采主要以手工为主，加之交通运输方式的落后，河南采煤业虽广泛分布，但发展规模都较小。1898年，英资矿业企业福公司攫取了河南煤矿的开采权，开始建厂开矿，其先进的采煤技术，大大降低了生产成本，对土煤窑产生了巨大的冲击，很多土煤窑相继破产。为了生存和发展，一些土煤窑不断地与福公司进行抗争，同时也开始学习其先进的技术；另外铁路的通行，大大改善了煤炭的运输条件，因而这一时期河南近代煤炭工业开始发展起来。据统计，1902—1911年，河南新开办了29家煤矿，其中有7家较大的煤矿企业。民国以后，河南煤炭工业虽然发展艰难，但仍然取得了进步，截至1937年，河南共开办了109家煤矿。

1900—1937年，随着煤炭工业企业的增多，河南煤炭工业企业的分布也表现出一些特征：

（1）煤炭企业整体分布与煤炭资源的分布基本一致

民国以前分布在17个县内，民国以后扩展到23个县内。河南八大煤田内，除商固煤田外，都有煤炭企业的分布。

（2）煤炭企业逐渐向煤炭资源丰富且交通便利的县域内集聚

1900—1911年，安阳、汤阴、禹县、密县、修武、沁阳、洛阳、新安、渑池等17个县的煤炭工业开始发展起来，但此时煤炭企业数量还较少。截止到1937年，煤炭企业扩展到23个县，但仅安阳、汤阴、密县三县就集中了42%的煤炭企业。

（3）煤炭企业在区域分布上的差异较大

豫北地区沿京广、道清铁路沿线的太行山区开办的煤炭企业数量最多，规模最大；豫西沿陇海铁路线以南的伏牛山区，煤矿企业的数量也不少，但这些煤矿企业与豫北地区的相比，规模都较小且技术落后，多数仍然采用土法生产。而这一时期豫南的大别山区内还未出现规模较大的煤炭企业。

第六节　河南近代工业布局的影响因素分析

河南近代工业布局的影响因素十分复杂，涉及方方面面，通过前面对河南近代轻工业及重工业中煤炭工业布局的考察，我们可以从以下几个方面来分析河南近代工业布局的影响因素。

一、自然因素

1. 自然条件

自然条件主要包括地形地貌、气候、水文等，它是一个地区工业布局的基础和条件。工业企业选择厂址和布局时，要求占用一定数量和质量的土地，有一定的地质基础和地貌条件，避免遭受洪水的威胁等。河南境内分布有诸多山脉，黄河之南有伏牛、熊耳、嵩、崤诸山，淮水流域之南有大别山脉，西接桐柏、伏牛诸脉，因此地形地貌复杂多变。地形地貌的差异会影响工业企业各项工程设施建设的工程量大小和企业投资的多少，因此河南近代轻工业主要集中分布在豫北、豫中的广大平原地区，豫西和豫西南的山区内工业企业数量较少，而豫东地区虽然地形平坦，但因黄河不断泛滥，工业企业数量也较少。

河南南北气候差异较大，大致以伏牛山脉和淮河干流为界，此线以南为亚热带湿润地区，气候较为湿润，全年平均气温在15度左右。北部属于暖温带半湿润地区。东西两半部因地形条件的不同，热量条件有明显差异：东部平原区，年平均气温为12~15度；西部山地，因地势原因，气温较同纬度地区低，是全省热量资源最少的地区。河南年平均降水量在600~1300毫米，嵩县、鲁山、叶县、项城一线为800毫米，此线以南降水量在800毫米以上。此线以北，年降水量多在800毫米以下，其中黄河沿岸地区为700毫米左右，往北、往西逐渐降低。气候、降水等自然条件虽然不会直接影响工业企业的布局，但是与农业生产之间的联系非常紧密，因此会对工业布局产生一定的间接影响。

2.自然资源

自然资源包括土地资源、矿产资源、水资源等。其中，矿产资源是工业发展和布局的重要物质基础和前提条件。对于河南近代煤炭工业来说，煤炭资源是其工业发展的前提条件，煤炭资源的位置、储量、品质、开发利用的难易程度直接影响着煤炭工业的布局。

首先，煤炭工业主要是开采煤矿，出售原煤，因此一个地区是否存在煤炭资源，直接决定了该地区是否能够发展煤炭工业。

其次，一个地区煤炭工业的发达程度与当地煤炭储量的多少有着直接的关系，如安阳煤田，其煤炭储量在河南八大煤田中是最丰富的，占河南全省煤炭储量的32.4%。截至1937年，仅安阳、汤阴两县境内就有32家规模较大的煤炭企业，其煤炭工业的发展可以说是全省之最。安阳六河沟煤矿年产煤最多可达75万吨，相比之下，临汝、宝丰、洛阳、宜阳、南召等县的煤炭企业数量要少得多，这都与煤炭储量不无关系。

此外，修博煤田的煤炭工业也很发达，一方面与其丰富的煤炭储量有关，另一方面与煤炭品质有关。其煤质为无烟煤、半无烟煤，煤质优良，是我国最大的无烟煤基地之一。1898年福公司选址焦作的修武县，正是基于对修武煤炭储量和煤质的考察。

二、社会经济因素

1.农业基础

河南近代轻工业多是基于当地丰富物产发展起来的，因此农业基础的雄厚和薄弱对河南近代轻工业的布局有着重要的影响。如以农产品加工为主的面粉、纺织和榨油等工业集中在豫北地区，正是基于当地雄厚的农业基础。

豫北地区境内的华北平原西部是太行山山前洪积扇的中下部平原以及黄海平原区的缓平地，面积广阔，土壤肥沃，灌溉条件良好，又加之雨热同期，因而豫北地区是全省农业生产条件最好、生产水平最高的地区。小麦、棉花、大豆、芝麻等作物广泛种植，加上面粉、纺织、榨油等工业产品的主要销售市场是周边地区，在豫北地区布局既接近原料产地又临近消费市场，可以有效地减少运输成本，因此河南近代的商品性农业，以豫北地区最为发达。

以棉纺织业为例，1926—1934年，河南各县平均每年的棉田面积和棉花产额如表6.5所示。从表中我们可以看出，仅豫北地区的武安、安阳、汤阴、新乡、洛阳、偃师、巩县、孟县、陕县、灵宝、阌乡11个县的棉田面积就占全省棉田面积的55.4%，棉花产额更是占55.61%，更别说豫北其他县内也有棉花种植。由此可见，豫北地区是河南棉花的主要产区，棉纺织业在豫北地区布局可以充分地保障其原料供给。此外，许昌周围的烟草业集中区、禹州的制瓷业的布局也都与当地特殊的烟草、瓷土等原料有关。

表6.5　1926—1934年河南各县平均每年棉田面积和棉花产额

县别	棉田面积（亩）	棉花产额（担）	县别	棉田面积（亩）	棉花产额（担）
安阳	639 811	137 149	偃师	106 222	21 170
太康	291 875	59 162	汤阴	101 289	20 941
邓县	185 000	41 426	淮阳	93 250	19 938
武安	181 125	37 038	杞县	92 200	19 884
灵宝	176 875	31 348	孟县	83 838	19 681

续表

县别	棉田面积（亩）	棉花产额（担）	县别	棉田面积（亩）	棉花产额（担）
洛阳	172 394	29 092	陕县	80 463	17 896
阌乡	137 625	28 102	新乡	78 827	17 439
巩县	123 444	22 918	其他	851 631	166 315
总计	3 395 869	689 499			

数据来源：《民国时期经济调查资料汇编》第七册，第371页。

2.交通和市场因素

交通对工业布局的影响通常表现在两个方面：其一，交通带动了沿线的经济发展，为沿线工业的出现奠定了基础。20世纪初期，京汉、陇海铁路的兴修，改善了河南的交通条件，形成了一个十字形的铁路交通网络。凭借其运量大、速度快的优点，河南大部分的商品转而依赖其运输，铁路沿线交会处的郑县及沿线的安阳、新乡、洛阳、开封、许昌、漯河、驻马店等县镇因此发展成新的商业中心。商业的发展带来了大量的资金和人口流动，带动了经济的发展，从而为工业的发展奠定了基础。因而这一时期铁路沿线经济发达的县镇内吸引了较多的工业企业。

其二，交通因素和市场因素共同影响工业企业的布局。对于那些产品用来出口的企业来说，交通条件的便利与否直接影响到工业企业的生产成本和转运成本的高低。如制蛋业，河南无论农村、城市均养殖鸡鸭，因此鸡蛋、鸭蛋等原料全省各区域均有，但是我们发现近代河南的制蛋业主要分布在京汉、陇海两条铁路沿线。这是因为蛋制品主要用于出口，但鲜蛋易碎易坏，因而在出口前要对其进行加工，制蛋业布局在铁路沿线，可以就近利用当地原材料加工运输，避免将产品由产地运至铁路站点，有效地减少了运输成本。

此外，煤炭工业的布局也受到市场和交通因素的影响。近代河南第一条铁路——道清铁路就是福公司为了运输焦作的煤炭而出资修筑的。河南的煤炭资源储量十分丰富，占全国总储量的3.7%。但是在铁路通行以前，河南煤炭企业主要是以“小煤窑”的状态存在，其原因是，河南各地煤矿深处内陆，距沿海、沿江一带的主要煤炭销售市场较远，且煤炭资源囤积起来比较困难，对运输条件要求极高。而传统的水运运量小、速度慢，并且受自然条件影响较大；而其他运输方式的运费又较高，因此早期的煤炭外运仅仅是以人力、畜力车的方式运输，交通条件成为制约河南煤炭业发展的一个根本问题。1912年，河南的铁路交通网络初步形成，将河南与沿海地区的煤炭市场连接起来，大大地减少了煤炭运输的成本，因此，铁路沿线的安阳、汤阴、修武、密县、禹县境内的煤炭企业数量较多。

3.劳动力因素

河南近代工业主要是以农产品加工和矿产资源开采为主，属于劳动密集型产业。企业为了节约生产成本，通常会将工业企业布局在劳动力价格低廉的地区，因此劳动力对工业布局有着重要影响。

依据河南省政府1934年对河南人口的调查，全省每平方公里平均人口密度在50人左右。陇海铁路沿线及其以北地区的46个县中，有34个县的人口密度都超过50人，甚至当时全省每平方公里人口密度超过100人的14县中，陇海铁路沿线及其以北就占9个，新乡每平方公里人口密度177人，是当时河南人口最稠密的地区。这一系列的数据都表明该地区人口密度之大。但是据统计，该地区人均耕地仅有2.92亩，这就意味着该区域有大量的潜在剩余劳动力。

此外，20世纪初期，西方机制商品涌入河南，陇海线及其以北地区交通便利，因而其农业和手工业最先受到打击而相继衰退，产生了大批的破产农民和手工业工人，加上大量的剩余劳动力，这些都为河南近代工业的发展提供了取之不尽的廉价劳动力。因此，河南近代轻工业企业主要集中在陇海铁路沿线及其以北地区，不可否认与该区域有如此多廉价劳动力有关。

三、政治因素

河南近代工业的出现和发展不是自发产生的，而是在西方经济势力侵入下，由政府“自上而下”推行的，这就使得河南近代工业布局的决策中不可避免地要体现官员的意志，尤其是在煤炭工业的布局中。甲午中日战争后，外国资本对中国矿业资源产生了巨大的威胁，加上国内因兴办军工企业缺少经费和原料供给，在矿业发展方面存在很大的需求。这两方面的原因迫使清政府开始加强对矿业管理体制的调整。

1898年，福公司进驻河南，清政府为了挽回利权和垄断矿利，开始鼓励成立矿业公司，开采未被外资侵占的矿区。1904年，又设立河南矿务总局，在安阳、沁阳、修武、禹州、密县等地开办小矿。据调查，民国以前开办的煤矿大多都是由官商合办的，这样在煤炭工业企业的布局过程中就不可避免地受到地方官员意愿的影响。此外，为了保护传统的采煤业，与福公司争夺矿利，还采取了一些如减轻税收、费用等措施。凡此种种皆可看出，政府及其政策对河南近代煤炭工业的布局有着重大影响。

相比之下，在轻工业领域，政府官员很少直接干预具体工业企业的布局，但是一些政策也会对轻工业的布局产生一定的影响，如北京政府时期实行的棉纺织业优先发展政策。1914年，农商部选定河南作为重点植棉区之一，大力推行棉花种植。1916年，又在安阳设立直属模范植棉场，引进美棉，这一系列的举措大大提高了河南棉花的种植面积和产量，充分保障了河南棉纺织业的原料供应，也带动了打包业和轧花业的发展。

四、历史因素

河南近代工业虽然是在西方经济势力侵入下而出现并发展起来的，

但是河南传统的手工业对其工业的布局仍然有着不容忽视的影响。换言之，我们在分析影响河南近代工业布局的因素时也应该关注历史因素。

河南煤炭工业就是典型的在传统采煤业的基础上发展起来的。河南省政府在1923年成立了地质调查所，但该所的相关调查工作，因种种原因未见显著成效，直到1931年再度成立时，才配备了勘探所需的测绘仪器，对河南全省的煤炭进行了勘测。所以说在煤炭工业发展的初期阶段，为了降低风险、减少成本，煤炭企业都会布局在采煤业历史悠久的区域，如安阳、汤阴、沁阳、济源、修武等县的采煤业在清代就已经是当地的主要产业。

在纺织业等轻工业中，历史因素的影响也是显而易见的。河南传统的手工棉纺织区域，就是河南近代棉纺织工业的主要产品棉纱的主要销售区域，纱厂所纺的棉纱大多销售于当地的农户，用作织布的材料，二者之间的关系不言而喻。如安阳盛产棉花，手工纺织到处都是，在此设立纱厂，所产棉纱有广阔的市场，因此安阳的棉纺织业最为发达。

五、行为因素

19世纪末20世纪初，西方经济势力侵入河南，在“实业救国”的旗帜下，一些河南绅商积极兴办近代工业企业，来挽回利权，维护民族资本主义的发展，这些绅商最终发展成河南最早的实业家。他们对工业企业如何选址的认识，直接决定了工业企业的布局。这些实业家大多在省外工厂打工过，积累了丰富的经验见识，他们对工业企业的选址，也是基于对当地的原料、市场、交通和劳动力等因素的综合考察而作出的决定。如著名实业家穆藕初选择在郑州创办豫丰纱厂正是基于对郑州充足的棉花原料、便利的交通及廉价劳动力的考虑而作出的决定。

此外，这些实业家在对工业企业进行选址时，除了考虑自然、经济条件外，也受到了想为家乡做贡献的心理的影响。如卫辉华新纱厂就是当时任天津华新纺织公司董事的王锡彤在兴华资本团拟建几个分纱厂时，力排众议，极力促成的。王锡彤认为卫辉是自己的家乡，在卫辉设纱厂即使自己不能获利，也能对家乡有所裨益，何况当时卫辉又具有办纱厂的有利条件。凭心煤矿的创办者靳法蕙正是看到家乡小煤窑手工采煤收效甚微，才下决心在煤炭开采方面做一番事业。此外，鲁连城在武陟设立成兴纱厂，张殿臣在新乡开办蛋厂或多或少都是因此缘故。

综上所述，影响河南近代工业布局的区位因素复杂多样，涉及自然、经济、社会、政治等方方面面。河南近代工业布局可以说是各种因素综合作用的结果，我们很难说哪一方面的因素起着决定性作用，而不同的工业类型，影响其布局的因素又有所差异。本节仅从自然、社会经济、政治、历史、行为这五个方面进行简单的分析，得出以下几个结论：

（1）自然因素中地形地貌、气候、水文等自然条件，是一个地区工业布局的基础和条件。一个地区的地形地貌会直接影响该地区工业企业各项工程设施建设的工程量大小和企业投资的多少。而气候、降水量等对农业生产影响很大，因此也会对工业企业的布局产生间接的影响。而自然资源中的煤炭资源是其工业发展的前提条件，煤炭资源的位置、储量、品质、开发利用的难易程度直接影响着煤炭工业的布局。

（2）社会经济因素中雄厚的农业基础，可以为面粉、纺织、榨油、烟草等以农产品加工为主的工业提供丰富的原材料，减少原料运输的成本。便利的交通条件也是通过减少产品产地与市场之间的运输成本，从而对工业企业的布局产生一定的影响，如制蛋业主要集中在交通线附近。

（3）这一时期出现的基本上都是劳动密集型工业，虽然以农业生产为主的河南，劳动力普遍充足且价格低廉，但是不同区域还是有所差异，因而劳动力因素对河南近代工业布局也产生了一定的影响。

（4）除了自然、经济因素外，还有一些对工业布局的影响不是那么明显但十分重要的非经济因素，如政府颁布的一些与工业发展相关的政策、河南传统手工业的布局等。还有一个最重要的因素，那就是创办者的行为和心理因素，它在某种程度上可以直接决定工业企业布局的位置，如王锡彤选择在卫辉设立华新纱厂、靳法蕙选择在修武设立凭心煤矿、张殿臣选择在新乡开办蛋厂等，都与此有关。

第七节　小结

本章主要研究了1900—1937年河南近代工业的布局，并对影响工业布局的几个重要因素进行了分析。研究过程采用了归纳与演绎的方法，通过对清末（1900—1911）、北京政府时期（1921—1927）、南京国民政府前期（1928—1937）这三个时间段工业发展状况的梳理，探索出了河南近代工业布局的时空演变特征。最后采用理论与实证相结合的办法，运用区位理论来分析自然、经济和政治等因素对河南近代工业布局的影响。下面对本章的主要结论进行梳理：

（1）整体来看，各类轻工业企业呈现出先向交通便利、经济比较发达的县域内集聚，后沿交通线向外扩散的趋势。

1902—1911年是河南近代工业的起步阶段，工业企业数量较少，分布较为零散。工业企业最初出现在铁路沿线或是交通线路交会处的县域内。1912年以后，河南近代轻工业的发展进入高峰期，工业企业数量大幅度增加，工业企业在向最初的几个县域内集聚的同时，也开始呈现出沿交通线向外扩散的趋势。截至1937年，仅三大铁路沿线就集中了河南85%的工业企业。

（2）从区域来看，轻工业企业在地区上的分布越来越不平衡。

1900—1911年工业发展的初期阶段，工业企业数量较少且分布零散，工业企业在地区分布上的差异并不明显，1912年以后，西方先进的生产方式最先传入交通便利的豫北地区，加上良好的自然条件、丰富的物产等，豫北地区具备了较好的工业基础，集聚了大量的工业企业。据统计，截至1937年，河南70%的工业企业都集中在豫北地区，而广大的豫西南、豫南和豫东的地区除京汉铁路沿线外，只零星分布了几个工业企业。

（3）不同的轻工业类型在分布上也呈现出不同的分布特征。

不同的工业类型，其分布特征也有所差异，如以农产品加工为主的面粉业、榨油业主要分布在小麦、芝麻、大豆广泛种植的豫北地区；纺织业也分布在能够为其提供充足原料和广阔市场的豫北地区；烟草业主要集中在豫中许昌一带的烟草种植区；而制蛋业则分布在能够为其出口提供便利运输的陇海、京汉铁路沿线等。

（4）整体来看，煤炭工业的分布与煤矿资源的分布基本一致，但各地区煤炭企业的数量和规模差异较大。

煤矿资源是煤炭工业发展的前提条件，因此煤炭工业的分布与煤矿资源的分布之间存在着必然的联系，但并不完全一致。煤炭工业的发展不仅与煤矿资源有关，还与煤炭开采的历史、交通等其他因素有关，如位于商固煤田内的商城、固始县截至1937年，还未出现较大的煤炭企业。从数量和规模来看，豫北沿京汉、道清铁路沿线的太行山区内煤炭工业企业的数量最多，并且当时全省规模较大的几家煤矿企业也都集中在这一区域内；豫西沿陇海铁路线以南的伏牛山区，煤矿企业的数量也不少，但与豫北地区的相比规模都较小；而这一时期豫南的大别山区内还未出现规模较大的煤炭企业。

（5）河南近代工业的布局的影响因素十分复杂。

河南近代工业种类复杂，涉及15个工业门类，不同的工业类型影响其布局的主要因素又有所差异，这就使得河南近代工业布局的影响因素分析变得十分复杂。本章仅从自然、社会经济、政治、历史、行为这五个方面进行了简单的分析。

首先自然条件和自然资源是一个地区工业布局的基础和条件。如一个地区的地形地貌会直接影响该地区工业企业各项工程设施建设的工程量大小和企业投资的多少。而煤炭工业的发展更是直接依赖于自然资源。农业基础的雄厚和薄弱对河南近代轻工业的布局有着重要的影响，尤其是面粉、纺织和榨油等以农产品加工为主的工业，靠近原材料产地布局可以减少材料运输的成本。便利的交通条件也是通过减少产品产地与市场之间的运输成本，从而对工业企业的布局产生一定的影响，如制蛋业主要集中在交通线附近。这一时期出现的轻工业和重工业都属于劳动密集型工业，虽然以农业生产为主的河南劳动力普遍充足且价格低廉，但是不同区域还是有所差异，因而劳动力因素对河南近代工业布局也产生一定的影响。

除此之外，政府颁布的政策、历史因素等对工业企业布局的影响，虽然不明显，却也十分重要。此外，创办者的行为和心理因素在某种程度上可以直接决定工业企业布局的位置。总之，河南近代工业布局是各种自然、经济和非经济因素综合作用的结果。

综合以上研究结果，我们可以发现，近代工业布局对河南当代工业布局有着一定的影响，从中我们可以得出以下几点启示：

（1）在河南近代工业企业的布局中，自然条件、自然资源、市场、交通、劳动力、历史、行为、政策等因素对工业企业的布局产生了重大的影响，且不同的工业类型，影响其布局的主要因素又有所差异。因此，在河南当代工业发展与布局中，我们不仅要考虑各地区的资源优势和社会经济条件，还要发挥政府的调控作用，制订合理的工业发展政策。

（2）河南近代工业的发展，无论是轻工业还是重工业，都是以市场需求为出发点。因此，当今河南工业化发展，必须根据市场需求来适时调节经济结构，充分发挥市场机制的调节作用，优化资源配置，从而提升企业的核心竞争力。同时，政府要进行合理的引导，整合优势资源向优势产业聚集，尽快形成经济优势。

（3）通过本章的研究我们发现，河南各地区之间工业发展的差异在近代就已经非常明显，这是由地区间自然、社会经济条件的差异所决定的。在当代河南工业发展过程中，我们应该允许这种差异的存在，各地区应致力于打造符合本地区发展的主导产业，使河南工业发展遍地开花。

第七章
结　语

在近代中国的经济地理领域，通商口岸体系应该是最值得关注的现象，除了在政治、社会、文化等领域输入了西方现代文明体系的因素，通商口岸中实行的西方经济发展模式，也直接影响了现当代中国的经济地理格局。

西方列强对通商口岸体系的关注远远甚于中国，自从《南京条约》的签订开始，清末中国政府与帝国主义列强签订的所有条约中，几乎都或多或少地牵涉通商口岸的内容。在这一历史背景下，近代中国先后通过各种条约开放了数十处约开口岸，并开放了数十处自开口岸，合计一百三十余处通商口岸。这些通商口岸或许是传统的区域中心城市（如广州、福州、杭州、天津、南京等），或许是在之前行政等级很低的城市（如上海、汉口、厦门、宁波、重庆等），甚至还有在一片荒滩上建立起的新城市（如青岛、大连等）。它们经过近代百余年的发展，共同奠定了现代中国沿海、沿江、沿边城市体系的格局。

设立在通商口岸的以西方模式建立的海关体系，专注于引进西方的各类现代统计方法，通过有效控制对外贸易，为清政府提供了大量的财源，使其在鸦片战争、太平天国战争之后，仍然维持了半个世纪的寿命。更重要的是，近代中国海关体系为研究近代中国通商口岸体系提供了大量翔实的统计数据。虽然近代的海关制度相比而言被称为“旧海关”，但这些依据严谨的海关制度统计得出的数据，成为中国历史研究、经济史计量分析的重要数据来源。本书根据这些统计数据，考察了清末至民国时期通商口岸对腹地经济的影响，利用子口税贸易、对外贸易等数据，以及通商口岸城市人口数据，结合GIS工具，初步澄清了通商口岸城市的各自影响区域。近代中国海关统计数据的一个特点是更重视全国层面，以及通商口岸城市的情况，并没有特别关注某些区域的状况，但通过现代的研究工具，可以充分利用通商口岸体系的贸易统计数据、城市人口数据，从而将其转化为对区域的辐射和影响力。通过本书相关章节的研究，我们也能够非常明显地看出这些影响区域与当代经济区域和经济区划的一脉相承的历史线索。

在分析了通商口岸体系影响下的经济区域的基础上，本书又考察了近代中国对外贸易的差异性，利用变异系数、泰尔指数等，在通商口岸影响下的区域基础上，又对通商口岸体系所代表的中国北方、中部、南方等区域，深入研究其对外贸易差异方面的情况，进而考察由对外贸易所影响到的区域经济的差异。可以非常明显地看到，某个区域的经济发展状况，与该区域对外开放的程度息息相关，呈现非常明显的正相关关系。进一步，本书又以SSM模型为切入点，分析了通商口岸体系中几个重要的代表性城市，在进出口贸易结构中的地位变化，最终能够提炼出它们在城市发展竞争力方面的差异，并指出以上海、天津、大连等为代表的区域中心城市，才是主导了近代中国区域发展的关键力量。

随后，本书又以西方现代化因素的代表机器工业为例，通过机器产品在进出口贸易和区域工业中的地位，运用贸易竞争指数方法，考察了以上海为首的通商口岸体系，在现代机器工业（对外贸易）中的领先地位。通过这种明显的集聚效应可以看出，虽然机器工业产品的进出口在整体的进出口贸易额中并不占据压倒性比例，但这种代表经济发展趋势的新兴产业，随着其贸易竞争指数的上升，也充分反映了上海等通商口岸城市成为近代中国工业中心，通过“港口—腹地”模式影响到广大的内陆地区，进而推动中国经济在整体产生质的改变，逐渐向现代经济发展方式转变。

最后，本书以近代河南工业发展为个案，探讨传统的农业区域如何在通商口岸体系的影响之下，实现经济发展方式的转型。1840年鸦片战争后，中国逐步走上了现代化的道路，河南虽地处中原地区，经济落后，但拥有众多的人口和丰富的物产资源。尤其是20世纪初期，京汉、道清、陇海铁路的相继开通，完善了河南的交通网络，与沿海沿江等通商口岸的联系日益紧密，逐步发展起了面向日常消费的轻工业和重工业、采矿业。1900—1937年全面抗战爆发前，河南轻工业的发展经历了1900—1911年、1912—1927年、1928—1937年三个阶段，初步建立起现代轻工业体系，注册资本额也显著增加；1900—1937年，河南的重工业企业有123家，其中煤炭工业在河南重工业中所占比重大，尤其是民国以后，河南煤炭工业迅速发展起来。通过对1900—1937年河南轻工业和重工业发展状况的简单梳理，探索了河南近代工业布局的时空演变特征，并对工业布局的影响因素进行了分析。从交通因素、区域布局、工业结构等多个方面研究了近代河南工业发展的特征，并归纳了影响河南近代工业的布局的因素。其中，自然条件和自然资源是工业发展和布局的重要物质基础和前提条件，社会经济因素对工业企业布局的影响主要是通过减少企业成本来实现的，劳动密集型的工业企业布局在陇海铁路及其以北地区，可以提供充足廉价的劳动力，政府颁布的政策、历史因素、行为因素等也会对工业企业的布局产生一定的影响。

综上所述，近代中国以通商口岸的形式对世界开放后，虽然历次签订的是丧权辱国的对外条约，但作为西方现代经济因素集中地的通商口岸，很快成为中国新兴经济因素的集中地，并引领了近代中国走向现代化的潮流。本书通过经济地理学、GIS以及相关经济与空间计量方法进行研究可知，通商口岸与中国内地在明显的差异中，逐渐带领整个中国经济走向了现代西方经济的发展模式。在这种趋同现象的同时，辽阔的疆域也使得不同区域通商口岸逐步建构着自己的影响区，对现代中国的经济区域形成了直接影响。当代中国的经济地理格局与经济区划政策，需要在研究的过程中，将视野向近代的百余年间扩展，才能够完成更全面、更符合现实的经济建设工作。

参考文献

著作类参考文献：

Creamer, D. B.*Industrial Location and Natural Resources*. Washington, D.C.: U.S.Natural Resources Planning Board, U.S. Government Printing Office, 1943.

Francis, L. H. P. *A Short History of Shanghai: Being an Account of the Growth and Development of the International Settlement*.Shanghai: Kelly and Walsh, 1928.

Greenhut, M. L. *Spatial Microeconomics: Theoretical Underpinnings and Applications*.UK: Edward Elgar Publishing Limited, 1995.

Isard W. *Location and Space Economy: A General Theory Relating to Industrial Location, Market Areas, Land Use, Trade and Urban Structure*.New York: The MIT Press,1956.

Krihs. *Industrial Agglomeration and Regional Clusters in Korea*.Seoul: Krihs, 2001.

Massey, D. *Industrial Location Theory Reconsidered*.Open University. Milton Keynes, 1977.

Myrdal, G. *Economic Theory and Underdeveloped Regions*. London: Duckworth, 1957.

Peroff, H. S. and Dunn E. S. *Regions, Resources and Economic Growth*. Baltimore, Maryland: Johns Hopkins Press, 1960.

Saxenian, A. *Regional Advantage: Culture and Competition in Silicon Valley and Route 128*.Harvard University Press, 1996.

Wood, P. A. Behavioral Approaches to Industrial Location Studies. in Lever, F.W. *Industrial Changes in the United Kingdom*. Croom Heim,1987.

［美］施坚雅著，史建云、徐秀丽译：《中国农村的市场和社会结构》，中国社会科学出版社1998年版。

臧励龢编纂：《新体中国地理》，商务印书馆1912年版。

中国大百科全书总编辑委员会《中国地理》编辑委员会、中国大百科全书出版社编辑部编：《中国大百科全书·中国历史》，中国大百科全书出版社1992年版。

阮湘等编辑：《中国年鉴》（第一回），商务印书馆1924年版。

［美］艾伯特·赫希曼著，曹征海、潘照东译：《经济发展战略》，经济科学出版社1991年版。

陈诗启：《中国近代海关史》，人民出版社2002年版。

陈旭麓：《近代中国社会的新陈代谢》，上海社会科学院出版社2006年版。

陈旭麓、方诗铭、魏建猷主编：《中国近代史词典》，上海辞书出版社1982年版。

戴鞍钢：《发展与落差——近代中国东西部经济发展进程比较研究（1840—1949）》，复旦大学出版社2006年版。

刁敏谦：《中国国际条约义务论》，商务印书馆1919年版。

复旦大学历史地理研究中心主编：《港口—腹地和中国现代化进程》，齐鲁书社2005年版。

傅国民主编：《中国近代港口图录》，人民交通出版社1998年版。

葛绥：《中国经济地理》，中华书局1950年版。

葛兆光：《宅兹中国：重建有关“中国”的历史论述》，中华书局

2011年版。

河南省地方史志编纂委员会编纂:《河南省志》(第38卷),河南人民出版社1991年版。

河南省建设厅:《河南建设述要》,河南省建设厅,1935年。

胡焕庸编著:《经济地理》,正中书局1948年版。

黄苇:《上海开埠初期对外贸易研究》,上海人民出版社1961年版。

黄正林、张艳、宿志刚:《近代河南经济史(下)》,河南大学出版社2012年版。

陆大道:《中国工业布局的理论与实践》,科学出版社1990年版。

赖建诚:《西洋经济史的趣味》,浙江大学出版社2009年版。

刘佛丁、王玉茹:《中国近代的市场发育与经济增长》,高等教育出版社1996年版。

刘世永、解学东:《河南近代经济》,河南大学出版社1988年版。

刘彦:《被侵害之中国》,上海太平洋书店1928年版。

刘再兴:《中国工业布局学》,中国人民大学出版社1981年版。

罗荣渠:《现代化新论——世界与中国的现代化进程(增订本)》,商务印书馆2004年版。

[苏联]密努斯金、坡利斯主编,胡曲园、傅于琛译:《世界经济地理教程》,昆仑书店1937年版。

彭泽益主编:《中国工商行会史料集》(下册),中华书局1995年版。

漆树芬:《经济侵略下之中国》,光华书局1931年版。

盛叙功编译,刘虎如校订:《交通地理》,商务印书馆1931年版。

汤象龙编著:《中国近代海关税收和分配统计(1861—1910)》,中华书局1992年版。

王铁崖编:《中外旧约章汇编》,生活·读书·新知三联书店1957年版。

王翔:《中国近代手工业史稿》,上海人民出版社2012年版。

吴松弟主编：《中国百年经济拼图：港口城市及其腹地与中国现代化》，山东画报出版社2006年版。

吴松弟主编：《中国近代经济地理·第一卷·绪论和全国概况》，华东师范大学出版社2015年版。

［美］C.F.里默著，卿汝楫译：《中国对外贸易》，生活·读书·新知三联书店1958年版。

许涤新、吴承明主编：《中国资本主义发展史》第二卷，人民出版社1990年版。

许绍李编写：《谈谈我国工业的地区分布》，上海人民出版社1956年版。

严中平：《中国棉纺织史稿》，科学出版社1955年版。

杨天宏：《口岸开放与社会变革——近代中国自开商埠研究》，中华书局2002年版。

姚曾荫：《国际贸易概论》，人民出版社1987年版。

袁为鹏：《集聚与扩散：中国近代工业布局》，上海财经大学出版社2007年版。

张洪祥：《近代中国通商口岸与租界》，天津人民出版社1993年版。

中华续行委办会调查特委会编，蔡咏春等译：《1910—1920年中国基督教调查资料》，中国社会科学出版社1987年版。

中国史学会《中国历史学年鉴》编辑部编：《中国历史学年鉴1983》，人民出版社1983年版。

邹鲁：《日本对华经济侵略》，国立中山大学出版部1935年版。

论文类参考文献：

Adams, F.C. and Behrman, J.R. Commodity Exports and Economic Development. *Econometric Studies*, 1982.

Daniel, C.K. Shift of Manufacturing Industries, in *Industrial Location and*

National Resources . Washington D.C.: U.S.National Resource Planning Board, 1942.

Dawe, D. A New Look at the Effects of Export Instability on Investment and Growth. *World Development*, 1996,24(12): 1905~1914.

Dunn, E. S.A statistical and Analytical Technique for Regional Analysis. *Papers of the Regional Science Association*,1960(06) : 97~112.

Esteban & Marquillas J. M.A. Reinterpretation of Shift-share Analysis. *Regional and Urban Economics*, 1972(3): 249~255.

Nazara, S. and Hewing, J.D.Spatial Structure and Taxonomy of Decomposition in Shift- share Analysis .*Growth and Change*, 2004(Fall): 476~490.

Tegene, A. Commodity Concentration and Export Earnings Instability: The Evidence From African Countries. *American Economist*, 1991(34): 55~59.

Thirlwall, A.P.A. Measure of the Proper Distribution of Industry. *Oxford Economic Papers*, 1967 (19): 46~58.

陈栋生:《我国生产力布局的几个问题》，载《生产力布局与国土规划》1986年第4期。

陈宏明:《中国近代工业的地理分布及其影响（1861—1927）》，载《经济研究导刊》2013年第15期。

陈轲:《近代北京政府时期豫北民族实业的区域特色》，载《天中学刊》2005年第4期。

程飞、梁勤欧:《基于断裂点理论和网络加权Voronoi图分析的北京市商业中心辐射域研究》，载《浙江师范大学学报（自然科学版）》2015年第2期。

戴鞍钢:《近代中国西部内陆边疆通商口岸论析》，载《复旦学报（社会科学版）》2005年第4期。

戴鞍钢、阎建宁:《中国近代工业地理分布、变化及其影响》，载《中国历史地理论丛》2000年第1期。

杜语:《近代中国通商口岸研究——历史与现状》，载《中国社会科学院研究生院学报》1996年第6期。

樊如森：《近代华北经济地理格局的演变》，载《史学月刊》2010年第9期。

樊如森：《论近代中国北方外向型经济的兴起》，载《史学月刊》2003年第6期。

方书生：《口岸开放与晚清经济区的形成——岭南经验以及全国尺度》，载《云南大学学报（社会科学版）》2006年第4期。

方书生：《口岸贸易与经济地理：怎样理解近代中国经济》，载《安徽史学》2013年第4期。

方书生：《珠江三角洲港埠与腹地的空间形态（1842—1938）——以近代经济发展的地域尺度为视角》，载《历史地理》2006年第21辑。

方书生：《近代中国的经济增长——基于长江三角洲地区的验证》，载《上海经济研究》2012年第9期。

方书生：《近代中国经济空间秩序的形式与内容》，载《中国经济史研究》2020年第2期。

高志刚：《中国区域经济发展及区域经济差异研究评述》，载《当代财经》2002年第5期。

葛健：《论民国初年政府的棉纺织业优先发展政策》，载《山东教育学院学报》2006年第5期。

顾朝林：《中国城市经济区划分的初步研究》，载《地理学报》1991年第2期。

郭蕾：《以中心城市为核心推动区域经济发展——以郑州市为例》，载《经济经纬》2007年第2期。

郭腾云、徐勇、马国霞、王志强：《区域经济空间结构理论与方法的回顾》，载《地理科学进展》2009年第1期。

汉口《汉江日报》，光绪三十四年（1908）五月十五日。

何伟：《中心城市区域经济发展带动作用主要理论研究回顾》，载《淮阴工学院学报》2001年第3期。

衡芳珍：《焦作近代工矿业与焦作的早期现代化》，载《焦作师范高等专科学校学报》2010年第4期。

黄天弘：《为求民族资本主义独立发展的河南绅商》，载《安阳工学院学报》2005年第1期。

黄天弘：《英国福公司对豫北近代经济的影响》，载《郑州轻工业学院学报（社会科学版）》2006年第1期。

黄正林：《承前启后：北洋政府时期河南经济的新变化——以农业、工业与市镇经济为中心》，载《陕西师范大学学报（哲学社会科学版）》2013年第3期。

江淑文：《阿尔弗雷德·韦伯的工业区位理论述评》，载《台声·新视角》2005年第1期。

孔庆泰：《1921年前中国已开商埠》，载《历史档案》1984年第2期。

李福辰：《河南省华新棉纺织厂的创建》，载《卫辉文史资料》1991年第3辑。

李圣权、胡鹏、闫卫阳：《基于加权Voronoi图的城市影响范围划分》，载《武汉大学学报（工学版）》2004年第1期。

梁耕溥：《近代口岸城市开放研究述评》，载《江苏工业学院学报（社会科学版）》2007年第3期。

梁若冰：《口岸、铁路与中国近代工业化》，载《经济研究》2015年第4期。

陆大道：《关于"点—轴"空间结构系统的形成机理分析》，载《地理科学》2002年第1期。

马红霞、蔡舸：《论第二次鸦片战争对镇江港的影响》，载《江苏社会科学》1999年第5期。

马义平：《近代外企与当地商民关系演变述论——以清末民初豫北的福公司为例》，载《新乡学院学报（社会科学版）》2009年第1期。

马义平：《铁路与1912~1937年间的豫北工矿业发展》，载《史学月刊》2010年第4期。

苗长虹：《变革中的西方经济地理学：制度、文化、关系与尺度转向》，载《人文地理》2004年第4期。

苗长虹、樊杰、张文忠：《西方经济地理学区域研究的新视角——论“新区域主义”的兴起》，载《经济地理》2002年第6期。

彭南生：《论近代手工业与民族机器工业的互补关系》，载《中国经济史研究》1999年第2期。

彭南生：《中国早期工业化进程中的二元模式——以近代民族棉纺织业为例》，载《史学月刊》2001年第1期。

邱慧芳：《从韦伯的工业区位论看企业跨国投资的动机及地点选择》，载《经济师》2002年第7期。

石涛、程鹏、李军：《盛极而衰：清代中俄恰克图边贸新探》，载《中国经济史研究》2012年第4期。

史春云、张捷、高薇、杨旸：《国外偏离—份额分析及其拓展模型研究述评》，载《经济问题探索》2007年第3期。

唐巧天：《从埠际贸易看近代上海多功能经济中心性质——以外贸中心与工业中心发展为主》，载《中国的前沿：文化复兴与秩序重构——上海市社会科学界第四届学术年会（2006年度）青年文集》，上海人民出版社2006年版。

唐巧天：《上海与汉口的外贸埠际转运》，载《社会科学》2008年第9期。

汪圣云：《论中国近代纺织工业的兴起及其历史作用》，载《武汉科技学院学报》2000年第2期。

王国平：《论中国近代通商口岸的范围及列强的侵权》，载《江海学刊》2001年第4期。

王洁玉：《基于断裂点理论的中心城市空间影响范围变化研究》，载《河北省科学院学报》2010年第1期。

王列辉：《近代“双岸城市”的形成及机制分析》，载《城市史研究》2006年第24辑。

王翔：《近代中国手工业与工业经济结构》，载《中国经济史研究》1992年第2期。

王哲：《源—汇数据在近代经济史中的使用初探——以19世纪末长江中下游诸港的子口税贸易数据为例》，载《中国经济史研究》2013年第2期。

王志军：《近代河南成为通商口岸经济腹地研究》，载《前沿》2010年第9期。

王中茂：《1905年所开东北16处商埠是自开商埠吗？——与徐柳凡、杨天宏先生商榷》，载《洛阳工学院学报（社会科学版）》2001年第2期。

吴传清：《论任美锷关于韦伯工业区位理论的研究》，载《中南财经政法大学学报》2007年第4期。

吴俊范：《近代中原外向型经济的发展及其影响》，载《中国历史地理论丛》2006年第1期。

吴松弟：《港口—腹地与中国现代化的空间进程》，载《河北学刊》2004年第3期。

吴松弟：《港口—腹地和中国现代化空间进程研究概说》，载《浙江学刊》2006年第5期。

吴松弟：《近代中国的城市发展与空间分布》，载《历史地理》2014年第1期。

吴松弟：《通商口岸与近代的城市和区域发展——从港口—腹地的角度》，载《郑州大学学报（哲学社会科学版）》2006年第6期。

吴松弟：《中国近代经济地理格局形成的机制与表现》，载《史学月刊》2009年第8期。

吴松弟、樊如森：《天津开埠对腹地经济变迁的影响》，载《史学月刊》2004年第1期。

武强、王权坤：《近代中国机器进出口贸易与区域工业差异的分析》，载《云南大学学报（社会科学版）》2017年第1期。

夏华：《泰尔指数及其在我国行业收入差距中的应用》，载《生产力研究》2007年第7期。

向玉成：《江南制造局的选址问题与迁厂风波》，载《乐山师专学报（社会科学版）》1997年第4期。

向玉成：《中国近代军事工业布局的发展变化述论》，载《四川师范大学学报（社会科学版）》1997年第2期。

谢放：《抗战前中国城市工业布局的初步考察》，载《中国经济史研究》1998年第3期。

解学东：《试论民国时期河南工业经营发展的特点》，载《史学月刊》1992年第1期。

解学东：《试析民国时期的河南工业》，载《河南大学学报（社会科学版）》1992年第3期。

忻平：《清末新政与中国现代化进程》，载《社会科学战线》1997年第2期。

熊亚平：《铁路与华北内陆地区市镇形态的演变（1905—1937）》，载《中国历史地理论丛》2007年第1期。

徐有礼：《探寻郑州近代工业的历史轨迹》，载《黄河科技大学学报》2013年第5期。

徐有礼、朱兰兰：《“五卅”前后英美烟公司在河南的活动及影响》，载《商丘师范学院学报》2004年第3期。

徐蕴：《近代长江上游港口与腹地经济关系的比较研究——以宜昌、重庆、万县为中心（1877—1936）》，载《中华文化论坛》2018年第9期。

闫卫阳、秦耀辰、郭庆胜、李圣权：《城市断裂点理论的验证、扩展及应用》，载《人文地理》2004年第2期。

杨天宏：《近代中国自开商埠研究述论》，载《四川师范大学学报（社会科学版）》2001年第6期。

杨吾扬：《区位论与产业、城市和区域规划》，载《经济地理》1988年第1期。

姚芳、周密、孙林岩：《偏离—份额法的修正及中国工业竞争力分析》，载《软科学》2005年第6期。

邮传部编：《道清铁路站商务情形一览表·新乡老站》，载《交通官报》庚戌年第26期。

袁为鹏：《影响中国近代工业布局之主要因素》，载《中国社会科学院院报》2006年第2期。

袁为鹏：《中国近代工矿业区位选择的个案透视——盛宣怀试办湖北矿业失败原因再探讨》，载《中国经济史研究》2002年第4期。

乐正：《开埠通商与近代中国的城市化问题（1840—1911）》，载《中山大学学报（社会科学版）》1991年第1期。

张碧星、庄立会等：《区域差异研究方法评价与探讨》，载《云南地理环境研究》2006年第6期。

张东刚、李东生：《近代中国民族棉纺织工业技术进步研究》，载《经济评论》2007年第6期。

张健民：《近代生产布局中非经济因素的作用》，载《山西师大学报（社会科学版）》1987年第2期。

张静愚：《河南建设之回顾与前瞻》（续），载《中国建设》1926年第13卷第2期。

张镭：《中国现代化进程中的经济变迁与秩序生成——近代以后中国二元社会秩序生成的考察》，载《学术研究》2008年第3期。

张名金：《郑州第二棉纺织厂》，载《郑州文史资料》1994年第16辑。

张文忠、刘继生：《关于区位论发展的探讨》，载《人文地理》1992年第3期。

张永丽、田松美：《中国经济区划与区域经济关系演化》，载《华东经济管理》2011年第11期。

张仲礼、潘君祥：《上海城市经济的近代化及对长江流域经济的影响》，载《上海社会科学院学术季刊》1992年第3期。

张子珍：《中国经济区域划分演变及评价》，载《山西财经大学学报（高等教育版）》2010年第2期。

政协新乡市委员会秘书处：《解放前新乡蛋厂业发展情况》，载《河南文史资料》1981年第5辑。

郑永福、王玉强：《从理学家到著名实业家的王锡彤——一个近代中原士绅的嬗变追踪》，载《郑州大学学报（哲学社会科学版）》2003年第2期。

学位论文类参考文献：

陈轲：《二十世纪前期豫北近代工业投资环境研究（1900—1936）》，华中师范大学2006年硕士学位论文。

陈玉兰：《海峡西岸经济区中心城市对区域经济发展的拉动作用研究》，福建农林大学2011年硕士学位论文。

樊如森：《天津港口贸易与腹地外向型经济发展（1860—1937）》，复旦大学2004年博士学位论文。

龚会莲：《变迁中的民国工业史（1912—1936）——一种制度分析的视角》，西北大学2007年博士学位论文。

李俊娜：《近代安阳工商业发展与社会生活变迁研究（1903—1937）》，郑州大学2014年硕士学位论文。

李欣鑫：《近代殖民统治时期大连港研究》，大连理工大学2008年硕士学位论文。

刘良山：《近代厦门对外贸易发展研究（1862—1911年）——以历年厦门海关贸易统计报告为中心》，厦门大学2008年硕士学位论文。

刘忠颖：《中国经济区域划分——基于各省（自治区，直辖市）人均GDP曲线的划分》，东北师范大学2007年硕士学位论文。

毛勇：《铁路与新乡城市的兴起（1905—1937）》，郑州大学2010年硕士学位论文。

尚姗姗:《京汉铁路与沿线河南经济变迁(1905—1937)》，华中师范大学2008年硕士学位论文。

王鹤:《金融视角下中国经济区域划分方案探讨》，武汉理工大学2006年硕士学位论文。

王晓斌:《GIS实现下的港口腹地划分方法研究》，大连海事大学2015年硕士学位论文。

徐望坡:《上海对外贸易与当地经济增长关系的研究》，华东理工大学2010年硕士学位论文。

张珊珊:《近代汉口港与其腹地经济关系变迁(1862—1936)——以主要出口商品为中心》，复旦大学2007年博士学位论文。

周晓雷:《近代河南纺织工业的发展历程及其影响因素(1901—1937)》，郑州大学2015年硕士学位论文。

附　录

一、不同研究者笔下的近代中国通商口岸数量

研究者	总数	约开商埠与自开商埠数量	出处备注
	至1911年底，共92个	约开75处，奏开17处	臧励龢编纂:《新体中国地理》，商务印书馆1912年版，第73~86页
刘彦	共为112处，内除安庆、万县、惠州、桂林4处尚未实行开放外，其业经开放者，共108处	除天山南北各城及蒙古各处各盟总括的名词不计外，其他约开一定地点之商埠共80处，自开商埠共32处	刘彦:《被侵害之中国》，上海太平洋书店1928年版，第114~143页
邹鲁		将广东的拱北、香山、公益埠，广西的南宁，云南的省会，福建的三都澳、鼓浪屿，湖南的岳州、湘潭、常德，湖北的武昌，江西的宾兴洲，江苏的吴淞、海州、浦口、下关、无锡，安徽的蚌埠，河南的郑州，山东的济宁、龙口、济南、潍县、周村、胶州湾，河北的秦皇岛、葫芦岛、洮南、锦州，热河的赤峰，察哈尔的多伦诺尔，绥远的归化等比较冲要之32处，自动开为商埠	邹鲁:《日本对华经济侵略》，国立中山大学出版部1935年版，第53~58页

续表

研究者	总数	约开商埠与自开商埠数量	出处备注
刁敏谦	厥后渐增至八十有奇……该口等类散布于沿海及长江流域，罗列形俨如一侧置之T字		刁敏谦：《中国国际条约义务论》，商务印书馆1919年版，第2页
漆树芬	我国所开商埠总数，已达97处之多	……自行开放之商埠，共27处，他开商埠共70处。此外为我们应注意的，即在已许开放商埠中，有迄今尚未实行开放者，如万县、惠州、安庆等处	漆树芬：《经济侵略下之中国》，光华书局1931年版，第107~123页
	至1920年2月，商埠共81处	约开59处，自开22处	孔庆泰：《1921年前中国已开商埠》，载《历史档案》1984年第2期
严中平	105个（定而未开者5个）		严中平等编：《中国近代经济史统计资料选辑》，科学出版社1955年版，第39~48页
袁继成		约开70余处，自开32处	袁继成：《近代中国的商埠》，载《列强在中国的租界》编辑委员会编《列强在中国的租界》，中国文史出版社1992年版，第563~568页
	辛亥革命爆发前（1911年底），清政府所开放商埠，计达82处，除河南、陕西、山西、贵州外，遍布全国各省	约开口岸69处，自开13处	中国大百科全书总编辑委员会《中国历史》编辑委员会、中国大百科全书出版社编辑部编：《中国大百科全书·中国历史Ⅱ》，第896页
	旧中国曾开放过100多个商埠（包括所谓自开商埠和约开商埠，租界一般都设在商埠内）		中国史学会《中国历史学年鉴》编辑部编：《中国历史学年鉴　1983》，人民出版社1983年版，第159页
杨天宏		近代中国“标准条约口岸”有59个	杨天宏：《口岸开放与社会变革——近代中国自开商埠研究》，中华书局2002年版，第397页

续表

研究者	总数	约开商埠与自开商埠数量	出处备注
张洪祥		晚清民国时期“自开通商口岸”达35个	张洪祥:《近代中国通商口岸与租界》,天津人民出版社1993年版,第321~329页,附表三、四、五
姜涛		自五口通商到20世纪初,列强通过历次不平等条约强迫中国开放的通商口岸达70多处(其中半数以上是在19世纪末以后开放),而中国自开的商埠还不在内	姜涛:《通商口岸体系的形成与中国近代城市体系的变动——基于人口史的考察》,载《四川大学学报(哲学社会科学版)》2006年第5期;张海鹏编著:《中国近代史稿地图集》,地图出版社1987年版,第83~84页
周子峰	1840—1930年,中国共开放77个城市作为通商口岸		周子峰:《二十世纪中西学界的中国近代通商口岸研究述评》,载《岭南学报》(香港)2006年第3期
吴松弟	至1930年,在中国大地上,共出现了104个开放商埠,4个租借地,加上香港、澳门,开放口岸共达110个		吴松弟主编:《中国百年经济拼图:港口城市及其腹地与中国现代化》,山东画报出版社2006年版,第2~6页
郑忠	据统计,至1922年,中国先后开放的商埠共计79个		郑忠:《长江下游非条约口岸城市近代化动力分析》,载《南京师大学报(社会科学版)》2001年第1期
张笑川	中国近代开辟了100余个通商口岸		张笑川:《本土环境与西方冲击互动中的中国通商口岸——〈局外人:西方在印度和中国的经历〉述评》,载《史林》2006年第1期

二、严中平研究中的近代中国的通商口岸体系

<table>
<tr><th>设埠年月</th><th>商埠名</th><th>所在省份</th><th>设埠经过</th></tr>
<tr><td>1843年7月27日</td><td>广州</td><td>广东</td><td>第一次鸦片战争后，中英《江宁条约》（1842年8月29日）第二条订为商埠，其后中外多次条约同样定为商埠。如中美《望厦条约》（1844年7月2日《五口贸易章程》）第三款，中法《黄埔条约》（1844年10月24日《五口通商章程》）第二款，中瑞《挪通商章程》（1847年3月20日）第三款，中俄《天津条约》（1858年6月13日）第三条，中德《和好通商条约》（1861年9月2日）第六款，中葡《和好贸易章程》（1862年8月13日）第十款，中丹《天津条约》（1863年7月13日）第十一款，中荷《天津条约》（1863年10月6日）第二款，中意《通商条约》（1865年10月26日）第十一款，中比《通商条约》（1865年11月2日）第十一款，中日《通商章程》（1871年9月13日）第一款，等等</td></tr>
<tr><td>1843年11月1日</td><td>厦门</td><td>福建</td><td rowspan="4">中英《江宁条约》第二条；余同上</td></tr>
<tr><td>1843年11月27日</td><td>上海</td><td></td></tr>
<tr><td>1844年1月1日</td><td>宁波</td><td>浙江</td></tr>
<tr><td>1844年7月3日</td><td>福州</td><td>福建</td></tr>
<tr><td>1852年4月4日</td><td>伊犁</td><td>新疆</td><td rowspan="2">中俄《伊犁塔尔巴哈台通商章程》（1851年10月15日）</td></tr>
<tr><td>1852年4月4日</td><td>塔尔巴哈台（今塔城）</td><td>新疆</td></tr>
</table>

续表

设埠年月	商埠名	所在省份	设埠经过
1860年1月1日	潮州	广东	第二次鸦片战争后，中美《天津条约》（1858年6月18日）第十四条，中俄《天津条约》（1858年6月13日）第三款，中英《天津条约》（1858年6月26日）第十一款之一，中法《天津条约》（1858年6月27日）第六款，中德《和好条约》（1861年9月2日）第六款，中葡《和好贸易条约》（1862年8月13日）第十款，中丹《天津条约》（1863年7月13日）第十一款，中荷《天津条约》（1863年10月6日）第二款，中西《和好贸易条约》（1864年10月10日）第五款，中意《通商条约》（1865年10月26日）第十一款，中比《通商条约》（1865年11月2日）第十一款，中日《通商章程》（1871年9月13日）第一款，等等，定为商埠
1851年（1861年）1月20日	天津		第二次鸦片战争后，中英《北京续增条约》（1860年10月24日）第四款，及中法《北京续增条约》（1860年10月25日）第七款，订为商埠；美国根据中美《望厦条约》第二款及《天津条约》第三十条，俄国根据中俄《天津条约》第十二款，最惠国条款享受同等待遇，其他各国均同上
1861年4月3日	牛庄（今营口）	辽宁	中英《天津条约》第十一款之一，法国根据中法《黄埔条约》第三十四款最惠国条款，获得同等待遇，余同上
1861年4月5日	喀什噶尔（今疏勒县）	新疆	中俄《北京续增条约》（1860年11月14日）第六款及第八款
1861年5月10日	镇江	江苏	中英《天津条约》第十款，余同牛庄
1861年7月11日	库伦（今乌兰巴托）	蒙古（今蒙古国）	中俄《北京续增条约》第五款，仅订设领事馆及经过商路，后俄使数次要求清总理衙门允许通商

续表

设埠年月	商埠名	所在省份	设埠经过
1862年1月1日	汉口	湖北	同镇江
1862年1月	九江	江西	
1862年1月16日	芝罘	山东烟台	中英《天津条约》第十一款之一，中法《天津条约》第六款，开登州为商埠，实际因登州不适于开埠，改为芝罘，余同镇江
1862年7月28日	淡水	台湾	中法《天津条约》第六款，英国根据中英《虎门条约》（1843年10月8日善后事宜粘附和约）第八款获得同等待遇，余同上
1863年10月1日	台湾	台湾	中英《天津条约》第十一款之一，余同上。1891年11月25日改为台南
1876年4月1日	琼州	海南	中英《天津条约》第十一款之一，中法《天津条约》第六款，中俄《天津条约》第三款，余同上
1877年4月1日	宜昌	湖北	中英《烟台会议条约》（1876年9月13日）第三端之一
1877年4月1日	芜湖	安徽	
1877年4月2日	北海	广东	
1881年4月	肃州	甘肃	中俄《改订伊犁条约》（1881年2月24日）第十条
1881年4月	吐鲁番	新疆	
1881年4月	乌里雅苏台	蒙古	
1881年4月	哈密	新疆	
1881年4月	乌鲁木齐	新疆	
1881年4月	古城	新疆	
1887年4月2日	拱北	广东	《中葡会议草约》（1887年3月26日）第四款规定“葡国坚允洋药征收事宜”后，税务司呈准在拱北设关征税，开为商埠，及《中葡会议专约》（1887年12月1日）第二款

续表

设埠年月	商埠名	所在省份	设埠经过
1889年6月1日	龙州	广西	中法《续议商约专条》(1887年6月26日)第二条
1889年8月24日	蒙自	云南	
1891年3月	重庆		中英《烟台会议》条款第三端之一，中日马关条约(1895年4月17日)第六款
1894年5月	亚东	西藏	《中英会议印藏条款》(1893年12月5日)第一款
1896年9月26日	苏州	江苏	中日《马关条约》第六款
1896年9月26日	杭州	浙江	
1896年10月1日	沙市	湖北	
1897年1月	河口	云南	中法《续议商务专条》第二条原定蛮耗，至中法《商务专条》(1858年5月28日)附章第二、第三款改为河口
1897年1月	思茅	云南	中法《商务专条附章》第二、第三款
1897年6月3日	梧州	广西	《中缅条约》(1897年2月4日)附款专条
1897年6月4日	三水	广东	
1898年4月20日	吴淞	江苏	由海关总税务司赫德建议，由清总理衙门奏请开放
1899年3月22日	江宁	江苏	中法《天津条约》第六款，及修改长江通商章程(1899年4月1日)第二条
1899年5月8日	三都澳	福建	1898年3月24日，清总理衙门奏准自开
1899年11月1日	岳阳	湖南	汉口英国领事要求，由清湖南巡抚于1898年3月24日呈准自开
1901年12月	秦皇岛	河北	清总理衙门于1898年3月26日奏准自开，并宣布于1899年4月开埠
1902年5月1日	鼓浪屿	福建	日英驻厦门领事要求，由清兴泉永兵备道奏准自开
1902年5月8日	腾越	云南	《中缅条约》第十三款，原定蛮允，后改

续表

设埠年月	商埠名	所在省份	设埠经过
1904年4月22日	江门	广东	中英《续议行船条约》(1902年9月5日)第八款
1904年7月1日	长沙	湖南	同上；中日《通商航海续约》(1903年10月8日)第十款
1906年1月10日	济南	山东	胶济及津浦铁路修筑后，德国领事要求，由直督袁世凯、鲁抚周馥于1904年4月4日奏准自开
1906年1月10日	潍县	山东	
1906年1月10日	周村	山东	
1906年4月27日	江孜	西藏	中英《拉萨条约》(1904年9月7日)及中英《续订印藏续约》(1906年4月27日)附约第二款
1906年9月10日	铁岭	辽宁	中日《会议东三省事宜正约》(1905年12月22日)附约第一款
	新民屯	辽宁	
1906年9月10日	通江子	辽宁	
1906年9月10日	法库门	辽宁	
1907年1月1日	南宁	广西	1899年1月30月日广西巡抚黄槐森，因英法两国要求，奏准筹开
1907年1月14日	吉林	吉林	中日《会议东三省事宜正约》(1905年12月22日)附约第一款
1907年1月14日	长春	吉林	
1907年1月14日	哈尔滨	黑龙江	
1907年1月14日	满洲里	内蒙古	同上，中俄《东省合办铁路公司合同》(1896年9月2日)第十条
1907年1月14日	绥芬河	黑龙江	中俄《东省合办铁路公司合同》第十条，北满洲税关章程照会(1907年7月7日)
1907年3月1日	安东	辽宁	中美续议通商行船条约(1903年10月8日)第十三款，中日通商航海续约第十款
1907年3月	大东沟	辽宁	

续表

设埠年月	商埠名	所在省份	设埠经过
1907年5月28日	齐齐哈尔	黑龙江	中日《会议东三省事宜条约附约》第一款
1907年6月28日	凤凰城	辽宁	
1907年6月28日	辽阳	辽宁	
1907年6月28日	爱珲	黑龙江	
1908年4月11日	奉天	辽宁	
1908年5月28日	昆明	云南	1887年6月23日中法照会，法国领事要求，由清滇督于1905年9月奏准自开
1908年	香洲	广东	香山县官商（道衔伍于政，知府衔王说，戴安国，运同衔冯宪章等）筹办，于1908年经粤督批准开办，1909年5月24日奏准自开
1908年	公益埠	广东	1908年粤督张人骏批准开办
1909年7月1日	三姓	吉林	《中日会议东三省事宜条约附约》第一款
1909年11月2日	龙井村	吉林	《中日图们江界务条款》（1909年9月4日）第一款
1909年11月2日	局子街	吉林	
1909年11月2日	头道沟	吉林	
1909年11月2日	百草沟	吉林	
1910年1月1日	珲春	吉林	中日《会议东三省事宜条约附约》第一款
1910年1月	宁古塔	黑龙江	
1910年1月	海拉尔	内蒙古	
1912年8月	浦口	江苏	英德领事要求，由两江总督刘坤一于1900年起筹备开埠
1914年1月8日	葫芦岛	辽宁	清东三省总督于1908年奏准筹备，至1914年北洋军阀政府国务总理熊希龄宣布自开

续表

设埠年月	商埠名	所在省份	设埠经过
1914年1月8日	多伦诺尔	内蒙古	公使团要求，北洋军阀袁世凯宣布自开
1914年1月8日	洮南	黑龙江	
1914年1月8日	归化（今呼和浩特）	内蒙古	
1915年11月1日	龙口	山东	同上，1915年2月日军攻青岛，侵入龙口，北洋军阀政府外交部照会公使团定期开埠
1916年4月8日	锦州	辽宁	日本领事要求，北洋军阀奉天巡按使段芝贵于1916年2月12日呈请开放
1916年	张家口	内蒙古	中俄《北京续增条约》第五款，至1908年7月1日清察哈尔都统诚勋奏请自开，时外务部议覆从缓，至1914年1月8日公使团要求，北洋军阀袁世凯公布开放
1917年2月27日	赤峰	热河	公使团要求，1914年1月8日北洋军阀袁世凯公布开埠
1917年4月	郑家屯	辽宁	日本领事要求，张作霖公布开放
1921年2月	海州	江苏	1905年10月24日清两江总督周馥奏准自开商埠
1921年4月22日	济宁	山东	北洋军阀政府国务总理靳云鹏、财政部长潘复与日本勾结，筹备自开
1921年	包头	内蒙古	京绥铁路筑至包头后，北洋军阀政府宣布开埠
1922年4月15日	郑州	河南	1904年清豫抚呈准自开，未进行，至1920年日驻汉口领事与河南督军赵倜勾结筹备开埠
1922年8月7日	徐州	江苏	江苏省省长韩国钧呈请开埠
1922年12月10日	青岛	山东	胶澳租借地向日本收回后，仍为商埠
1923年	无锡	江苏	1906年7月中意修订商约时意国领事曾索开无锡绍兴两地为通商口岸，至是年无锡官商呈请自开

续表

设埠年月	商埠名	所在省份	设埠经过
1923年	宾兴洲	江西	1917年起九江绅商建议筹备开埠，1923年北洋政府核准开埠
1924年8月7日	铜鼓	广东	广东军政府大本营筹备开埠
1924年9月1日	蚌埠	安徽	1923年起安徽督军马联甲筹备开埠
1925年11月26日	万县	四川	中英《续议通商行船条约》第八款第十二节；1925年3月川康军务督办刘湘及32师师长唐式遵进行举借外债，筹备开埠，同年7月23日北洋军阀段祺瑞公布开放
1930年5月10日	中山港	广东	1928南京国民政府筹备自开
1930年10月9日	威海卫	山东	中英《交收威海卫专约》(1930年4月15日)第十六条
	武昌	湖北	清湖广总督张之洞以美国人测量粤汉铁路划定铁路起点，遂于1900年11月29日奏请将城北十里外沿江地方作为自开口岸，后未正式开埠
	安庆	安徽	中英《续议通商行船条约》第八款第十二节。后以裁厘加税交涉并未正式开埠，仅为轮船停泊上下客货物处
	常德	湖南	1905年汉口美领要求，由清湘抚奏准，定于1906年7月2日开埠，后以租地章程经外务部批驳延期，未正式开埠
	湘潭	湖南	1905年清湘抚奏准自开，后地方人士反对而未开
	惠州	广东	中英续议通商行船条约第八款第十二节，后以裁厘加税为条件，未正式开埠

资料来源 严中平等编:《中国近代经济史统计资料选辑》，科学出版社1955年版，第39~48页。表中，作者所谓“设埠年月”，似应为“开埠年月”为当。因为，所谓设立商埠，未必即与开埠日期相一致，此需注意者。

三、《新体中国地理》所载通商口岸体系

本国地大物博，甲于环球，国民又富于商业性质。唯以原料多而出品少，而足以阻碍商业之发达者，又有种种之原因，故进步甚鲜。前清时虽曾设农工商部，订商律，改商约，但进行不力，实效难期。民国既兴，铁道及其他交通之机关，必日益扩张，矿山及其他之利源，日益开拓，商务之兴，行有日矣。

贸易分本国外国二种，本国贸易，多集于北京及各省会，以山西人为最占优势，山东人次之。外国贸易，多集通商各港，以广东人为最占优势，闽浙人次之。

开埠通商，以鸦片战争之结果，上海、宁波、福州、厦门、广州五口通商为始，频年迭次开放，贸易交通，次第进步，今将已开水陆各埠列表如下：

本国水陆商埠表

埠名	所在地	关名	开放年份	驻有领事各国	开放事由
营口	奉天营口厅西辽河口	山海	清咸丰八年	英德日瑞俄美法荷	英《天津条约》
连山湾	奉天锦州府宁远州东北		清光绪三十四年		奏开
秦皇岛	直隶永平府临榆县南	秦皇岛	清光绪二十四年		奏开
天津	直隶天津府治	津海	清咸丰十年	英法德俄美日奥意比葡	英法《北京条约》
烟台	山东登州府福山县芝罘岛内	东海	清咸丰八年	英法德俄美日奥	英《天津条约》

续表

埠名	所在地	关名	开放年份	驻有领事各国	开放事由
青岛	山东胶州劳山港口外	胶海	清光绪三十四年		虽有德国租借地而我国有海关设于此
海州	江苏海州之临洪口	海州	清光绪三十一年		奏开
上海	江苏松江府上海县	江海	清道光二十二年	英法德俄美丹奥日西葡比瑞荷意	英《南京条约》订开沿海五口之一
吴淞	江苏太仓州宝山县之吴淞镇	江海分关	清光绪二十二年		光绪六年德国续约允准停泊至二十二年奏明改为江海分关
宁波	浙江宁波府治	浙海	清道光二十二年	奥英日	英《南京条约》订开沿海王口之一
温州	浙江温州府治	瓯海	清光绪二年	奥英日	英《烟台会议条约》
福宁	福建福宁府治		清光绪十六年		奏开
三都澳	福建福宁府三沙湾内	福海	清光绪二十四年		奏开
福州	福建福州府之南台	闽海	清道光二十二年	英德法日荷葡瑞俄西美	英《南京条约》订开沿海五口之一
厦门	福建泉州府厦门厅	厦门	清道光二十二年	英日	英《南京条约》订开沿海五口之一
汕头	广东潮州府澄海县	潮海	清咸丰八年	英法	英《天津条约》
北海	广东廉州府城南	北海	清光绪二年		英《烟台会议条约》
琼州	广东琼州府之海口	琼海	清咸丰八年		英《天津条约》

（海岸商埠）

续表

埠名	所在地	关名	开放年份	驻有领事各国	开放事由
重庆	四川重庆府治	重庆	清光绪十七年	英日美法	光绪二年英《烟台条约》订明由英派员前往察看商务至十七年开
万县	四川夔州府万县		清光绪二十八年预定		英《烟台会议条约》
宜昌	湖北宜昌府治	宜昌	清光绪二年	英日美法	英《烟台会议条约》
沙市	湖北荆州府南	沙市	清光绪二十二年		光绪二年英《烟台条约》订明归入长江轮船停泊处至二十二年开
岳州	湖南岳州府治	岳州	清光绪二十四年		奏开
武昌	湖北武昌府治开胜门外		清光绪二十六年		奏开
汉口	湖北汉阳府夏口厅	江汉	清咸丰八年	英法德俄比日西瑞荷义	英《天津条约》订开长江三口之一
九江	江西九江府治	九江	清咸丰八年	法（汉口兼）英日荷俄美（均上海兼）	英《天津条约》订开长江三口之一
安庆	安徽安庆府治		清光绪二十八年		光绪二年英《烟台会议条约》允作停泊处二十八年英约允开
芜湖	安徽太平府芜湖县	芜湖	清光绪二年	英美日奥	英《烟台会议条约》
江宁	江苏江宁府之下关	金陵	清光绪二十三年	英法	咸丰八年法约订开嗣因太平事急遂寝至光绪二十三年奏开

续表

埠名	所在地	关名	开放年份	驻有领事各国	开放事由
镇江	江苏镇江府治	镇江	清咸丰八年	英日美（上海兼）	英天津条约订开长江三口之一
长沙	湖南长沙府治	长沙	清光绪三十年		奏开
湘潭	湖南长沙府湘潭县	湘潭	清光绪三十一年		奏开
常德	湖南常德府治	常德	清光绪三十一年		奏开

（扬子江商埠）

埠名	所在地	关名	开放年份	驻有领事各国	开放事由
广州	广东广州府之沙面	粤海	清道光二十二年	英美荷葡法德日俄比义奥	英《南京条约》订开沿海五口之一
三水	广东广州府三水县	三水 肇庆德庆属之	清光绪二十三年		光绪二十一年英立《中缅条约附款专条》订允二十三年开
江门	广东广州府新会县之北	江门	清光绪三十年		旧为三水分关光绪二十八年中英商约允开口岸三十八年设专关
甘竹	广东广州府顺德县	甘竹	清光绪二十三年		旧称三水关光绪二十三年中英《缅甸条约》附款允作分关
香洲	广东广州府香山县前山		清宣统元年三月		光绪三十四年地方绅商禀请开办
九龙	广东香港之北		清光绪二十四年		虽为英租借地而广东分关设于此

续表

埠名	所在地	关名	开放年份	驻有领事各国	开放事由
新宁	广东广州府新宁县		清光绪三十四年九月		光绪三十四年地方绅商禀请开办
惠州	广东惠州府治	惠州	清光绪二十八年豫定		中英商约
梧州	广西梧州府治	梧州	清光绪二十二年		光绪二十一年英立《中缅附款》专称订允二十年开
南宁	广西广宁府治	南宁	清光绪三十二年		光绪二十四年奏定至三十二年始勘界开放
龙州	广西太平府龙州厅	龙州	清光绪十三年	法	《续议法越商务专条》

（珠江商埠）

埠名	所在地	关名	开放年份	驻有领事各国	开放事由
济南	山东济南府治	济南	清光绪三十年		奏开
周村	山东济南府长山县南		清光绪三十年		奏开
潍县	山东莱州府潍县		清光绪三十年		奏开
郑州	河南郑州		清光绪三十一年		奏开

（黄河商埠）

埠名	所在地	关名	开放年份	驻有领事各国	开放事由
苏州	江苏苏州府治	苏州	清光绪二十二年	英日	光绪二十一年日本《马关条约》
杭州	浙江杭州府治	杭州	清光绪二十二年	英日	光绪二十一年日本《马关条约》

（运河商埠）

埠名	所在地	关名	开放年份	驻有领事各国	开放事由
张家口	直隶宣化府城西北		清咸丰十年		俄续约
彰德	河南彰德府治		清光绪三十四年		奏开
洛阳	河南河南府洛阳县		清光绪三十四年		奏开
云南	云南云南府治	云南	清光绪三十一年		奏开
蒙自	云南临安府蒙自县	蒙自	清光绪十三年		《续议法越商务专条》
河口	云南开化府安平厅南边	河口	清光绪二十三年	法	光绪二十一年《中法条约》订定
思茅	云南普洱府思茅厅	思茅	清光绪二十一年		中英改订《中缅附款专条》
腾越	云南腾越厅	腾越	清光绪二十三年	英	《滇顷条约》
嘉峪关	甘肃肃州		清光绪七年	俄	中俄改订条约
买卖城	即恰克图外蒙古土谢图汗北境		清雍正五年		雍正五年与俄订立恰克图条约准令通商嗣又禁止，至乾隆五十七年复立互市约
库伦	即为乌尔戛外蒙古土谢图汗境内		清咸丰十年	俄	俄续约

续表

埠名	所在地	关名	开放年份	驻有领事各国	开放事由
塔尔巴哈台	新疆塔尔巴哈台厅		清咸丰元年	俄	中俄《伊犁塔尔巴哈台通商章程》
伊犁	新疆伊犁府治		清咸丰元年	俄	中俄《伊犁塔尔巴哈台通商章程》
迪化	新疆迪化府治旧称为乌鲁木齐		清光绪七年		俄改订条约十二款
疏勒	新疆疏勒府治旧称喀什噶尔		清咸丰十年	俄	俄续约
吐鲁番	新疆吐鲁番		清光绪七年	俄	中俄改订条约
亚东	后藏靖西厅亦称春丕	亚东	清光绪二十三年		光绪二十一年中英《会议印藏条约》订允至二十三年开
江孜	后藏江孜城		清光绪三十二年		《印藏新约》
噶大克			清光绪三十二年		《印藏新约》

（陆路商埠）

埠名	所在地	关名	开放年份	驻有领事各国	开放事由
奉天	奉天奉天府治		清光绪三十二年	俄德日	光绪二十九年中美《通商条约》及中日《通商航海条约》所订
安东	奉天凤凰厅安东县		清光绪三十二年		光绪二十九年中美《通商条约》及中日《通商航海条约》所订

续表

埠名	所在地	关名	开放年份	驻有领事各国	开放事由
大东沟	奉天凤凰厅安东县南		清光绪三十二年		光绪二十九年中美《通商条约》及中日《通商航海条约》所订
凤凰	奉天凤凰厅治		清光绪三十二年豫定		中日协约
辽阳	奉天辽阳州治		清光绪三十二年豫定		中日协约
新民	奉天新民府治		清光绪三十二年豫定		中日协约
铁岭	奉天铁岭县治		清光绪三十二年豫定		中日协约
通江子	奉天昌图府康平县东俗称通江口		清光绪三十二年豫定		中日协约
法库门	奉天铁岭县西北法库厅治		清光绪三十二年豫定		中日协约
吉林	吉林吉林府治		清光绪三十二年豫定	日	中日协约
长春	吉林长春府治俗称宽城子		清光绪三十二年豫定	日	中日协约
滨江	吉林滨江厅治旧称哈尔滨		清光绪三十二年豫定	俄日	中日协约
宁安	吉林宁安府治旧称宁古塔		清光绪三十二年豫定		中日协约

续表

埠名	所在地	关名	开放年份	驻有领事各国	开放事由
珲春	吉林珲春厅治		清光绪三十二年豫定		中日协约
依兰	吉林依兰府治旧称三姓		清光绪三十二年豫定		中日协约
龙井村	吉林和龙县西北六道沟左岸		清宣统元年九月	日	宣统元年七月中韩《界务条约》第二款订开
局子街	吉林延吉府治		清宣统元年九月	日	宣统元年七月中韩《界务条约》第二款订开
头道沟	西北去延吉府约九十里		清宣统元年九月	日	宣统元年七月中韩《界务条约》第二款订开
百草沟	南至延吉府约百里		清宣统元年九月	日	宣统元年七月中韩《界务条约》第二款订开
龙江	黑龙江龙江府治旧称齐齐哈尔		清光绪三十二年豫定		中日条约
呼伦	黑龙江呼伦厅治旧称海拉尔		清光绪三十二年豫定		中日条约
爱珲	黑龙江爱珲厅		清光绪三十二年豫定		中日条约
胪滨	黑龙江胪滨府治旧称满洲里		清光绪三十二年豫定		中日条约

（东三省订定开放各埠）

轮船上下客货各地表

地名	所在地	事由
通州	江苏通州天生港	清光绪三十二年奏定作为起落货物之埠
大通	安徽池州府大通镇	清光绪二年英《烟台会议条约》允作轮船上下客货处
湖口	江西九江府湖口县	清光绪二年英《烟台会议条约》允作轮船上下客货处
武穴	湖北黄州武穴镇	清光绪二年英《烟台会议条约》允作轮船上下客货处
陆溪口	湖北武昌府境	清光绪二年英《烟台会议条约》允作轮船上下客货处
肇庆	广东肇庆府治	清光绪二十三年中英《滇缅条约附款》允作轮船停泊处
德庆	广东肇庆府德庆州	清光绪二十三年中英《滇缅条约附款》允作轮船停泊处
白土口	广东	清光绪二十八年中英商约允作暂行停泊上下客货处
罗定口	广东罗定州境	清光绪二十八年中英商约允作暂行停泊上下客货处
都城	广东罗定州西宁县境	清光绪二十八年中英商约允作暂行停泊上下客货处

以上各埠，以广州为南部之枢纽，天津为北部之枢纽，汉口为长江之中心，而以上海为总机括，全国货物均于此集散。统理一切交涉者曰通商大臣，北洋以直隶总督兼任，南洋以两江总督兼任。其已设新关者，以附近道员为监督，然亦有特派监督及总督兼管者，如天津之特设关道，粤海关之由两广总督兼管，闽海关之由闽浙总督兼管是也。其征税之事，多以西人主政，曰税务司，初以英人赫德为总税务司。清宣统三年，赫德死，仍用外人继之，复特派税务大臣统治各关，而税务司亦参用华人焉。

……

河北省商埠：凡三，一曰天津，在京师东南，当五大河之合流处，汽船畅通，铁路四达，北部冲要繁盛之区也；一曰秦皇岛，在临榆县南，四时不冰，沽河冰合后，凡南来之轮舶，皆取道于此；一曰张家口，在宣化府西，长城之隘，蒙古军台及恰克图出入之要道也。

山东省商埠：烟台，为山东唯一之商港，在福山县东北芝罘湾南岸，汽船之往来渤海者，必先系泊于此，故贸易颇盛，沿岸有炮台与崆峒岛之炮台对峙，实渤海之咽喉也。此外济南一埠，以胶济铁路成，故自行开放，而潍县及长山县之周村，亦同时开放焉。

河南省商埠：郑州在黄河之南，当京汉铁路之中。清光绪三十一年以路工告成，乃自行开放，并升郑州为直隶州焉。

甘肃省商埠：嘉峪关在肃州西七十里，即古玉门关。当本部与西域交通之要点，俄人之通商场也。其他商务，以宁夏为最盛，兰州次之，西宁当青海之东，番回之与汉人互市者皆集焉。

江苏省商埠：凡六，一曰上海，当黄浦江之西，居海岸中权，为中国商货出入之枢纽；一曰镇江，当大江与运河会流处，一曰江宁，为明代旧都，城郭之大，甲于全国；一曰苏州，当太湖之东；一曰吴淞，即吴淞口之吴淞镇。近又将江北之海州开放，就中商务，以上海为最盛，镇江次之，江宁、苏州又次之。至如清江浦，在淮安府清河县，地当南北冲衢，平日贸易，亦称繁盛。

安徽省商埠：芜湖在大江之南，当镇江九江之中央，溯江而上，第三通商港也。茶米均于此输出。此外之大通、安庆，亦为繁盛市场，故大通已辟为货物起落之埠，安庆亦立约开放矣。

江西省商埠：九江在大江之南，鄱阳之西，溯江而上第四通商港也。沿江各埠，除汉口外，商务以此为最盛。

浙江省商埠：凡三，一曰宁波府，一曰温州府，一曰杭州府。宁波一埠，当甬江之口，河流纵贯，舟楫畅通，商务极盛，温州次之，杭州则商务多在省城，故租界殊觉寂寥焉。

湖北省商埠：凡三，一曰汉口，为夏口厅治，当汉水入江之口，居四方之冲，轮舶云集，商务极盛，长江之中心点，而京汉、粤汉、川汉三大干路之终点处也。一曰宜昌，一曰荆州城南之沙市。宜昌为商贾汽船之终点，故贸易尚盛，沙市则不如远矣。

湖南省商埠：凡四，一曰岳州，一曰长沙，一曰湘潭，一曰常德。岳州当洞庭之口，为全省出纳之咽喉，茶米之输出最多，至长沙、湘潭、常德三埠，则商务未盛。

四川省商埠：凡二，一曰重庆，当嘉陵江与大江合流处，扬子江最上游之商埠，四川全省贸易之要区也；一曰万县，在夔州府属，虽已订定，尚未开放。

福建省商埠：凡三，一曰福州之南台；一曰泉州之厦门，百货骈集，贸易极繁；一曰福宁府之三都澳，三沙湾内之小岛也，周二十里，商务亦盛。

广东省商埠：本省商埠颇多。一曰广州，南临珠江，为南部中枢，街市繁荣，列肆栉比，与外人通商最早，贸易极盛，租界在府城西南，地名沙面；一曰汕头，在潮州府澄海县西南，当韩江左岸；一曰北海，在廉州府合浦县西南，后负岩壁，前临东京湾；一曰琼州，在琼州岛之北，租界在府城之东，地名海口；一曰三水，即广州府之三水县；一曰江门，在广州府新宁县之北；一曰甘竹，在广州府顺德县；一曰香洲，在广州府香山县前所；一曰新宁，在广州府新宁县南之公益埠。香洲、新宁，皆前清光绪三十四年所新辟，商务未盛。琼州一埠，因海口甚浅，时有飓风，故贸易停滞，殊鲜进步云。

广西省商埠：凡三，一曰梧州，当浔桂二江合流之地，两粤交通之要点也；一曰龙州，在本省西南，与安南接壤，专与法国贸易；一曰南宁，在本省南部中枢，前清时早有开放之议，至光绪三十二年，始勘界开埠。

云南省商埠：凡五，一曰蒙自，临安府属之县治，崇山环绕，天气温和；一曰河口，在开化府南境，富良江与南河之会口，隔南河与安南之劳开相对；一曰思茅，普洱府属之厅治，近澜沧江；一曰腾越，永昌府属之厅治，在怒江之右，为滇缅交通要道；一曰云南府，即省会也。商务以蒙自为最盛，腾越次之。

奉天省商埠：营口，辽东平野之咽喉，而奉天之重要商港也，商业繁盛，人民殷阜。日俄战后，新开之埠甚多，如奉天、安东、大东沟、凤凰城、辽阳、新民、铁岭、通江子、法库门等皆是也。

吉林省商埠：本省旧无商埠，有之自前清光绪三十二年中日协约始。吉林、长春（即宽城子）、滨江（即哈尔滨）、宁安（即宁古塔）、珲春、依兰（即三姓）等皆是也。宣统元年，中韩界务条约复订开四埠，如龙井村、延吉（即局子街）、头道沟、百草沟等皆是也。商务以吉林、长春、滨江为最盛，珲春、依兰、延吉次之。

黑龙江省商埠：前清光绪三十二年中日协约既成，始明定商埠，一曰龙江府（即齐齐哈尔），一曰呼伦厅（即海拉尔），一曰瑷珲厅，一曰满洲里（即胪滨府），贸易以龙江为最盛，呼伦、瑷珲、胪滨次之。

新疆省商埠：凡五，曰疏勒，曰塔尔巴哈台，曰伊犁，曰迪化，曰吐鲁番，皆与俄人通商场。然天山南北皆准其任便贸易，就中商务，以疏勒为最盛，波斯、阿富汗等国商货皆集焉。

蒙古商埠：凡二,一曰买卖城，又名恰克图，一曰库伦，又名乌尔戛，皆在土谢图汗境内，对于俄属之通商场也。恰克图开放最早，清雍正五年，即与俄订通商约，嗣又禁止，至乾隆时复立互市约。库伦则至咸丰时始订约开放，他如乌里雅苏台城及科布多城，亦为俄商互市之所，商人运货，多以骆驼，往来于沙漠者，终岁不绝。

西藏商埠：亚东，新设靖西厅治也，属四川雅州府，其地在不丹之西，哲孟雄之北，英人名曰春丕，亦作春碑。凡西藏要地，与印哲互市者，以此为出入必经之要路。其北二百里有江孜城，亦繁盛市场，故并附近之噶大克，于《印藏新约》中，又已订开商埠矣。

资料来源 臧励龢编纂：《新体中国地理》，商务印书馆1912年版，第三编第二章第十一节“商业”，第73~86页；第四编第一章至第五章，第5~94页。

四、《中国商业史》载通商口岸体系

开港原因：

前清闭关以拒外人，本非贸易善策，而开港亦各国交通之常事，特屈于外人之势力，以强迫而出此，实国耻也。

开港次第：

五口通商而后，外人之势力骤盛，同时美法亦得援例以讲通商如英人。嗣是屡因国际交涉，续开商港无数。但其中分条约港与非条约港，条约港者，出外人之要求，既与订约，而始行开放者是也；非条约港者，防外人之占领，不待订约而自行开放者是也。胪举之如左：

条约港

咸丰十年，中国与英订《天津条约》，复开牛庄、天津、芝罘、镇江、九江、汉口、汕头、琼州八处为商埠。

光绪二年，中国与英订《烟台条约》，复开芜湖、宜昌、温州、北海四处为商埠。

光绪十三年，中国与英订专条约，复开九龙、拱北二处为商埠。

光绪二十一年，中国与日本订《马关条约》，复开苏州、杭州、沙市、重庆四处为商埠。

光绪二十三年，中国与英订《滇缅条约》，复开梧州、三水二处为商埠。（又订江门、甘竹二处为停泊所，后改为三水分关。）

光绪二十八年，中国与英订约，允开惠州、万县二处为商埠。

光绪二十九年，中国与美日订约，允开安东、大东沟二处为商埠。

非条约港

光绪二十二年，我国自开吴淞为商埠。

光绪二十五年，我国自开岳州、三都澳二处为商埠。

光绪二十七年，我国自开秦王岛为商埠。

光绪三十年，我国自开长沙为商埠。

光绪三十一年，我国自开济南为商埠。（又开潍县、周村二处为济南分埠。）

光绪三十一年，我国自开常德、湘潭二处为商埠。

光绪三十一年，我国自开海州、通州二处为商埠。

光绪三十二年，我国自开南宁为商埠。

其陆路商埠，除黑龙江、蒙古之恰克图外，若新疆省之塔尔巴哈台、伊犁、喀什噶尔、乌鲁木齐、天山南北，吉林省之乌苏里江，黑龙江省之松花江，蒙古之库伦及蒙古各盟，直隶省之张家口，甘肃省之肃州，广西省之龙州，云南省之蒙自、思茅、腾越，亦次第开为商埠。（又奉天省之凤凰城、辽阳、新民屯、铁岭、通江子、法库门、满洲里等处，吉林省之长春、吉林省城、哈尔滨、宁古塔、珲春、三姓等处，黑龙江省之齐齐哈尔、海拉尔、爱珲等处。日俄战后，日本与中国订约，俟日俄两国军队撤退，自开。）而外人商务至此涨度之高，达于极点，我国商人之受激动力，不啻在风涛中，他又有各国之租借港六……

资料来源 陈家锟:《中国商业史》，中国图书公司1913年版，第61~65页。

五、《被侵害之中国》所载通商口岸体系

中国之商埠，与欧美各国之商港不同，亦与未取消不平等条约以前之日本商埠，及土耳其商埠不同。实世界未有之一种特殊情形，与特殊制度也。所谓与日本、土耳其商埠情形不同者，日本在未改正条约以前，其被外人迫开之商埠，通共不过长崎、神户、横滨、大阪、函馆、马关、门司之七处而止，以比中国所开商埠，何啻九牛之一毛。土耳其之通商口岸，依习惯而定，其条约上不列举商埠之地名，只规定限于向来许外人居住贸易之地方而止。所以尽管不平等条约不能取消，而商埠永不增加，恰如中国鸦片战争以前，只许外人在广东一隅贸易之情形，绝对非如中国现在开百数十处商埠之多者也。所谓与欧美各国商港不同者，欧美各国商港之制度，不过以关税行政上之目的，约定该处为外国旅客、外国货物、外国船舶出入之口岸而止。非如中国通商口岸有特殊之义务，与特殊之制度也。所谓中国商埠有特殊义务与特殊制度者，有下列之各项：

一、商埠须划租界。租界内之行政权、警察权，中国政府不能过问，不啻一国之内将所有商埠内之行政权割让与外人行使。

二、商埠内之土地，唯外国人民有永租权，除公共租界外中国人民反不能有土地所有权。不啻一国之内将所有商埠内之土地割让与外国人民。

三、商埠内居住之外国商人，中国政府不得向其课营业税，不动产税、所得税、印花税、警察捐等。

（注：中外各约，皆无外商免纳中国税捐之规定，此出于外人超越不平等条约以外之压迫。）

四、商埠内之外国货物，除纳进口正税外，中国不得另课他税。

（注：光绪二十二年《中日商约》第九款。）

五、自甲商埠运至乙商埠之外国货物，其已经完过进口正税一次者，不再纳他税。

（注：咸丰八年《中英条约》第四十五款，同年《中法条约》第二十四款，《中美条约》二十一款。）

六、在商埠购买中国土货出口，只完出口正税，无论经过若干子口，概不纳子口税，及其他内地税。

（注：光绪二十二年《中日商约》第十二款第二项。）

七、外商在甲商埠购买中国土货，运至乙商埠销售者，只纳正税半数之复进口税而止。

（注：同治二年《中丹条约》第四十四款。）

唯因中国商埠有此等特殊义务制度，所以各帝国主义，无论战败中国之结果，或其他最小争执，亦必要挟增开商埠。综计自《南京条约》五口通商起，迄至今日，八十余年之间，其被条约上迫开之商埠，除俄约所称天山南北各城、蒙古各处各盟综括的名词不计外，其他指开一定地点之商埠，业经八十余处之多。以海禁开通之年岁计之，约有每年开一商埠之观。然此尚仅以约开之商埠言也，除约开商埠之外，尚有一种自开商埠，……总计自开商埠亦共三十余处。……除约开自开之两种商埠外，尚有一种特别商埠，既非约开，亦非自开，而外人居于斯贸易于斯，毫不受何等拘束（笔者注：此段颇与邹鲁文同，未知抄自何处。）……此等特别商埠，亦数十处之多。论中国商埠，与研究中国各商埠之情形者，若仅以约开自开之两种商埠为范围而不及于特别商埠，则殊不足尽中国商埠之大观，尤其对于帝国主义超越不平等条约以外侵略中国之情形不能澈底明了也。兹分甲乙丙三项叙述于后。

甲、约开商埠

约开商埠者，条约上规定开放之商埠也。与中国有约之国，迄今通共不过二十余国，而约开商埠，则八十余处。究竟此等商埠，被何国约开，又被何国约开最多，最为资本帝国主义对于中国经济侵略之明白表现，又为其争夺中国市场之明白表现。

……

此等约开商埠中，有两项应注意之事，一为停泊场，二为两国约开之埠。前者为候补之商埠，盖始初虽称停泊场，然以后即相机要挟改为商埠，如安庆、沙市、吴淞江门，业由停泊场变为商埠，是其例也。故其他各停泊场，皆为将来之候补商埠也；后者如潮州、琼州、天津业经英约开埠，然法国必再约开。又如长沙业经英约开埠，奉天业经美约开埠，而日本必再约开，所以如此者，即争夺市场之表现也。盖约开商埠之国，常可要求设专管租界（此为各国在中国设专管租界之通例，间有未设者则另有问题之故），及其他权利，此所以愈为露骨之争夺也。尤其日本于约开奉天、吉林、黑龙江三省共十六处商埠之前，恐俄国反对，先于日俄和约第四款协定："中国因使满洲之商工业发达，为各国一般之设置时，日俄两国，概不阻碍。"

此尤见其争夺中国市场之苦心孤诣也。由此足以证明八十余处之约开商埠，实为各帝国主义经济侵略及其争夺市场之结果。然而，殊不止此，假使各国对于约开商埠其目的仅在经济侵略，则只望其在该处通商足矣，何必拒绝中国之统治权，而严格地行使自国之行政权。此明白由经济侵略更进于政治侵略者也。又假使其目的仅在争夺市场，则亦只望其通商足矣，何必令其本国人民有土地永租权并严格地禁止中国人永租。此明白由争夺市场而变为争夺殖民地也。数十处约开之商埠，事实上既全为外人之行政区域，又全为外国之殖民地，此中国所以丧失独立国家之资格而降为半殖民地之国也。而此等商埠，实为英、日、俄、法、德、美六国之所约开，则降中国于半殖民地者，即六国也。而此六国中，依约开商埠之多寡，以定其侵略程度之轻重，则英日两国为最大戎首，俄次之，法次之，德、美又次之。

乙、自开商埠

自开商埠之主要原因，为外力压迫。苟非自动的开放，又将变成为约开，而为外国殖民地，故不得已自行开放，而令埠内之行政权与其土地权，悉为自国所有也。除此主要原因之外，尚有三种附因：一为因铁路交通之故，如武昌为粤汉铁路之终点，浦口为津浦铁路之终点，云南府为滇越铁路之终点，郑州为京汉铁路之中区，以及济南、潍县、周村，因胶济铁路而开放之类是也；一为水路交通之故，如岳州、湘潭、常德、鼓浪屿、秦皇岛、葫芦岛之类是也；一为因设海关之便，如拱北、吴淞、三都澳之类是也。要之中日战争以前，尚未定自开商埠之局，中日战争之后，各国争夺中国之势力范围，并垄断其势力范围内之一切权利利益，清廷计无从出，乃决定自开商埠，一以阻止各国之垄断，一以保持自国之主权。当时王大臣于光绪二十四年上奏曰：

“查中外各国之通商口岸，其地方一切权利，皆归本国管辖，无论何国商人，只能懋迁货物，不得干预地方。中国自开海禁以来，许各国分划租界，浸假而派领事、设巡捕，水面则停泊兵轮，界内则强收捐项。授人以柄，失国家固有之权，启强邻觊觎之渐，应着沿江沿边各将军督抚，迅就各省地方，悉心筹度，如有形势扼要，商贾辐辏之区，可以推广口岸，拓展商埠者，即行咨商总理衙门办理，唯须详定节目，不准划作租界，以维利益，而保主权。”

丙、特别商埠

特别商埠者，既非与何国约开之埠，又非中国自开之埠，而事实上外人居于斯贸易于斯，与约开自开之埠，毫无区别，且有远超过于自开商埠之权利，而与约开商埠之权利相等者。原中国与各国所订条约，除准许耶稣天主教士得在内地居住，并准其永租地基，自建房屋外（咸丰十年《中法续约》第六款、光绪二十九年《中美条约》第十四款），其他无论何等外国人民，皆只准其在通商口岸居住贸易，而不准其内地杂居，如同治二年《中荷条约》第三款曰：“如入内地贩运货物，须照各国章程办理，不准在内地开设行栈。”光绪二年中英《烟台条约》第三节曰：“大通、安庆、湖口、武穴、陆溪、沙市等处，虽议定准暂停泊，然外国商民，不准在该处居住、开设行栈。”又《内地行轮章程》第三款曰“英国商人，只准由中国代理人或办事人在内地行轮，所租栈行之内居住贸易”等语。此皆明白禁止外人在通商口岸以外居住贸易者也。

然而此等约章，中国政府不能严格执行，而外人更有时视同敝屣，所以外人对于中国通商口岸以外之重要地点，屡藉势力，压迫之机会，自由划定范围，自由租地建房，自由居住贸易，俟中国抗议时，不称为已成公认之习惯，则称为事实上已成外人之既得权。此特别商埠造成之原因也。而此等特别商埠，颇不容易数清，其能指点之者……

中国商埠表

省区	商埠名	开放事由与年次	约开或自开
直隶	天津	咸丰十年中英中法条约	英法约开
	大沽	咸丰十年中英条约	英国约开
	秦皇岛	光绪二十四年奏准	自开
热河	赤峰	民国三年呈准	自开
察哈尔	张家口	咸丰十年中俄条约	俄国约开
	多伦诺尔	民国三年呈准	自开
绥远	归化城	民国三年呈准	自开
山东	烟台	咸丰八年中英中法条约约开登州后改烟台	英法约开
	青岛	光绪二十四年德国租借之，民国三年日本占领之，民国十一年中国收回约定开放	德日约开
	威海卫	光绪二十四年英国租借	英国约开
	济南	光绪三十年奏准	自开
	周村	光绪三十年奏准	自开
	潍县	光绪三十年奏准	自开

续表

省区	商埠名	开放事由与年次	约开或自开
	龙口	民国三年呈准	自开
	济宁	民国十年呈准	自开
江苏	上海	道光二十二年中英条约	英国约开
	镇江	咸丰八年中英条约	英国约开
	苏州	光绪二十一年中日条约	日本约开
	南京	咸丰八年中法条约	法国约开
	吴淞	光绪二十四年奏准	法国约开
	海州	光绪三十一年奏准	法国约开
	浦口	民国元年呈准	法国约开
	下关	民国十二年呈准	法国约开
	无锡	民国十二年呈准	法国约开
安徽	安庆	光绪二十八年中英条约以裁厘加税为条件今尚未开放	英国约开
	芜湖	光绪二年中英条约	英国约开
	蚌埠	民国十三年呈准	英国约开
江西	九江	咸丰八年中英条约	英国约开
	宾兴洲	民国十二年呈准	英国约开
湖北	汉口	咸丰八年中英条约	英国约开
	宜昌	光绪二年中英条约	英国约开
	沙市	光绪二十一年中日条约	日本约开
	武昌	光绪二十六年奏准	自开

续表

省区	商埠名	开放事由与年次	约开或自开
湖南	长沙	光绪二十八年中英条约以裁厘加税为条件不能开依光绪二十九年中日条约开放	英日约开
	岳州	光绪二十四年奏准	自开
	湘潭	光绪三十一年奏准	自开
	常德	光绪三十一年奏准	自开
四川	重庆	光绪二十一年中日条约	日本约开
	万县	光绪二十八年中英条约以裁厘加税为条件今尚未开	英国约开
浙江	温州	光绪二年中英条约	英国约开
	杭州	光绪二十一年中日条约	日本 约开
	宁波	道光二十二年中英条约	英国约开
福建	福州	道光二十二年中英条约	英国约开
	厦门	道光二十二年中英条约	英国约开
	三都澳	光绪二十四年奏准	自开
	鼓浪屿	光绪二十八年中英条约	自开
广东	广州	道光二十二年中英条约	英国约开
	汕头	咸丰八年中英中法条约（即潮州）	英法约开
	琼州	咸丰八年中英中法条约（即潮州）	英法约开
	北海	光绪二年中英条约	英国约开
	拱北	光绪十三年奏准	自开
	三水	光绪二十三年中英条约	英国约开
	九龙	光绪二十四年英国租借	英国约开

续表

省区	商埠名	开放事由与年次	约开或自开
	广州湾	光绪二十五年法国租借	法国约开
	江门	光绪二十八年中英条约	英国约开
	惠州	光绪二十八年中英条约以裁厘加税为条件，今尚未开	英国约开
	香山	宣统元年奏准	自开
	公益埠	民国元年呈准	自开
广西	龙州	光绪十三年中法商约	法国约开
	梧州	光绪二十三年中英附约	英国约开
	南宁	光绪二十四年奏准	自开
	桂 林	光绪十三年中法附约约定以中国在河内海防设领事为条件今尚未开	法国约开
云南	蒙自	光绪十三年中法条约	法国约开
	河口	光绪二十三年中法附约	法国约开
	思茅	光绪二十三年中法附约	法国约开
	腾越	光绪二十三年中英条约	英国约开
	云南府	光绪二十四年奏准	英国约开
河南	郑州	光绪三十年奏准	英国约开
甘肃	嘉峪关	光绪七年中俄条约	俄国约开
奉天	营口	咸丰八年中英条约开牛庄后因牛庄以辽河淤塞改为营口	英国约开
	奉天府	光绪二十九年中美中日条约	美日约开
	安东	光绪二十九年中美条约	美国约开
	大东沟	光绪二十九年中日条约	日本约开

续表

省区	商埠名	开放事由与年次	约开或自开
	凤凰城	光绪三十一年中日条约	日本约开
	辽阳	光绪三十一年中日条约	日本约开
	新民屯	光绪三十一年中日条约	日本约开
	铁岭	光绪三十一年中日条约	日本约开
	通江子	光绪三十一年中日条约	日本约开
	法库门	光绪三十一年中日条约	日本约开
	葫芦岛	光绪三十四年奏准	自开
	洮南	民国三年呈准	自开
	锦州	民国五年呈准	自开
	大连	光绪二十四年俄国租借光绪三十一年转移日本租借	俄日约开
	旅顺	光绪二十四年俄国租借光绪三十一年转移日本租借	俄日约开
吉林	吉林府	光绪三十一年中日条约	日本约开
	长春	光绪三十一年中日条约	日本约开
	哈尔滨	光绪三十一年中日条约	日本约开
	宁古塔	光绪三十一年中日条约	日本约开
	珲春	光绪三十一年中日条约	日本约开
	三姓	光绪三十一年中日条约	日本约开
	局子街	宣统元年中日条约	日本约开
	龙井村	宣统元年中日条约	日本约开
	头道沟	宣统元年中日条约	日本约开

续表

省区	商埠名	开放事由与年次	约开或自开
	百草沟	宣统元年中日条约	日本约开
黑龙江	齐齐哈尔	光绪三十一年中日条约	日本约开
	呼伦贝尔	光绪三十一年中日条约	日本约开
	爱珲	光绪三十一年中日条约	日本约开
	满洲里	光绪三十一年中日条约	日本约开
新疆	伊犁	咸丰元年中俄条约	俄国约开
	塔尔巴哈台	咸丰元年中俄条约	俄国约开
	喀什噶尔	咸丰十年中俄条约	俄国约开
	乌鲁木齐	光绪七年中俄条约	俄国约开
	哈密	光绪七年中俄条约	俄国约开
	古城	光绪七年中俄条约	俄国约开
	吐鲁番	光绪七年中俄条约	俄国约开
	天山南北各城	光绪七年中俄条约	俄国约开
蒙古	恰克图	乾隆二年停止北京贸易令统归恰克图由土谢图亲王董理其事	自开
	库伦	咸丰十年中俄条约	俄国约开
	科布多	光绪七年中俄条约	俄国约开
	乌里雅苏台	光绪七年中俄条约	俄国约开
	蒙古各处各盟	光绪七年中俄条约	俄国约开

续表

省区	商埠名	开放事由与年次	约开或自开
西藏	亚东	光绪十九年中英条约	英国约开
	江孜	光绪三十二年中英条约	英国约开
	噶大克	光绪三十二年中英条约	英国约开

按表内，除天山南北各城及蒙古各处各盟总括的名词不计外，其他约开一定地点之商埠共八十处，自开商埠共三十二处，合共为一百一十二处，内除安庆、万县、惠州、桂林四处尚未实行开放外，其业经开放者，共一百〇八处也。

特别商埠表

省区	商埠名	开放之事实与年次	强迫开放之国别
京兆	北京	中国与英法美德丹比意奥皆约定京都不在通商之列，光绪二十九年中日约定俟各国撤兵后中国自行开埠，然外人违约强在北京居住贸易	列国强迫
直隶	黄村	辛丑和约约定外国军队无期驻扎事实上成为外人居住贸易之地	
	廊坊		
	杨村		
	军粮城		
	塘沽		
	芦台		
	唐山		

续表

<table>
<tr><th>省区</th><th>商埠名</th><th>开放之事实与年次</th><th>强迫开放之国别</th></tr>
<tr><td rowspan="4"></td><td>滦州</td><td rowspan="3"></td><td rowspan="6">列国强迫</td></tr>
<tr><td>昌黎</td></tr>
<tr><td>山海关</td></tr>
<tr><td>北戴河</td><td rowspan="3">历准外人避暑遂事实上成为外人居住贸易之地</td></tr>
<tr><td>江西</td><td>庐山</td></tr>
<tr><td>河南</td><td>鸡公山</td></tr>
<tr><td>北满洲</td><td>俄国各铁路附属地</td><td>铁路附属地名词起于光绪二十二年，俄国颁布之中东铁路条例，其区域内等于俄国之专管租界及俄国革命后始恢复中国之主权</td><td>俄国强迫</td></tr>
<tr><td>南满洲</td><td>日本各铁路附属地</td><td>日本于南满各铁路沿线皆设附属地等于日本之专管租界，至今更加严重</td><td>日本强迫</td></tr>
</table>

资料来源 刘彦:《被侵害之中国》，上海太平洋书店1928年版，第114~143页。

六、《中国国际条约义务论》所载中国通商口岸体系

第二十九节 通商口岸

凡依条约开放为外人居住贸易之地，曰通商口岸（treaty ports），或曰开放口岸（open ports），此等口岸，或为海港，或在内地。最初之条约口岸，为《南京条约》之通商五口：广州、厦门、福州、宁波、上海是也。厥后渐增至八十有奇，洵足以吸收全国精血而有余矣。该口等类散布于沿海及长江流域，罗列形俨如一侧置之T字。

直至今日，通商口岸界限，犹未确定。海关为船政起见，虽定有界限，然对于通商之界限，尚未定也。

一九〇八年（光绪三十四年）四月十日，外交部通告公使团曰："中外诸约章，对于通商口岸界限，绝无明文。中英《芝罘条约》第三端，谓厘金不得于通商口岸租界内征收。后以此约附加条文，言此事须双方再议云云。此项界限，双方迄未议妥。由此可见，各国公使，向以为通商口岸，包括商埠、中国城池，及连络此二处之水陆路途。此说中国亦未承认，近者上海领事公议，谓海关为船政起见，所定界限以内，不得征收厘金，此亦仅领事提议，亦未决定也。"

公使团答曰："此事既乏明文之规定，则自不能不照订定条约原意处办。窃意中国既收洋商进口税，即是许其货物运销指定市场。然初万无使洋商于未运入距离较远内地之前，又行纳税之意，即土货亦然，自较远内地运入商埠或出口之土货，乃于关税外再纳货物转运税。若来自口岸近地之土货，则亦未见其纳额外诸税也。是以中外订约时，初意所谓通商口岸必甚宽广，不如中国解释之狭。证以中英诸约中之口岸及城镇（ports and towns）二字，中法诸约之口岸及城镇（ports et villes）及外人旅行商埠周围内不需护照之事，皆甚符合。中国定限太狭，而条约所定值百抽五之关税，遂无形而增为值百抽七五，实甚不公也。"

以上二反对意见，浅视之，则外人之说似较为有理，然细揆之国际地役规则，乃实得其反。夫中国既划分租界，俾外人居住贸易，是弃该地管理司法权，并亦不能行使收税权。故租界地面愈大，国税受损愈重，征收厘金与否，为国家固有权，免收厘金之处，即构成国际地役，故遇有疑义，当左袒主权国。

且商埠周围百里以内之文，仅用之于免发护照，并无关商业……

第三十节 自开商埠

凡中国自开商埠，外人亦可自由居住贸易，除华官管理行政及警察外，其所处地位，与通商口岸同。

一八九九年（光绪二十五年），三都澳海关出示征收码头费，为货税百分之二，作为市政费。因通商口岸亦当由市政机关收此项费，而天津、上海则由海关收齐转交市政厅，此亦系仿行此法也。除德国外，各国公使均提出抗议，谓敝国等此次乃为原则而争执，中国常言，自开商埠，不能用通商口岸条约之规定，各国绝不承认。故今如允许此项收费，是承认此言，而中国以后可任意在此等商埠收税矣。各公使有视新增各税是否公允之责，故不能承诺较高之税率。三都澳之事，不得公使同意，实为不平云云。后英国使臣报告本国时，英政府亦韪其议，沙士伯雷爵（Lord Salisbury）训令有曰："本国政府，不能许自开商埠与通商口岸有区别。"

第三十一节 暂停口岸

通商口岸、自开商埠之外，尚有暂停口岸，恒于大河沿岸指定地方，可作有限制之贸易。首先指定六口，均沿长江。一八七六年（光绪二年）《芝罘条约》所定，其第三端第一条，谓六口"均系内地处所，并非通商口岸，按《长江（通商）统共章程》，应不准洋商私自起下货物。今议通融办法，暂准停泊，上下客商货物，皆用民船起卸，仍照内地定章办理"。若有半税单之土货，则"只准上船，不准卸卖"，且"外国商民，不准在该处居住，开设行栈"。

……

第三十四节，未开放通商地方

开放为万国通商口岸，乃由条约指名定之，故未被指名开放之口，不得作洋商贸易之用。若外人阴营商于沿海或其他之未开放口岸，则其货物或船只，一经查出，即可收没。唯遭难之船，则特别优待，于危急时可任驶入各港口，不问其已开放与否。如修理船只，须卸下货物登岸，亦不收税，但故意卸货以图取巧，则可罚纳完全应征之税。商埠之中，恒划分地域，为外人居住贸易之用，该地界外，外人不准居住贸易，所以者何？一则洋人如分散各处，则领事管理，甚为困难；二则有领事裁判权一事，已对于保护外人有所掣肘，今若再令其各处分住，保护必尤难见功效。是以为各方面利益起见，遂有划分地界之举，此项地界之分类，则详于本书第一编第四章，兹不赘。

……

资料来源 刁敏谦：《中国国际条约义务论》，商务印书馆1919年版，第二编，第2~8页。

七、《经济侵略下之中国》所载通商口岸体系

……在我国，凡是可以化成资本主义的条件，皆直接间接受外国之条约限制，而尤以我国之商埠所受之限制为重大，此即是我国商埠的特质所在……第一是一部不平等条约之明文，第二是由条约上演绎而成历来见惯不惊的一种不法之习惯……呜呼！商埠为我国困民穷之源……

我国的商埠，如从政治方面而论，可分三种，一为一般商埠，二为专管租界，三为公共租界。此三者之后二者，虽一半含有一般商埠之性质，而在他方从行政权之关系而论，又各有特质之所在。所以我们在本项内，当先研究一般商埠之特质以明其原则，然后及于专管租界、公共租界，庶使读者得能一目了然。原来我国之商埠的特质，其要点有四，（一）须经我国之承认。（二）一般条约国人有住居、旅行及营业之自由。（三）为我国主权行使之领土。（四）各条约国有属人行政权之行使。

我国商埠一览表（民国十一年四月调查）

（甲）一般通商口岸

省区	所在地	开放事由与年次	自开或他开与未开
北京	京师南苑	清光绪二十九年中日《通商行船条约》	为日本开
直隶	天津	清咸丰十年中英中法续约	为英法开
直隶	秦皇岛	光绪二十四年自行开放	自开
热河	赤峰	民国三年自行开放	自开
察哈尔	张家口	民国三年自行开放	自开
察哈尔	多伦诺尔	民国三年自行开放	自开
绥远	归化城	民国三年自行开放	自开
山东	烟台	清咸丰八年中英中法续约允开登州后改烟台	为英法开
山东	济南	光绪三十年自行开放	自开
山东	潍县	光绪三十年自行开放	自开
山东	周村	光绪三十年自行开放	自开
山东	龙口	民国三年自行改（开）放	自开
山东	济宁	民国十年自行开放	自开
河南	郑州	民国十一年自行开放	自开
江苏	上海	清道光二十二年中英《江宁条约》	为英开
江苏	镇江	清咸丰八年中英续约	为英开
江苏	吴淞	清光绪六年中德协约允作停泊处，二十二年奏明设江海分关	为德开

续表

省区	所在地	开放事由与年次	自开或他开与未开
江苏	苏州	清光绪二十一年中日《马关条约》	为日开
江苏	海州	清光绪三十一年自行开放	自开
江苏	南京	光绪二十三年自行开放	自开
江苏	浦口	民国元年自行开放	自开
安徽	安庆	清光绪二十八年中英改订条约	为英开
安徽	芜湖	清光绪二年中英《烟台条约》	为英开
江西	九江	清咸丰八年中英续约	为英开
湖北	汉口	清咸丰八年中英续约	为英开
湖北	沙市	清光绪二十一年中日《马关条约》	为日开
湖北	宜昌	清光绪二年中英《烟台条约》	为英开
湖北	武昌	清光绪二十六年自行改（？开）放	自开
湖南	岳州	清光绪二十四年自行开放	自开
湖南	长沙	清光绪二十八年中英《续议通商行船条约》	为英开
湖南	湘潭	清光绪三十一年自行开放	自开
湖南	常德	清光绪三十一年自行开放	自开
四川	重庆	清光绪二年中英《烟台条约》	为英开
四川	万县	清光绪二十八年中英续约	未开
浙江	温州	清光绪二年中英《烟台会议条约》	为英开
浙江	杭州	清光绪二十一年中日《马关条约》	为日开
浙江	宁波	清道光二十二年中英《南京条约》	为英开

续表

省区	所在地	开放事由与年次	自开或他开与未开
福建	福州	清道光二十二年中英《南京条约》	为英开
福建	厦门	清道光二十二年中英《南京条约》	为英开
福建	三都澳	清光绪二十四年自行开放	自开
福建	鼓浪屿	清光绪二十八年自行开放	自开
广东	广州	清道光二十二年中英《南京条约》	为英开
广东	汕头	清咸丰八年中英中法续约	为英法开
广东	琼州	清咸丰八年中英中法续约	为英法开
广东	北海	清光绪二年中英《烟台条约》	为英开
广东	三水	清光绪二十三年中英《续议缅甸条约》	为英开
广东	惠州	清光绪二十八年中英《续议通商行船条约》	为英开
广东	江门	清光绪二十八年中英《续议通商行船条约》	为英开
广东	香州	清宣统元年督署批准开办	自开
广东	公益埠	民国元年省署批准开办	自开
广西	龙州	清光绪十三年中法续议商约	为法开
广西	梧州	清光绪二十三年中英《续议缅甸条约附款》	为英开
广西	南宁	清光绪二十四年自行开放	自开
云南	蒙自	清光绪十三年中法续约	为法开
云南	河口	清光绪二十一年中法续约	为法开
云南	思茅	清光绪二十一年中法续约	为法开
云南	腾越	清光绪二十三年中英《续议缅甸条约》	为英开

续表

省区	所在地	开放事由与年次	自开或他开与未开
云南	云南府	清光绪二十一年自行开放	自开
甘肃	嘉峪关	清光绪七年中俄改订条约	为俄开
奉天	营口	清咸丰八年中英续约	为英开
奉天	奉天府	清光绪二十九年中美《续议通商行船条约》	为美开
奉天	安东	清光绪二十九年中美《续议通商行船条约》	为美开
奉天	大东沟	清光绪二十九年中日《通商行船条约》	为日开
奉天	凤凰城	清光绪三十一年中日新订东三省条约	为日开
奉天	辽阳	清光绪三十一年中日新订东三省条约	为日开
奉天	新民	清光绪三十一年中日新订东三省条约	为日开
奉天	铁岭	清光绪三十一年中日新订东三省条约	为日开
奉天	通江子	清光绪三十一年中日新订东三省条约	为日开
奉天	库门	清光绪三十一年中日新订东三省条约	为日开
奉天	葫芦岛	清光绪三十四年奏准开放	自开
奉天	洮南	民国三年自行	自开
奉天	锦州	民国五年自行开放	自开
吉林	吉林府	清光绪三十一年中日新订东三省条约	为日开
吉林	长春	清光绪三十一年中日新订东三省条约	为日开
吉林	哈尔滨	清光绪三十一年中日新订东三省条约	为日开
吉林	宁古塔	清光绪三十一年中日新订东三省条约	为日开

续表

省区	所在地	开放事由与年次	自开或他开与未开
吉林	珲春	清光绪三十一年中日新订东三省条约	为日开
吉林	三姓	清光绪三十一年中日新订东三省条约	为日开
吉林	局子街	清宣统元年《图们江中韩界务条约》	为日开
吉林	龙井村	清宣统元年《图们江中韩界务条约》	为日开
吉林	头道沟	清宣统元年《图们江中韩界务条约》	为日开
吉林	百草沟	清宣统元年《图们江中韩界务条约》	为日开
黑龙江	齐齐哈尔	清光绪三十一年中日新订东三省条约	为日开
黑龙江	呼伦	清光绪三十一年中日新订东三省条约	为日开
黑龙江	爱珲	清光绪三十一年中日新订东三省条约	为日开
黑龙江	满洲里	清光绪三十一年中日新订东三省条约	为日开
新疆	喀什噶尔	清咸丰十年中俄协约	为俄开
新疆	伊犁	道光（咸丰）七年中俄改订条约	为俄开
新疆	塔城	道光（咸丰）七年中俄改订条约	为俄开
新疆	乌鲁木齐	道光（咸丰）七年中俄改订条约	为俄开
新疆	天山南北	道光（咸丰）七年中俄改订条约	为俄开
蒙古	恰克图	道光（咸丰）七年中俄改订条约	为俄开
蒙古	库伦	道光（咸丰）七年中俄改订条约	为俄开
蒙古	蒙古各盟	清光绪七年中俄改订条约	为俄开
西藏	亚东	清光绪十九年中英《会议印藏条约》	为英开
西藏	江孜	清光绪三十二年中英《新订印藏条约》	为英开

续表

省区	所在地	开放事由与年次	自开或他开与未开
西藏	噶大克	清光绪三十二年中英《新订印藏条约》	为英开

据上表，我国所开商埠总数，已达九十七处之多……由我们自行开放之商埠，共二十七处，他开商埠共七十处……亦有依条约以为开放而统治权未受限制者，此则出于缔约二国之一种特别规定，在我条约史上，不能不算一种例外，如吉林、长春、哈尔滨、宁古塔、珲春、三姓、凤凰城、辽阳、新民府、铁岭、齐齐哈尔、呼伦、爱珲、满洲里以下十四处是的。而向各国之开放商埠以英国为最多，共二十八处。日本次之，共二十四处。此外为我们应注意的，即在已许开放商埠中，有迄今尚未实行开放者，如万县、惠州、安庆等处是的。

（乙）专设租界

地名	开放年月	设定年月	设定国	占地面积（坪）	备考
天津	1861年5月	1898年	日本	占地面积（坪①）	
		1861年	英	1 159 158	
		1861年	法	316 180	
		1895年	德	188 888	已为我收回
		1898年	俄	1 087 423	已为我收回
		1901年	比	265 137	
		1902年	意	134 147	
		1903年	奥	22 296	

①每坪约合3.3平方米。

续表

地名	开放年月	设定年月	设定国	占地面积（坪）	备考
镇江	1861年	1861年	英	3 716	
芜湖	1895年5月	1904年	英		
上海	1843年5月	1849年	法	435 456	
汉口	1862年1月	1862年	英	60 000	
		1896年	俄	62 000	
		1896年	法	34 200	
		1895年	德	126 500	
		1898年	日	50 000	
苏州	1896年9月	1896年	日	100 000	
		1896年	英	85 839	
杭州	1896年9月	1896年	日	1 334 245	
		1899年	英		
长沙	1904年	1904年	列国共同		
沙市	1896年9月	1896年	日	108 875	
福州	1861年6月	1899年	日		
厦门	1861年4月	1862年	日	40 000	
		1862年	英	13 000	
		1899年	美		
广东沙面	1859年10月	1861年	英	1 003	

续表

地名	开放年月	设定年月	设定国	占地面积（坪）	备考
		——	法	1 672	
重庆	1891年	未设	日	143 080	
营口	1861年10月	——	日	——	
安东	1903年	——	日	——	
乌鲁木齐	1891年	——	俄	——	
塔尔巴哈台	1891年	——	俄	——	
喀什噶尔	1861年	——	俄	——	
固尔扎	——	——	俄	——	
济南	1916年	1916年	共同居留地	288 000	我国自开
潍县	1905年	1905年	共同居留地	86 400	我国自开
周村	1905年	1905年	共同居留地	480 000	我国自开

（丙）万国公共租界

地名	开放年月	设定国
厦门鼓浪屿	1902年	各国共同设定
上海	1869年	各国共同设定

以上为我国商埠三种类……

我国在前清时代，对于外人之入国，系取一种禁止主义。然自五口通商之承认以来，各国人民遂得在我国，有居住、旅行、经商等自由权利。然而不管实质之如何，而形式上无有不经我国先为允许的。由允许的之形式有不同，而商埠之种类遂可得而分。大别为三,一根据于条约的。二根据协定的。三由我国单独意思所表现的。

（一）根据于条约的

我国所开商埠中，以由条约所允许之商埠为最多。然为之先例的，实为一八四二年中之中英《南京条约》所开之五口。尔来连年不已，依此方法而开设的商埠实达七十处之多。此种商埠，普通称为约定商埠，又称他开商埠。其意即示依他人之强制而开设的。

（二）根据于协定的

原来我国商埠之开设，不单是限于条约，并且有未依条约之形式，而仅由附属于条约之协定所开放亦是有的。日俄战后关于东三省之中日条约附属协定第一条之规定，由我国允许开设凤凰城以下十六都市，即是其一例。

（三）由我国单独意思所开的

此即叫作自开商埠，为开放之先驱的，即一八七一年六月之洪（拱）北，此系由前清以上谕之形式而开放的，然其目的，系为货物征收便宜上，对于葡国而加以允许，不过是一种权宜上处置。然自中日战后我国进而自开商埠实多，而为之先导的，当数湖南之岳州及福建之三都澳，现在我国属于此类之商埠，实近三十处。

资料来源 漆树芬:《经济侵略下之中国》，光华书局1931年版，第107~123页。

八、《日本对华经济侵略》所载通商口岸体系

中国的商埠制度，开世界有史以来未有的一种特殊制度，因为商埠须划租界：

（一）租界内的行政权、警察权，中国政府不能过问。

（二）租界内的土地，只准外国人民有承租权；除公共租界外，中国人民不要妄想有土地永租权。

（三）租界内外国人民，中国政府不能向其课营业税、不动产税、所得税、印花税、警察捐等。

（四）租界内的外国人民，有自由贸易及工业制造之权，中国政府除课进口或子口税外，不得另课他税。

（五）纵不划定租界，外侨亦能同享上记（三）（四）两项的利益。且可藉为销售自国剩余商品的市场，亦得用为掠夺原料的场所。

所以中国的商埠，无异是列强在中国内地的政治侵略之根据地，也无异是列强在中国内地的经济侵略的大本营。因此，列强不论是战胜中国的结果，或者其他最少争执的交涉，亦必以要挟中国增开商埠为其必要的手段。

查列国最先迫我国开放商埠的为英国，而迫我开放最多的则为日本。如广州、福州、厦门、宁波、上海、汉口、九江、营口、烟台、潮州、琼州、台湾、天津、大沽、宜昌、芜湖、温州、北海、亚东、腾越、思茅、梧州、三水、威海卫、九龙、长沙、万县、安庆、惠州、江门、江孜、噶大喀等三十三处（内万县、安庆、惠州尚未实行开放），是为英国压迫我国开放的。琼州、潮州、台湾、淡水、烟台、南京、天津、龙州、蒙自、云南府、桂林、河口、思茅、广州湾等十四处（内桂林尚未实行开放），是为法国压迫我国开放的。伊犁、塔尔巴哈台、库伦、张家口、喀什噶尔、肃州、吐鲁肃（番）、科布多、乌里雅苏台、哈

密、乌鲁木齐、古城、旅顺、大连及内外蒙古各处各盟、天山南北两路各城，是为俄国压迫我国开放的。沈阳、安东，两处是为美国压迫我国开放的。胶州湾一处，是德国压迫开放的。至于日本压迫我国开放的，除要索山东省内八处及要索东部内蒙地方，未经我国承认实行的外，它的详表开示如下：

日本迫开商埠一览表

省别	地点	开放根据
辽宁	大东沟	1903年中日《通商行船条约》
辽宁	沈阳（盛京）	1903年中日《通商行船条约》
辽宁	凤城	1905年中日新订东三省条约
辽宁	辽阳	1905年中日新订东三省条约
辽宁	新民	1905年中日新订东三省条约
辽宁	铁岭	1905年中日新订东三省条约①
辽宁	通江子	1905年中日新订东三省条约
辽宁	法库	1905年中日新订东三省条约
吉林	吉林	1905年中日新订东三省条约
吉林	长春	1905年中日新订东三省条约
吉林	哈尔滨	1905年中日新订东三省条约

①此处及以下提到的“中日新订东三省条约”，正式名称为《中日会议东三省事宜正约》。

续表

省别	地点	开放根据
吉林	宁古塔	1905年中日新订东三省条约
吉林	珲春	1905年中日新订东三省条约
吉林	依兰（按：应该就是“三姓”，1905年12月22日批准开埠，1909年7月1日实际开埠）	1905年中日新订东三省条约
吉林	局子街	1909年《图们江中韩界务条约》
吉林	龙井村	1909年《图们江中韩界务条约》
吉林	头道沟	1909年《图们江中韩界务条约》
吉林	百草沟	1909年《图们江中韩界务条约》
吉林	龙江	1905年中日新订东三省条约
吉林	呼伦	1905年中日新订东三省条约
黑龙江	瑷珲	1905年中日新订东三省条约
黑龙江	满洲里	1905年中日新订东三省条约
京师	京师南苑	1903年中日《通商行船条约》
山东	青岛	1922年中日《解决山东悬案条约》
江苏	苏州	1895年中日《马关条约》
浙江	杭州	1895年中日《马关条约》
湖北	沙市	1895年中日《马关条约》

续表

省别	地点	开放根据
湖南	长沙	1903年中日《通商行船条约》
四川	重庆	1895年中日《马关条约》

各国要挟中国增开商埠的凶势，以中日战后来得最为紧张。当时中国政府计无所出，乃决定将广东的拱北、香山、公益埠，广西的南宁，云南省会，福建的三都澳、鼓浪屿，湖南的岳州、湘潭、常德，湖北的武昌，江西的宾兴洲，江苏的吴淞、海州、浦口、下关、无锡，安徽的蚌埠，河南的郑州，山东的济宁、龙口、济南、潍县、围（周）村、胶州湾，河北的秦皇岛、葫芦岛、洮南、锦州，热河的赤峰，察哈尔的多伦诺尔，绥远的归化等比较冲要之三十二处，自动地开为商埠。当时国人亦深知商埠仅于外人有利益，对于中国只有损害，本绝对不愿增开；只以上记各地，苟非自动的开放，又将变成约开，一经约开，非划租界不可，既划租界，则界内的行政权与土地所有权，又将悉为外人所掌握。若为自开，对于外人贸易或制造工业的自由，与及外货免税的优益，虽然不能稍有变更，但行政权与土地所有权，能够完全保存。所以不得已而自动地开放也。各国多此三十余处的商埠，虽然对于政治侵略未有所获，但是关于经济侵略的企图，总算能够发挥尽致了，尤其是以中国为其货物尾闾和原料仓库的日本，当然有更满意的获得。

此外，尚有一种特别商埠，既非约开，亦非自开，但是外人可以居于斯，贸易于斯，制造工业于斯，毫不受何等的拘束。且行政权与土地永租权，亦能与约开的完全享用，这更是开辟世界各国未有的奇观。此等特别商埠，数目颇繁，殊难胜数，能够指示出的，为北平、黄村、廊坊、杨村、军粮城、溏沽、芦台、唐山、滦州、山海关等处，准许外国军队在这一带地方驻扎，唯未有贸易居住条约根据，但现已成为外人居住贸易的地方了。他如北戴河、庐山、鸡公山等处，因准许外人前往避暑，现也成为外人居住贸易的地方了。在这许多特别商埠中，应以北平的为更值得注意，因为北平为当时清廷严格的不准外人通商的地方。最初是于咸丰八年在中英通商章程第八款中，规定“京都不在通商之列”。后与法、美、德、丹、比、意、奥所订七约，皆有同样的明文，可知京都不准通商，是清廷最为坚决的意志，亦为各国公使所公同承认的，但是八国联军之后的光绪廿九年，日本竟迫清廷协定：“现在两国议定，如驻扎河北省的各国军队，暨各国护卫公使馆兵队，一律撤退后，中国即当在北平自开通商场，详细章程，临时商酌订定……”此后，北京亦为通商口岸矣。

资料来源 邹鲁：《日本对华经济侵略》，国立中山大学出版部1935年版，第53~58 页。

九、北洋政府内务部载明通商口岸体系

1921年11月1日北洋政府内务部咨送外交部《民国自开商埠年月表》《直省开设商埠年月事项一览表》及《内务部经办商埠一览表》，简示了自清代咸丰年间至是年“自开商埠”“约开商埠”的开办、沿革等情况……

民国自开商埠年月表（1920年2月）

省别	地方别	奉令开埠日期	开埠根据	开关或开放日期
绥远	归化城	民国三年一月八日令	自开	
察哈尔	张家口	民国三年一月八日令	自开	
	多伦诺尔	民国三年一月八日令	自开	
热河	赤峰	民国三年一月八日令	自开	
奉天	洮南	民国三年一月八日令	自开	
	葫芦岛	民国三年一月八日令	自开	
	辽源	民国三年一月十八日令	自开	
甘肃	嘉峪关	光绪七年	俄约	光绪十一年八月初十日开关
新疆	伊犁	咸丰元年	俄约	
	塔尔巴哈台	咸丰元年	俄约	
	喀什噶尔	咸丰十年	俄约	
	乌鲁木齐	光绪七年	俄约	

续表

省别	地方别	奉令开埠日期	开埠根据	开关或开放日期
	天山南北	光绪七年	俄约	
蒙古	恰克图	雍正五年	俄约	
	库伦	咸丰十年	俄约	
	蒙古各盟	同治元年	俄约	
西藏	亚东	光绪十九年	英约	光绪二十年三月二十六日开关
	江孜	光绪三十一年	英约	宣统元年三月二十二日开关
	噶大克	光绪三十一年	英约	宣统元年三月二十二日开关
江西	九江	咸丰八年	英约	同治元年十一月十二日开关
湖北	汉口	咸丰八年	英约	光绪三年十一月初一日开关
	宜昌	光绪二年	英约	光绪三年三月十八日开关
	沙市	光绪二十一年	日本约	光绪二十二年八月二十日开关
	武昌	光绪二十六年十月初八日奏准	自开	
湖南	岳州	光绪二十四年三月初三日奏准	自开	光绪二十五年十一月十一日开关
	长沙	光绪三十年五月十一日奏准	自开	光绪三十年五月十八日开关
	常德	光绪三十一年八月初六日奏准	自开	
	湘潭	光绪三十一年八月初六日奏准	自开	
浙江	宁波	道光二十二年	英约	咸丰十一年开关

续表

省别	地方别	奉令开埠日期	开埠根据	开关或开放日期
	温州	光绪二年	英约	光绪三年二月十八日开关
	杭州	光绪二十一年	日本约	光绪二十二年八月二十日开关
福建	福州	道光二十二年	英约	咸丰十一年开关
	厦门	道光二十二年	英约	同治元年开关
	三都澳	光绪二十四年三月初三日奏准	自开	光绪二十五年三月十九日开关
	鼓浪屿	光绪二十八年十月二十二日奏准	自开	
广东	广州	道光二十二年	英约	咸丰九年开关
	汕头（潮州改）	咸丰八年	英法约	咸丰九年十二月初九日开关
	琼州	咸丰八年	英法约	光绪三年三月初七日开关
	北海	光绪二年	英约	光绪三年三月十八日开关
	三水	光绪二十三年	英约	光绪二十三年五月初五日开关
	江门	光绪二十八年	英约	光绪三十年正月二十一日开关
	惠州	光绪二十八年	英约	
	拱北	光绪十三年	中葡协议	光绪十三年间四月十三日开关
	九龙	光绪十三年	中英协议	光绪十三年间四月初十日开关
广西	龙州	光绪十三年	法约	光绪十五年五月初三日开关
	梧州	光绪二十三年	英约	光绪二十三年五月初五日开关

续表

省别	地方别	奉令开埠日期	开埠根据	开关或开放日期
	南宁	光绪二十四年十二月十九日奏准	自开	光绪三十二年十一月十七日开关
云南	大理府	光绪二年	英约	
	蒙自	光绪十三年	法约	光绪十五年七月二十八日开关
	思茅	光绪二十一年	法约	光绪二十二年十一月二十九日开关
	河口（蛮耗改）	光绪二十一年	法约	光绪二十三年六月初二日开关
	腾越（变允改）	光绪二十三年	英约	光绪二十八年四月初一日开关
	云南省城	光绪三十一年四月十一日奏准	自开	
四川	重庆	光绪十六年	英约	光绪十七年正月二十一日开关
	万县	光绪二十八年	英约	
黑龙江	黑龙江	康熙二十八年	俄约	
	松花江	咸丰八年	俄约	
	齐齐哈尔	光绪三十一年	日本约	光绪三十二年十二月初一日开放
	海拉尔	光绪三十一年	日本约	光绪三十三年五月十八日开放
	满洲里	光绪三十一年	日本约	光绪三十四年正月初四日开关
	爱珲	光绪三十一年	日本约	宣统元年六月初十日开关
山东	烟台（登州改）	咸丰八年	英法约	咸丰十一年七月十七日开关
	济南	光绪三十年四月初一日奏准	自开	

续表

省别	地方别	奉令开埠日期	开埠根据	开关或开放日期
	潍县	光绪三十年四月初一日奏准	自开	
	周村	光绪三十年四月初一日奏准	自开	
	龙口	民国三年一月八日令	英约	民国四年十一月一日开关
江苏	上海	道光二十二年	英约	咸丰四年开关
	镇江	咸丰八年	英约	咸丰十一年四月初一日开关
	苏州	光绪二十一年	日本约	光绪二十二年八月二十日开关
	吴淞	光绪二十二年奏准	自开	
	江宁	咸丰八年	法约	光绪二十五年三月二十二日开关
	海州	光绪三十一年九月二十六日奏准	自开	
安徽	芜湖	光绪二年	英约	光绪三年二月十八日开关
	安庆	光绪二十八年	英约	

直省开设商埠年月事项一览表（1920年2月）

省别	地方别	奏准开埠日期	开埠根据	设关或开放日期
直隶	天津	咸丰十年	英法约	咸丰十一年二月十三日开关
	张家口	咸丰十年	俄约	
	秦王岛	光绪二十四年三月初五日奏准	自开	光绪二十七年十一月初五日开

续表

省别	地方别	奏准开埠日期	开埠根据	设关或开放日期
奉天	营口（牛庄改）	咸丰八年	英约	咸丰十一年六月初四日开关
	大连湾	光绪二十四年	俄约	光绪三十三年中日会订于五月二十一日开关
	安东	光绪二十九年	美约	光绪三十三年中日会订于五月二十一日开关
	大东沟	光绪二十九年	日本约	光绪三十三年中日会订于五月二十一日开关

资料来源 孔庆泰：《1921年前中国已开商埠》，载《历史档案》1984年第2期。

十、1900—1937年河南设立的轻工业企业简况

创办时间	企业名称	地点	经办人	资金	企业性质
1903年	安阳广益纱厂	安阳	孙家鼐、马吉森、郑子固等	7万	官商合办
1904年	继兴（面粉）公司	浚县道口镇（今滑县县城）	唐玉出	5万	商办
1904年	钧瓷窑厂	禹州	曹广权、胡翔林	6.9万	官商合办
1905年	耀华火柴厂	开封		2万	商办
1905年	清华实业公司	河内县清化镇（今博爱县）	程祖福	28万	商办
1906年	开封自来水厂	开封	周惟义	20.4万	商办
1906年	牧羊公司	裕州（今方城县）	赵委庭	白银4000两	商办
1906年	巩华制革公司	郑州	严良沛		
1907年	启新榨油厂	商水县周家口（今周口市）	丁殿邦、顾若愚	14万	商办
1907年	石桥面粉厂	洛阳		白银10千两	商办
1907年	罗山造纸公司	罗山			商办
1908年	内乡织绸公司	内乡		制钱1千万	商办
1908年	商城绢业公司	商城			商办
1910年	普临电灯公司	开封	魏步云、白瑞祥	25万	商办
1910年	鸿昌火柴公司	开封	周微阁	白银7万两	商办

续表

创办时间	企业名称	地点	经办人	资金	企业性质
1910年	华盛机器面粉公司	汲县（今卫辉市）	梁掌卿、黄玉	28万	商办
1910年	元丰蛋厂	确山县驻马店（今驻马店市）	阮文中		
1910年	元丰蛋厂	安阳	阮文中		
1910年	广恒机器面粉公司	安阳	谭士祯、刘廷钧	15万	商办
1910年	元丰蛋厂	许昌	阮文中		
1910年	豫兴蛋厂	新乡	赵忠发		
1911年	中州实业工厂	开封	黄琼		
1911年	华丰织布厂	安阳	薛蕴卿		
1911年	孚惠织布工厂	安阳	马召庭		商办
1912年	元芳蛋厂	郾城县漯河（今漯河市）			商办
1912年	利豫制帽公司	开封	石炳南、赵惜时		
1913年	大中华火柴厂	开封	毓德堂、刘炳章	2.9985万	商办
1913年	迅烈火柴厂	开封、光山各一		9万	商办
1913年	德厚皮件厂	开封	张某	5万	
1913年	豫庆转运煤炭	郾城	卢显明、宋景三	2.249万	商办
1913年	厚生织布工厂	新乡	田荫生		
1913年	祥盛魁蛋厂	新乡	张殿臣		
1913年	裕丰蛋厂	新乡	张殿臣	2万	商办

续表

创办时间	企业名称	地点	经办人	资金	企业性质
1913年	祥盛魁蛋厂	商水县周家口（今周口市）	张殿臣		
1914年	永丰面粉公司	开封	靳少卿、靳奉先	4万	商办
1916年	绵昶织布厂	新乡	赵魁元		
1916年	华新纺织股份有限公司	卫辉	周学熙、陈光远、田中玉等	1000万	商办
1916年	元丰蛋业公司	安阳	阮雯衷		
1916年	元丰蛋厂	许昌车站西侧	阮文忠		
1916年	安阳中兴电灯公司	安阳	崔宝珊	10万	商办
1916年	德丰面粉公司	郑县	桑宝等	3万（5万）	
1916年	泰和蛋厂	获嘉		3万（5万）	
1916年	道口蛋厂	浚县道口镇（今滑县县城）	张殿臣等		
1916年	鸿茂蛋厂	郾城县漯河镇（今漯河市）	郭仲隗		
1917年	志大蛋厂	郑县	孔某		
1917年	漯河蛋厂	郾城县漯河镇	张殿臣等		
1918年	恒裕成蛋厂	新乡	李润桥、张应宿	3万	商办
1918年	中本蛋厂	新乡			
1918年	同泰源实业	安阳	袁乃宽、袁克成	50万	商办
1918年	大和恒面粉厂	安阳	韩星久	2万	商办

续表

创办时间	企业名称	地点	经办人	资金	企业性质
1918年	德亨面粉公司	安阳			
1918年	德亨面粉公司	安阳	王吉成	0.6万	商办
1918年	德瑞兴磨面厂	安阳	张德润		
1918年	商丘蛋厂	商丘			
1918年	商丘机器织布厂	商丘	陈鸿材、贾腾霄		
1918年	天丰面粉公司	开封	桑铁山、王星斋	1.2万	商办
1918年	明远电灯公司	郑县		20万	
1918年	汝阳电灯公司	信阳	张敬斋	10万	
1918年	光华电灯公司	信阳	袁俊伯、唐润余	10万	
1918年	裕源纺织铁工厂	孟津	梁际昌		
1918年	晋新面粉厂	确山县驻马店			
1919年	通丰面粉公司	新乡	袁绍明、孙荫庭、朱嘉琪	50万	商办
1919年	新华火柴公司	新乡	魏治	6万	商办
1919年	新乡火柴厂	新乡		6万	商办
1919年	科学仪器馆亚水厂	新乡	金寿田	0.3万	商办
1919年	豫丰纱厂	郑县	穆藕初、薛宝润	7.5万	商办
1919年	成兴纱厂	武陟	鲁连城	3万	商办
1919年	照临电灯公司	洛阳	赵耀南、杨绍石	5万	商办

续表

创办时间	企业名称	地点	经办人	资金	企业性质
1919年	大昌制蛋厂	开封	朱子桥、谢蘅窗	20万	商办
1919年	永德制蛋厂	开封			
1919年	庆云蛋品厂	开封		3.5万	
1919年	庆丰蛋品厂	开封		4万	
1919年	同昌火柴厂	商水	县商会	1万	
1919年	元丰蛋厂	许昌			
1919年	四德蛋厂	洛阳			
1919年	德和蛋厂	郾城县漯河镇			
1919年	清化面粉厂	沁阳县清化镇（今博爱县）	葛进忠		
1919年	道清火柴公司	沁阳县清化镇	张聘臣		
1919年	英美烟公司	许昌			
1920年	河南省印刷局	开封			
1920年	万成面粉厂	郑县	陈子元		
1920年	大昌蛋厂	郑县			
1920年	中华蛋厂	郑县	戚受之		
1921年	利济织布	郑县	陈暄	10万	商办
1921年	郾城电灯公司	郾城		0.22万	商办
1921年	南洋兄弟烟草公司	许昌			
1921年	许昌耀华电灯公司	许昌		5万	商办

续表

创办时间	企业名称	地点	经办人	资金	企业性质
1921年	巩县电灯厂	巩县	刘统正		
1921年	华明电灯公司	商丘		10万	商办
1921年	新乡电灯公司	新乡		5万	商办
1922年	晋昌火柴公司	洛阳	刘仲堂、陈子健	8万	商办
1922年	华新纺织股份有限公司	汲县	王正卿	176万	商办
1923年	中国内地电灯公司	新乡	卢观蔡	5万	商办
1923年	豫中打包厂	郑县	田镜波	30万（35万）	
1924年	河南怀药		河南省省长		
1924年	华兴织布工厂	新乡	游秀峰、赵揖五	0.4万	商办
1924年	豫纶丝厂	荥阳			
1924年	华昌蛋厂	商水县周家口		4万	
1924年	松源蛋厂	商水县周家口	张殿臣		
1924年	豫兴烟公司	许昌			
1924年	德华烟公司	许昌			
1925年	德丰面粉公司	开封	马运五、李子舟	5万	商办
1925年	益丰面粉公司	开封	罗亨豫	15万	商办
1925年	福义蛋厂	新乡	冀文泉	1.5万	商办
1925年	同济火柴厂	温县		2万	商办

续表

创办时间	企业名称	地点	经办人	资金	企业性质
1925年	光大蛋厂	郑县			
1925年	打包公司	郑县	田鉴	20万	商办
1925年	中兴电灯公司	安阳	刘雅云		
1925年	裕民面粉公司	许昌		18万	商办
1925年	民福面粉厂	许昌		18万	
1925年	福义蛋厂	许昌		0.9万（3万）	
1925年	大豫玻璃厂	获嘉	胡振忠		
1925年	美丰蛋厂	郾城县漯河镇		4.2万	
1925年	鼎丰蛋厂	郾城县漯河镇		3万	
1926年	德记织布工厂	新乡	郭尧德、张同海	0.1万	商办
1926年	修文印刷所	新乡	王静澜	6万	
1927年	德庆祥蛋厂	新乡	王干臣		商办
1927年	洛阳大有火柴厂	洛阳	石昆	1.2万	商办
1927年	豫新印刷厂	开封	崔绳如		商办
1927年	民生火柴厂	开封	刘海楼	10万	商办
1927年	开封大昌烟厂	开封	朱银山		商办
1927年	庆丰蛋厂	开封		4万	商办
1927年	新裕烟草公司	许昌	黄志华、麦秀石	5万	商办
1927年	华北卷烟厂	许昌	陈国昌、杨凤鸣	2万	商办

续表

创办时间	企业名称	地点	经办人	资金	企业性质
1927年	河南烟草股份有限公司	许昌	韩克俊、陈乃德	10万	商办
1928年	新华造胰厂	许昌			
1928年	兰化工厂	许昌			
1928年	中兴造胰厂	开封			
1928年	中华造胰厂	开封			
1928年	新乡中益织布厂	新乡	孔吉人	0.8万	商办
1928年	新乡鸿兴棉织工厂	新乡	李竹铭、田中韬	0.4万	商办
1928年	同和裕火柴部	新乡	王静润、荆孟乾	0.15万	商办
1928年	新民织布工厂	新乡	王文献、路万年	0.3万	商办
1928年	振丰织布工厂	新乡	王香九、王梦玺	0.4万	商办
1928年	中益织布厂	新乡	孔吉人	1.8万	
1928年	恒丰永料器厂	汲县	张友梅	1万	商办
1928年	振兴铁厂	安阳			
1928年	豫新纱厂	安阳	刘敬宸等	20万	
1928年	民有工厂	沁阳	李镇行	0.5万	商办
1928年	料器工厂	郑县	张善卿	0.1万	商办
1929年	豫华皮厂	开封		0.15万	商办
1930年	陕县机器打包股份有限公司	陕县	高长利	50万（66万）	

续表

创办时间	企业名称	地点	经办人	资金	企业性质
1930年	恒大卷烟厂	郑县			
1932年	永丰福记蛋厂	确山		5万	
1932年	信恒蛋厂	确山县驻马店		4万	
1932年	安阳电灯公司	安阳			
1933年	大中打包股份有限公司	郑县	张通武	8万（18万）	
1933年	大新面粉厂	郾城	张驻	10万	
1933年	元隆蛋厂	郾城		2万	
1933年	振豫蛋厂	郾城漯河镇		2万	
1933年	泰源蛋厂	获嘉			
1933年	振豫蛋厂	南阳	振豫银号		
1933年	庆丰蛋厂	南阳			
1934年	协和打包股份有限公司	郑县	潘薇屏	6万（20）万	
1934年	中国打包公司	郑县	中国银行	10万（15万）	
1934年	和合面粉厂	许昌		10万	
1934年	新济蛋厂	许昌	杨滋明	2万（20万）	
1934年	中棉轧花厂	灵宝		5万	
1934年	元昌蛋厂	陈留（今属开封县）		2万	
1934年	中棉公司轧花厂	安阳			
1934年	杞县轧花厂	杞县	省棉产改进所		

续表

创办时间	企业名称	地点	经办人	资金	企业性质
1934年	太康轧花厂	太康	省棉产改进所		
1934年	怡昌卷烟厂	襄城			
1935年	中国打包厂	灵宝	吴祥凤	20万	
1935年	中华打包厂	灵宝	康仲雨	10万（12万）	
1935年	中华成料厂	灵宝	张善卿	0.4万（1万）	
1935年	民丰工厂	新乡		2万	
1935年	鸿兴工厂	新乡		1万	
1935年	宝信亚水厂	新乡	金钰	0.2万	商办
1935年	普润面粉厂	安阳	郭相臣等	12万	
1935年	振华药草公司	许昌	薛少山、曹荣卿	5万	商办
1936年	大成卷烟厂	长葛		1.2万	
1937年	怡和烟厂	长葛			
1937年	豫兴卷烟厂	伊阳			

数据来源 此表格系笔者根据徐有礼、程淑英：《一九〇二年至一九三五年河南工矿企业资料》（载《河南文史资料》2002年第2辑），王天奖：《清末至民国年间河南民族资本主义工矿企业》（载《河南文史资料》2001年第3辑）和陈真、姚洛合编：《中国近代工业史资料·第一辑·民族资本创办和经营的工业》（生活·读书·新知三联书店1957年版）中的有关统计整理得出，另外，笔者通过查询各地文史资料，对其中遗漏的工业企业加以补充。

十一、1900—1937年河南设立的煤炭工业企业简况

开办时间	矿名	矿址	创办人	资本（万元）	备考
1902年	三峰	禹县（今禹州市）	曹东寅、王槐三等	4.8（5.4）（8.4）	始官商合办。1903年改商办。1927年后机器开采，1931年日产300吨
1903年	六河沟	安阳	马吉森等	6（14）（300）（600）	1905年前称“官煤矿”。民国初年先后被德、比资本控制。1919年改为自办
1905年	时利和	汤阴	马吉森等	3	在今鹤壁。不久后分建为华昌、怡和、新记三矿，共有工人600名
1905年	枣树沟	密县			土法生产
1905年	杨寨	密县			土法生产
1905年	邵沟	密县			土法生产
1905年	梁沟	渑池			
1905年	侯沟	禹县			
1905年	邓禹寨	禹县			
1905年	匡河口	新安			
1905年	青石岭	登封			土法生产
1905年	龙王庙	宝丰			土法生产
1905年	张家沟	巩县			土法生产
1905年	铁炉村	林县			
1905年	太平庄	林县			

续表

开办时间	矿名	矿址	创办人	资本（万元）	备考
1905年	陈家里	临汝			土法生产
1905年	崔家沟	洛阳			
1906年	教场	汤阴			
1906年	崔沟	汤阴	叶怀古		
1906年	密县	密县			称“机器煤矿”
1906年	凭心	修武	靳法蕙	23.8（84）	初时有官股。几年后停
1907年	地宝	汤阴			
1907年	崔庙	荥阳	张玉麟	1	称“荥阳煤矿公司”。后改为“豫利”
1907年	信成煤矿	武安（属河北省）	马吉森	3.4	商办
1908年	富隆	汤阴			1916年停
1908年	大华	汤阴			1937年停
1908年	阜豫厚	河内			资本为50（千两）
1910年	广益	宜阳	胡圣之等	数万	用小型机提升。1920停，1928年重开
1911年	宝善	汤阴	马强甫	4.5	20年代停。30年代复开，年产20余万吨
1912年	豫泰	修武	王明贤		后与“明德”“中州”合组为“中原”
1912年	明德	修武	靳登朝等		
1912年	中州	修武	靳法蕙		

续表

开办时间	矿名	矿址	创办人	资本（万元）	备考
1915年	小寺湾	安阳			
1915年	时利和	汤阴	马吉森等	3	
1915年	豫利	荥阳	于鸿绪	2	
1915年	中原	修武		300	
1916年	新纪	汤阴	郑云斋		
1916年	华昌	汤阴	马恒毅		
1916年	焦义	孟县（今孟州市）			1935年停
1917年	陈召	汲县（今卫辉市）			1923年停
1918年	大丰	陕县	张鉴甯	10	工人100名
1918年	新安	新安	袁绍明 张 钫	25	1919年开工，年产10万吨。1925年基本停采。1935年改建丘沟煤矿，新法生产
1919年	豫庆	渑池	杨绍忠	3（10）	20世纪三四十年代添用机器
1919年	铜冶村	安阳	袁绍明		
1919年	三泉寺	安阳	靳某		开办不久后停
1919年	孟村	陕县			1922年停
1920年	安益	安阳			
1920年	鸿茂元	巩县	张佑		1923年矿工700名
1920年	倪村	巩县	马吉梅		

续表

开办时间	矿名	矿址	创办人	资本（万元）	备考
1920年	惠群	陕县	王作楦		
1920年	杨树湾	南召			
1921年	普益	宜阳	贾洛川		不久停。1935年何客星改建为新式煤矿，工人1900名，日产500吨。1945年停
1922年	九华山	安阳	张孝倪		
1923年	民生	渑池		100	
1924年	漳河	安阳	李光启		
1924年	大昌	安阳	靳云鹏等	5	1937年停业
1924年	西保障	安阳	王正廷		
1924年	中和	安阳	靳云鹏等	1	不久停。1932年由李拂尘出资重开
1924年	阳邑	安阳	李拂尘		
1924年	福聚	巩县	靳圣清	1	时开始停。1923年后才常年开采。1944年停业。
1925年	冠华	武安		8	商办
1925年	中华	宜阳	丁光华	1.2	1932年被封，次年重开
1925年	固城	汤阴	马吉梅	9	
1926年	清流	安阳	张新吾		
1926年	中山	安阳	马吉梅		
1926年	乞村	安阳	李晋		
1926年	怡和	汤阴	马吉梅	8（9）	

续表

开办时间	矿名	矿址	创办人	资本（万元）	备考
1926年	九华	汤阴	张仙台	10	
1926年	大顺	林县	郭清华	2（5）	1932年出煤
1928年	兴业	安阳			1937年停
1928年	鸿顺	博爱		3（6.2）（8）	1931年改组为“中兴”后改为“华兴”
1928年	利民	汜水			
1928年	利丰	汜水			
1929年	民有	博爱	常全锡	5（6）（10）	1930年停，次年重开，1937年又停。日产500吨
1929年	民生	博爱		6	年产5万吨—6万吨
1929年	豫通	今伊川县境内	张钫		不久停。1933年重开
1930年	梨园	临汝	宋蔚然		日产170吨
1930年	振兴	济源	张新瑞	8	1934年停
1930年	豫盛	禹县			年产2.2万吨，工人120名
1930年	翔记	禹县			
1931年	宋家岗	密县			
1931年	民生	密县	蔡福潮	1	
1931年	大东	巩县	张履儒	5	日产160吨，1937年停
1931年	东永盛	临汝			
1931年	大同	陕县			
1932年	厚生	汤阴			1937年停

续表

开办时间	矿名	矿址	创办人	资本（万元）	备考
1932年	同心	密县	陈更新	1.8	
1932年	德茂	密县	谷焕章	1	
1932年	豫丰	密县			
1932年	裕华	禹县			
1932年	友成	禹县			
1932年	统兴	登封			
1932年	统庆	登封			
1932年	郝沟	登封			冬开夏停，日产50吨
1932年	豫源	孟县			1937年停
1933年	柏连坡	安阳			1937年停
1933年	小辛庄	安阳			1938年后添用机器
1933年	昌明	汤阴			
1933年	正谊	宝丰	杨明		1944年停
1933年	中福	焦作	李文浩		由中原公司和福公司联合而成
1933年	达成	洛阳			工人100余名
1933年	怡和	辉县	郭学儒		
1934年	正大	密县			
1934年	正谊	临汝			1944年停
1934年	恒大	密县			
1937年	中州	密县			1944年停

续表

开办时间	矿名	矿址	创办人	资本（万元）	备考
1937年	中兴	密县			
1937年	信心	密县			
1937年	复兴	临汝			

数据来源　此表格系笔者根据徐有礼、程淑英:《一九〇二年至一九三五年河南工矿企业资料》（载《河南文史资料》2002年第2辑），王天奖:《清末至民国年间河南民族资本主义工矿企业》（载《河南文史资料》2001年第3辑）和陈真、姚洛合编:《中国近代工业史资料·第一辑·民族资本创办和经营的工业》（生活·读书·新知三联书店1957年版）中的有关统计整理得出。另外，笔者通过查询各地文史资料，对其中遗漏的工业企业加以补充。

十二、1900—1937年河南设立的军工企业和机械工业企业

时间	名称	地点	经办人	资金（万元）	性质	备注
1904年	京汉路机器厂	郑州	京汉路局			直属京汉铁路局
1904年	京汉路工厂	修武	京汉路局			后改道清铁路汽机厂
1907年	汴洛路机器厂	开封	汴洛路局			直属汴洛（陇海）铁路局
1915年	孝义兵工厂	巩县（今巩义市）	北京政府			1922年正式成立
1917年	同丰机器厂	开封		1.2		造纺纱机、弹花机、翻砂、修机器
1918年	洛潼路机器厂	洛阳	洛潼路局			直属洛潼（陇海）铁路局
1919年	大东机器制造厂	郑县	林澶洲	2（5）		
1920年	郑县机器制造厂	郑县	穆铭三	2	商办	
1925年	大生机器厂	郑县				
1926年	赊旗兵工厂	南阳县赊旗镇（今社旗县）			官办	
1926年	汲县兵工厂	汲县（今卫辉市）			官办	
1928年	振兴铁厂	安阳				造高车、水车、织布机、轧花机等

续表

时间	名称	地点	经办人	资金（万元）	性质	备注
1934年	中兴机械厂	安阳	宋子文			抗战开始后停办

数据来源 此表格系笔者根据徐有礼、程淑英:《一九〇二年至一九三五年河南工矿企业资料》（载《河南文史资料》2002年第2辑），王天奖:《清末至民国年间河南民族资本主义工矿企业》（载《河南文史资料》2001年第3辑）和陈真、姚洛合编:《中国近代工业史资料·第一辑·民族资本创办和经营的工业》（生活·读书·新知三联书店1957年版）中的有关统计整理得出。另外，笔者通过查询各地文史资料，对其中遗漏的工业企业加以补充。

十三、1911年河南省各县的轻工业企业类型及数量

县别	类型											
	纺织业	制蛋业	面粉业	榨油业	火柴业	制瓷业	造纸业	皮革业	水业	电业	其他	总计
开封	1				2				1	1		5
安阳	3	1	1									5
郑州								1				1
新乡		1										1
博爱				1								1
许昌		1										1
禹州						1						1
洛阳			1									1
商水				1								1
确山		1										1
浚县			1									1
汲县			1									1
商城	1											1
内乡	1											1

续表

县别	类型											
	纺织业	制蛋业	面粉业	榨油业	火柴业	制瓷业	造纸业	皮革业	水业	电业	其他	总计
罗山							1					1
方城											1	1

数据来源 此表格系笔者根据徐有礼、程淑英:《一九〇二年至一九三五年河南工矿企业资料》(载《河南文史资料》2002年第2辑),王天奖:《清末至民国年间河南民族资本主义工矿企业》(载《河南文史资料》2001年第3辑)和陈真、姚洛合编:《中国近代工业史资料·第一辑·民族资本创办和经营的工业》(生活·读书·新知三联书店1957年版)中的有关统计整理得出。另外,笔者通过查询各地文史资料,对其中遗漏的工业企业加以补充。

十四、1927年河南省各县的工业企业类型及数量

县别	类型															
	纺织业	制蛋业	面粉业	榨油业	火柴业	制瓷业	造纸业	皮革业	烟草业	印刷业	打包业	水业	电业	玻璃	其他	总计
开封	1	5	3		5				1	2		1	1		2	21
安阳	3	2	5										2		1	13
郑州	2	4	2					1			2		1			12
新乡	4	7	1		2					1		1	2			18
获嘉		1												1		2
卫辉	1															1
武陟	1															1
博爱		1	1		1											3
荥阳	1															1
孟津	1															1
许昌		4	2						7				1			14
禹州						1										1
郾城		6											1		1	8
洛阳		1	1		2								1			5
商水		3		1	1											5
确山		1	1													2

续表

县别	类型															
	纺织业	制蛋业	面粉业	榨油业	火柴业	制瓷业	造纸业	皮革业	烟草业	印刷业	打包业	水业	电业	玻璃	其他	总计
浚县		1	1													2
汲县	1		1													2
商城	1															1
内乡	1															1
罗山							1									1
方城															1	1
南阳																1
商丘	1	1											1			3
温县					1											1
光山					1											1
信阳													2			2
巩县													1			1

数据来源 此表格系笔者根据徐有礼、程淑英:《一九〇二年至一九三五年河南工矿企业资料》(载《河南文史资料》2002年第2辑),王天奖:《清末至民国年间河南民族资本主义工矿企业》(载《河南文史资料》2001年第3辑)和陈真、姚洛合编:《中国近代工业史资料·第一辑·民族资本创办和经营的工业》(生活·读书·新知三联书店1957年版)中的有关统计整理得出。另外,笔者通过查询各地文史资料,对其中遗漏的工业企业加以补充。

十五、1937年河南省各县的工业企业类型及数量

县别	类型																	
	纺织业	制蛋业	面粉业	榨油业	火柴业	制瓷业	造纸业	皮革业	烟草业	印刷业	打包业	制胰业	轧花业	水业	电业	玻璃	其他	总计
开封	1	5	3		5				1	2		2		1	1		3	24
安阳	5	2	6										1		3		1	18
郑州	2	4	2					1			4				1	1		15
新乡	9	7	1		3					1				2	3		2	28
获嘉		2														1		3
卫辉	1																	1
武陟	1																	1
博爱		1	1		1													3
荥阳	1																	1
孟津	1																	1
陈留		1																1
许昌		5	3						7			1			1		1	18
禹州						1												1
郾城		8	1												1		1	11
洛阳		1	1		2										1			5
商水		3		1	1													5

续表

县别	类型																	
	纺织业	制蛋业	面粉业	榨油业	火柴业	制瓷业	造纸业	皮革业	烟草业	印刷业	打包业	制胰业	轧花业	水业	电业	玻璃	其他	总计
确山		3	1															4
浚县		1	1															2
汲县	1		1													1		3
商城	1																	1
内乡	1																	1
修武																		1
罗山							1											1
方城																	1	1
南阳		2																2
商丘	1	1													1			3
温县					1													1
光山					1													1
信阳															2			2
巩县															1			1
长葛									2									2
郏县									1									1
襄城									1									1
伊阳									1									1

续表

县别	类型																	
	纺织业	制蛋业	面粉业	榨油业	火柴业	制瓷业	造纸业	皮革业	烟草业	印刷业	打包业	制胰业	轧花业	水业	电业	玻璃	其他	总计
陕县											1							1
灵宝											2		1			1	1	5
杞县													1					1
太康													1					1
沁阳																	1	1

数据来源 此表格系笔者根据徐有礼、程淑英:《一九〇二年至一九三五年河南工矿企业资料》(载《河南文史资料》2002年第2辑),王天奖:《清末至民国年间河南民族资本主义工矿企业》(载《河南文史资料》2001年第3辑)和陈真、姚洛合编:《中国近代工业史资料·第一辑·民族资本创办和经营的工业》(生活·读书·新知三联书店1957年版)中的有关统计整理得出。另外，笔者通过查询各地文史资料，对其中遗漏的工业企业加以补充。

后 记

这部小书，是本人自博士毕业之后，在历史经济地理研究方面的一些思考，并将一些小文进行综合整理之后，形成的一部书稿。

2018年初，导师吴松弟先生联系我，告知我一个消息，他集合了数位历史地理学领域的老师，准备出版一套近代经济地理学领域的研究丛书，并向我征求书稿。我当时正在英国伦敦大学访学，虽然整日都要与英国国家档案馆、大英图书馆的英文史料打交道，但仍然非常高兴地接受了吴老师的邀请，并得以有随于骥尾之幸，获得国家出版基金的资助，故而特别向参与本丛书的各位老师表示感谢。

近代中国经济地理格局的演变，是整个历史地理学、经济史研究领域内一个非常重要的问题。西方现代经济因素进入中国，一般认为开始于通商口岸的设立，然后再通过各种机制影响到内地乃至全国。自清末以来较早时期的研究中，往往将通商口岸视为帝国主义侵略中国的门户，总体评价是偏向负面的；20世纪90年代之后的史学研究，则在之前研究的基础上，开始逐渐以更全面的视角去理解通商口岸的历史意义，从政治、经济、社会、文化乃至思想层面考察通商口岸在中国现代化历程中的多面性质。

吴松弟老师等开创的“港口—腹地”研究范式，通过一系列的标志性成果，将近代中国通商口岸的研究推向了一个新的层面。我本人在跟随吴老师三年的博士学习过程中，主要关注的是近代上海这个研究对象，但研究的内容还是局限于上海的城市内部，对上海与作为腹地的长江流域及更广阔的内地，涉猎得还是不够，博士毕业论文的写作也令我一直有这个遗憾。因此，自博士毕业之后，在与本书合作者刘芹老师的共同努力下，我将自己的研究逐步扩展到了通商口岸城市与作为腹地的区域二者关系的研究，也指导一些研究生从事这方面的研究。虽然成果并不十分出众，但毕竟是我的初步尝试，这些研究也能够通过本书的标题反映出来。

我本人在历史经济地理的研究领域，自问并没有取得什么标志性的成就，这本小书的研究也只是在博士阶段研究的基础上进行的一些尝试，希望能够通过这些思考，为今后的研究增添一块砖石。

在这部小书的写作过程中，我得到了不同学界同仁的指点和帮助，在各类学术会议上也宣读过其中的一些章节。首先特别感谢吴松弟老师提供的出版机会；感谢单丽、李碧妍、刘炳涛等几位同学提供的历次参会机会，以及薛理禹师弟、刘雅媛师妹等对部分章节给予的修改建议；感谢樊如森师兄、陈为忠师兄、王哲师兄在一些关键问题上的指点；感谢张永帅同学、吴启琳同学在书稿写作过程中提供的便利条件。我的学生李伟红、张会会、牛怡元、王梦琪、张亚强、王权坤、万浴等在本书的文献搜集整理、模型建设等方面给予协助，在此一并表示感谢。

本书的出版，还要特别感谢山东画报出版社的赵发国总编辑，赵总编从组织丛书申报时就不断与我联系，并指导处理书稿中的一些论题；感谢本书的责任编辑郭珊珊老师，郭老师在本书的编辑过程中，经常与我联系修改，其精益求精的态度，值得我认真学习。

由于能力所限，本书中讨论的问题可能还存在着不足之处，请各位学界同仁及读者多多批评指正。

是为后记。

武　强

2022年1月15日